ケインズとマクロ経済学

John Maynard Keynes
and
Macroeconomics

大矢野 栄次 著
Eiji Ohyano

はしがき

　本年は20年に1回の伊勢神宮式年遷宮の年である。天照大神を祀る内宮や豊受神を祀る外宮だけではなく，伊勢神宮全体を統括する倭姫神社も，内宮の前の月読神社も外宮の前の月夜見神社も新しい宮が建てられ遷宮行事が行われている。しかし，遷宮が行われるべくして行われない宮がある。河原神社と川原神社である。内宮や外宮から遠いこの2つの神社の式年遷宮は行われないのだろうかと気になって，今年の春確認のために見に行った。しかし，やはり遷宮の形跡はなかった。2つの宮は伊勢神宮の歴史の中に取り残されたのであろうか。

　昨年末に3年ぶりに自民党政権に代わって「アベノミクス」が流行している。中央銀行である日本銀行が金融緩和政策を実施すれば，国民の「インフレ期待」によって，経済が活性化するというのである。ケインズ経済学のどこにも見出せない経済理論である。マネタリストも合理的期待学派も「インフレ期待」によって景気が良くなるとはいっていないはずである。彼らはケインズ的な有効需要政策がインフレ期待を生み，やがて有効需要政策の効果がなくなるといったはずである。「ケインズ革命」と「反ケインズ革命」の論争の中で忘れられた政策がゾンビのように間違った形で蘇ることは，今日のアメリカ経済学の中心ではあるだろうが，経済理論的にも経済政策的にも問題が多いと感じているのは私だけではないと思う。投資を刺激するための政策は法人税を減じることではなく，投資減税を行うべきである。消費を増加させるための政策は，資本家の収入を増加させることではなく労働者の雇用と所得を増加させることである。これらの政策はかつては日本経済の活性化対策として行われてきた政策である。労働者の派遣とは，本来，技量と賃金が高いために，企業が継続的に雇うことが不可能な労働者に限って行われていたものであった。それを単純労働者にまで拡大して企業の二重搾取を容易にするような政策は，ケインズ経済学の成果として日本社会には存在しないものであった。それを制度として受け入れること自体がゾンビを作りゾンビを飼い，若年労働者の将来を奪うという意味で日本社会の問題なのである。

式年遷宮に忘れられた河原神社と川原神社は，実は，久留米にある大善寺の高良玉垂宮と高良山上にある高良玉垂宮であるというのが私の説である。大善寺の高良玉垂宮は神宮皇后の時代に川の河口のそばに建立された宮（河原宮）である。高良山上の高良玉垂宮は天武天皇の時代までは矢取のそばの川原（コーラと呼ばれる）にあった宮（川原宮）である。すなわち，河原神社も川原神社もコーラ社（高良社）なのである。

　ケインズ経済学が現代経済学に進化する過程において忘れられたものは，「市場の失敗」に基づく「有効需要の不足」についての説明である。そして，恵まれない人々への温かい政策提言と企業家の将来への期待を導くような有意義な経済についての洞察である。

　本書の刊行に際しては，同文舘出版専門書編集部の角田貴信さんには丁寧な校正や索引作りまで大変ご迷惑をかけた。ここで，謝意を表する次第である。

平成25年4月6日
著者　大矢野栄次

目 次

はしがき　i
プロローグ　1

第Ⅰ部　ケインズとマクロ経済学

第1章　ケインズ革命 ────────── 6

1　ケインズ革命 …………………………………………… 6
2　ケインズ経済学とマクロ経済学 ……………………… 8
3　大恐慌の経験とケインズ経済学 ……………………… 9
　3.1　大恐慌の経験　9
　3.2　アメリカと世界大恐慌　10
　3.3　ケインズの有効需要の原理による解釈　11
　3.4　動学的分析の必要性　12
　3.5　資本の概念　12
4　ジョン・メイナード・ケインズ …………………… 13
　4.1　ケインズの初期　13
　4.2　ケンブリッジ大学と大蔵省の往復時代　15
　4.3　その後のケインズ　17
　4.4　投資家としてのケインズ・美人コンテスト理論　18
　4.5　ケインズ・サーカス　18
5　今日の日本経済における失業問題 ………………… 19

第2章　有効需要の原理 ────────── 21

1　古典派経済学と雇用 ………………………………… 21
　1.1　古典派の第1公準と労働需要　21
　1.2　古典派の第2公準と労働供給　23
　1.3　古典派経済学における労働市場の均衡条件　25
2　有効需要の原理 ……………………………………… 26
　2.1　総供給関数　26
　2.2　総需要関数　28
　2.3　有効需要の決定と安定性　29
3　有効需要と非自発的失業 …………………………… 31
　3.1　有効需要の原理と非自発的失業　31
　3.2　ケインズ経済学における労働市場の均衡条件　31

3.3 失業の種類とその対策　32
　4 有効需要拡大政策 ……………………………………………………………… 34

第3章　貨幣と金融システム ─────────────── 36
 1 貨幣の歴史 ……………………………………………………………………… 36
 2 貨幣と通貨 ……………………………………………………………………… 38
　　2.1 貨幣と通貨の違い　38
　　2.2 貨幣の定義　39
　　2.3 貨幣の機能　40
　　2.4 貨幣数量の定義　42
 3 金融仲介機関と貯蓄の移転 …………………………………………………… 43
　　3.1 貯蓄の移転と金融仲介機関（直接金融と間接金融）　44
　　3.2 収益率とリスク　45
 4 貨幣供給量のコントロール …………………………………………………… 46
　　4.1 預金準備率　46
　　4.2 信用創造メカニズム　47
　　4.3 公衆が現金を保有する場合の信用創造　50
 5 BIS規制 ………………………………………………………………………… 52

第Ⅱ部　現代マクロ経済学

第4章　国民所得概念 ─────────────────── 56
 1 経済循環と三面等価 …………………………………………………………… 56
　　1.1 経済主体　56
　　1.2 三面等価－グロス（Gross）概念とネット（Net）概念　58
　　1.3 国民所得の定義　58
　　1.4 貯蓄と投資の恒等式　59
 2 産業連関表と国民所得 ………………………………………………………… 60
　　2.1 産業連関表と国民所得の計算　60
　　2.2 付加価値合計額としての国民所得　61
　　2.3 純国内総生産と純国内所得と純国内支出の三面等価　62
　　2.4 貯蓄と投資の恒等式　63
 3 マクロ変数の指数と指数化─ラスパイレス指数とパーシェ指数 ………… 64
　　3.1 ラスパイレス指数とパーシェ指数　65

3.2 価格の変化と消費者選択の説明　66

第5章　国民所得水準の決定 ──── 72

1 国民所得の決定 …………………………………………………… 72
2 消費関数と消費性向・貯蓄性向 ………………………………… 73
2.1 消費関数と限界消費性向　73
2.2 貯蓄関数と貯蓄性向　74
2.3 国民所得の決定　75
3 ケインズ的線形消費関数による説明 …………………………… 77
4 安定条件──事前概念と事後概念；意図した投資と意図せざる投資 …… 78
4.1 貯蓄と投資の安定条件　78
4.2 生産物市場の安定条件　80
5 ケインズ経済学との差異 ………………………………………… 81
5.1 貯蓄と投資の恒等式　82
5.2 貯蓄と投資の恒等式と双子の赤字　82
6 インフレ・ギャップとデフレ・ギャップ ……………………… 83

第6章　乗数理論 ──── 85

1 国民所得決定式とケインズ乗数 ………………………………… 85
2 租税乗数 …………………………………………………………… 89
2.1 財政乗数　90
2.2 定額租税乗数　90
2.3 均衡予算乗数　92
2.4 定率税の租税乗数　93
3 貿易乗数 …………………………………………………………… 94
3.1 貿易乗数の導出　94
3.2 財政乗数　95
3.3 貿易乗数　96
3.4 ケインズの貿易乗数はゼロ　97

第7章　ケインズの投資誘因と利子論 ──── 98
　　　──資本の限界効率と流動性選好の理論──

1 企業と投資関数 …………………………………………………… 98

2 投資の意思決定 ... 99
- 2.1 資本の限界効率　100
- 2.2 投資の限界効率表　102
- 2.3 投資関数の導出　103

3 IS曲線の導出 ... 104
- 3.1 財政政策の効果；$\Delta G > 0$　106
- 3.2 増税政策の効果；$\Delta T > 0$　106
- 3.3 投資関数のシフト；$\Delta I > 0$　107

第8章 貨幣市場の均衡条件 ── 108

1 流動性選好の理論 ... 108
- 1.1 貨幣需要と流動性選好理論　108
- 1.2 ボーモル・トービン・モデル　111

2 貨幣市場の均衡条件 ... 112

3 金融政策の方法 ... 115
- 3.1 公開市場操作　115
- 3.2 公定歩合操作　116
- 3.3 預金準備率操作　117

第9章 IS・LMモデルと財政金融政策 ── 118

1 一般均衡体系としてのマクロ・モデル ... 118
- 1.1 予算制約条件とワルラス法則　118
- 1.2 ケインズ的マクロ・モデルとワルラス法則　120

2 IS・LMモデル ... 120
- 2.1 生産物市場の均衡条件式　121
- 2.2 貨幣市場の均衡条件　123
- 2.3 生産物市場と貨幣市場の同時均衡　125

3 財政政策と金融政策の効果 ... 126
- 3.1 比較静学分析　126
- 3.2 財政政策　128
- 3.3 増税政策の効果　130
- 3.4 減税政策の効果　131
- 3.5 金融政策　132

4 財政金融政策の効果と政策効果の遅れ ... 133

第10章　ポリシィー・ミックス ── 135
1 政府の予算制約式 ·· 135
2 4つの領域の分析 ·· 137
3 日本経済の状態とマクロ経済政策の可能性 ············ 138

第Ⅲ部　現代マクロ経済学の発展

第11章　消費関数論争 ── 142
1 ケインズの消費関数 ·· 142
　1.1 ケインズの消費関数　142
　1.2 ケインズ的消費関数　144
　1.3 経験的事実　144
2 観察された事実 ··· 145
　2.1 サイモン・クズネッツの発見　145
　2.2 ケインズ的消費関数の問題；絶対所得仮説　148
3 相対所得仮説 ·· 149
　3.1 モディリアーニの平均貯蓄性向関数　149
　3.2 デュゼンベリーの相対所得仮説　150
　3.3 デモンストレーション効果　151
4 流動資産仮説 ·· 151
5 異時点間の消費計画と貯蓄計画 ··························· 152
　5.1 異時点間の消費計画　152
　5.2 利子率の変化と貯蓄関数の導出　154
6 ライフ・サイクル仮説 ·· 155
7 恒常所得仮説 ·· 157
8 消費関数論争とケインズの消費関数 ····················· 159

第12章　古典派経済学と「貨幣数量説」── 161
1 古典派経済学 ·· 161
　1.1 古典派経済学と貨幣数量説　161
　1.2 フィッシャー型の交換方程式　162
　1.3 マーシャル型のケンブリッジ残高方程式　163

1.4　2つの理論は本質的に同じ理論；貨幣数量説と物価決定　　164
　　1.5　図による「フィッシャー型の交換方程式」と「マーシャル型の残高方程式」の説明　　165
　　1.6　貨幣数量説とインフレーション　　165
2　新貨幣数量説 ･･･ 166
3　インフレ需要曲線とインフレ供給曲線 ･･･････････････････････････････ 167
4　オークン法則 ･･･ 169
　　4.1　オークン法則；実質生産と失業との関係　　169
　　4.2　オークン法則とインフレ供給曲線　　170

第13章　インフレーションとフィリップス・カーブ ──── 171
1　インフレーション ･･ 171
　　1.1　インフレーションの弊害　　171
　　1.2　マクロ・モデルによる説明　　172
　　1.3　その他のインフレーション　　175
2　フィリップス・カーブ ･･ 176
　　2.1　A.W.フィリップスのフィリップス・カーブ　　177
　　2.2　R.G.リプシーによる説明　　178
　　2.3　長期フィリップス・カーブとマクロ経済政策　　181
　　2.4　自然失業率とマクロ経済政策　　184
　　2.5　スタグフレーション　　185

第14章　社会資本と公共事業 ──────────── 187
1　政府の機能としての社会資本建設 ･････････････････････････････････････ 187
　　1.1　社会資本　　187
　　1.2　公共財　　188
2　公共事業の経済効果 ･･ 188
　　2.1　公共事業　　188
　　2.2　ケインズ政策と公共事業　　189
　　2.3　ケインズの有効需要政策の効果と限界　　190
　　2.4　良い公共事業と悪い公共事業　　191
3　財政政策 ･･ 193

第15章　開放体系下のIS・LMモデル ─────── 196
1　オープン・マクロ・モデル ･･ 196

- **1.1** 生産物市場の均衡条件　196
- **1.2** 貿易収支（経常収支；$T=0$線）　197
- **1.3** 資本収支（長期資本収支；$K=0$線）　202
- **1.4** 国際収支　203

2 開放体系下のIS曲線 ……………………………………………… 203

3 ケインジアン・アプローチ対マネタリー・アプローチ ……… 205

第16章　固定相場制度の場合 ─────────── 206

1 貨幣市場の均衡条件と不胎化政策 ……………………………… 206

2 固定相場制度の場合 ……………………………………………… 207
- **2.1** 財政政策の効果　210
- **2.2** 金融政策の効果　212
- **2.3** 為替相場の切り下げ効果　213
- **2.4** 海外の金利上昇の影響　215

第17章　変動相場制度の場合 ─────────── 217

1 為替相場の変動 …………………………………………………… 217

2 変動相場制度下のマクロ経済モデル …………………………… 218
- **2.1** 財政政策の効果　220
- **2.2** 金融政策の効果　222
- **2.3** 海外の金利上昇の効果　224

第18章　マンデル＝フレミング・モデルと財政金融政策の有効性 ── 226

1 固定相場制度の場合 ……………………………………………… 226
- **1.1** 財政政策の有効性　226
- **1.2** 金融政策は無効　227

2 変動相場制度 ……………………………………………………… 228
- **2.1** 財政政策は無効　228
- **2.2** 金融政策の有効性　229

エピローグ　231
事項索引　235
人名索引　239

プロローグ

　現代のマクロ経済学は，その基礎を「ケインズ経済学」に負うている。ここで，「ケインズ経済学」とは，1936年のJ.M.ケインズの『雇用・利子および貨幣の一般理論』の発表とともに登場した経済理論についての新しいアィデアに基づいた革命的な経済学であったことから，「ケインズ革命」と呼ばれた。

　「ケインズ革命」以前の経済学の主流であった「古典派経済学」は資本主義経済において「絶対多数の絶対幸福」が市場原理によって自動的に達成されることを説明する経済学であり，市場均衡分析が中心であった。この市場均衡分析の背景には，家計や企業等の経済主体は，合理的行動に基づいて行動し，その行動から導出される各財やサービスに対する需要と供給関数によってそれぞれの市場や産業が相互に依存し合って経済が変動することを分析するのが中心であった。このような「古典派経済学」においては，資源の効率的な完全利用と労働者の完全雇用は市場調整メカニズムによって容易に達成されるはずのものであり，政府の役割は「夜警国家観」に基づく「小さな政府」であった。

　これに対して，「ケインズ革命」によってもたらされたものは，国民所得や雇用量という集計された変数とそれらの変数相互間の関係を重視するマクロ経済学の分析方法であった。このケインズ経済学では，雇用量は有効需要の大きさによって決定されるために有効需要の不足によって失業が発生することと同時に，資源の効率的な配分も損なわれることが説明されるのである。この有効需要の不足の原因は完全雇用を維持するためには，民間投資が不足しているという状態が発生することであった。つまり，生産能力の過剰による資本の限界効率の低下が発生して民間企業の投資機会が減少することが原因であった。すなわち，人々は豊かさゆえに雇用機会を失うという「市場の失敗」を説明するものである。ケインズはこのような状態を「豊穣裏の貧困」と呼んだのである。

　この「豊穣裏の貧困」を救う方法は，ケインズにとっては，短期的には政府による赤字財政政策の実現による有効需要の拡大であり，生産能力を拡大しないような公共事業の実現であった。そして，長期的には労働者にとってより有利な所得分配の改善政策によって，消費関数を上昇させ有効需要を持続的に拡

大することであった。

　しかし，M.フリードマンはケインズ的な消費関数の安定性よりも貨幣需要関数の安定性を前提としてマクロ経済政策を考えるべきであるとして，ケインズ経済学的な赤字財政政策による有効需要政策を否定した。実物経済は市場の調整メカニズムに委ねて，貨幣数量の調整だけに重点を置くことによって，経済は「自然失業」という「完全雇用」の状態を実現することを強調したのである。

《経済理論としての問題点》
　ケインズの「有効需要の不足」を古典派経済学的手法によって説明するならば，市場調整メカニズムが機能しないような制約条件や市場原理の有効性を阻害するような要因が存在することが問題であり，それらの要因を種々の政策手段によって除去することによって経済は市場均衡に自動的に到達することが可能であると理解されたのである。それ故に，J.R.ヒックス（John Richard Hicks；1904～1989年）は，これを「貨幣賃金の下方硬直性」として説明した。A.レイヨンフーヴッド（Axel Stig Bengt Leijonhufvud；1933年～）は，貨幣経済の特徴として「情報の非対称性」として捉えた。森嶋通夫（1923～2004年）やR.W.クラウアー（Robert Wayne Clower；1926～2011年）は家計の「再決定仮説」として説明した。

　これに対して，フリードマンたち，マネタリストは，市場原理は健在であることを強調したのである。彼らの政府に頼らない市場の趨勢に任せる経済政策の在り方は，富める者がより富むことによって，雇用機会が増加し貧しいものにも自然に富が浸透（トリクルダウン）するという「トリクルダウン理論」（trickle-down theory）であり，トリクルダウン仮説ともいう。資本を管理しないことが経済を活性化させる方法であった。このような考え方は，J.M.ケインズとケインズ経済学とは真逆の政策であったのである。今日のようなケインズ的な思想とは真逆の経済運営が，IMFやWTO等の国際機関によってグローバリズムの名のもとで実現されているのである。

　しかし，ケインズ経済学が伝えようとしたものは，1つは，資本主義の矛盾としての「市場の失敗」であり，もう1つは将来に対する期待の低下による民

間投資の減退が有効需要の不足の原因であったのである。第1次世界大戦後のイギリスはかつての大英帝国の勢いはなくなっており，アメリカの台頭もあって，今後の世界経済においてイギリスが重要な位置を占める可能性は少なかったのである。国家の衰退の兆しや企業家にとっての将来への展望の無さこそが有効需要が不足する原因であった。「新大陸の発見」のようにあるいは，「新しい技術の発明」や「新しい商品の発明」のような生産技術とか市場においてのイノベーションがなければ，やがて新しい投資機会は無くなり，経済はやがて衰退するのである。企業家に将来への展望をもたらすこと，そして，労働者に雇用間機会をもたらすことが政府の役割であったのである。

　ケインズ経済学を習得して，マネタリストの反ケインズ革命を理解した現代の経済学者たちは，このケインズ的な世界観を理解せずに「レッセフェール・レッセパッセ」(laissez-faire, laissez-passer；為すがままに，為さしめよ＝自由放任主義) のもとで合理的な市場メカニズムだけを信じて政策を語っているような先祖返りの経済学者なのである。すなわち，実物経済の在り方に触れないままで，金融緩和政策のみが経済を活性化させると主張しているのである。これが今日の「アベノミクス」を信奉する経済学者たちの現代経済学についての意識の限界である。経済学者は，将来の自国経済について夢を語り，産業や経済の在り方について論じて，しかも人の生き方について議論するべきではないだろうか。そしてその上で冷静な経済理論に基づいて，温かい経済政策を提唱するべきであると思われるのである。

第Ⅰ部

ケインズとマクロ経済学

第1章 ケインズ革命

1 ケインズ革命

　現代マクロ経済学の理論と政策は，その基礎を「ケインズ経済学」においている。ここで，「ケインズ経済学」とは，1936年にJ.M.ケインズ（John Maynard Keynes）の著書『雇用・利子および貨幣の一般理論』（"The General Theory of Employment, Interest and Money"）の発表とともに登場した経済理論と経済政策に対する新しいアイディアに基づいた経済理論であり，それまでの古典派経済学的な経済理論と経済政策の考え方に対する革命であった。そのために「ケインズ革命」と呼ばれている。

　「ケインズ革命」以前の経済学の主流派であった「古典派経済学」においては，今日のミクロ経済学的な理論がその中心であった。そこでは家計や企業などの経済主体の合理的な行動に基づく均衡分析とそれらの経済主体の合理的な行動から導出されるそれぞれの財・サービスについての社会全体について需要関数と供給関数を集計して導出される需要関数と供給関数によって，それぞれの市場において市場均衡が成立すると考えられた。そして，それぞれの市場においての均衡状態を前提として経済主体の合理的行動や企業や産業の動向についての分析を行うのが中心であった。

　「古典派経済学」においては，雇用量の決定は他の財・サービス市場と同様に，労働市場の価格調整機能が有効に機能して完全雇用は自動的に達成されるという考え方からなっていた。実際の経済において，このような市場調整メカニズムが機能しないならば，それは失業の存在にもかかわらず賃金率が伸縮的に変化しないことが原因であり，失業の存在の原因は賃金の下方硬直性に帰せられ

るべきものであると考えられていたことになるのである。

　しかし，ケインズは経済全体の活動水準・雇用水準は有効需要の大きさによって決定されるものであること[1]，そして資本が豊富に存在し，それ故に生産能力が過剰である経済においては投資の機会はまれであり，また消費性向が低いために，有効需要が不足する傾向があること，それ故に経済は停滞状態に陥る傾向があることを証明したのである。ケインズ的な「非自発的失業」が発生する原因は，経済全体の生産能力に対して有効需要が不足するからであり，自由主義経済（＝自由放任経済）においては，完全雇用が自動的に実現するメカニズムが存在しないことを説明したのである。経済を完全雇用水準で運営するためには政府の財政赤字政策によって有効需要を調整することが必要であり，また深刻な失業問題を解決するためには，そのような「ケインズ政策」が有効であることを提唱したのである。

《ピラミッド建設》
　ケインズは「ピラミッドの建設や地震や戦争さえも・・・，富の増進に役立つものである」・・・「もし大蔵省が古い壺に銀行券をつめ，それを廃炭坑の適当な深さのところに埋め，次に都会のごみで表面まで一杯にしておき，幾多の試練を経た自由放任の原理に基づいて民間企業にその銀行券を掘り出させる（もちろん，この利権は銀行券の埋められている地域の借地料の入札によって得られるものとする）ことにすれば，もはや失業の存在する余地はなくなり，その影響のおかげで，社会の実質所得や資本資産もおそらく現実にあるよりもはるかに大きくなるであろう」・・・「古代エジプトのピラミッドの建設と貴金属の探索という2つの活動を持っていた点で，2重に幸せであり，伝説にまでなったその富は疑いも無くこのためにできたものであった。これらの活動の果実は消費されることによって人間の必要を満たすものではなかったから，過剰によって価値が下がることはなかった」と述べている。

　これは，雇用を創出し経済を成長させる投資が実現するか否かは富の保有者

---

[1] 経済全体の生産活動水準やその変動について，国民所得や雇用量というような集計的な変数やそれら変数の相互間の関係を説明するマクロ経済学の理論は，「ケインズ経済学」によって開始された新しい経済学の分野であったのである。

と資本家の投資の動機によって左右されるものであり，その基準は利子率と資本の限界効率との関係によって説明されるからである。利子率がこれ以上低下しない状態まで富が蓄積されたときには，経済は「豊饒の中の貧困」の状態に留まることになるというケインズの認識を背景に，実質所得や資本資産を大きくすることによって社会の雇用量を増加させる方法として説明したのである。

2 ケインズ経済学とマクロ経済学

『貨幣改革論』(1923年) や『貨幣論Ⅰ・Ⅱ』(1930年) の著者として有名なJ.M.ケインズは，マーシャル経済学（ケンブリッジ経済学＝新古典派経済学）の後継者であり，同時に批判者としての側面をもった存在である。しかし否定者ではない。

前節で説明したように，ケンブリッジ大学の伝統の中で育ったJ.M.ケインズが『雇用・利子および貨幣の一般理論』(1936年，以下では『一般理論』と呼ぶ) を発表することによって「ケインズ革命」と呼ばれる経済学の一大変革が成し遂げられるのである。しかしその『一般理論』の発表後オックスフォード大学のJ.R.ヒックスが『ケインズ氏と古典派』(1937年，"Mr.Keynes and Classics") において展開したIS・LM分析が，ケインズ的なマクロ経済学の普及版となってアメリカの経済学会を中心として戦後世界の経済学のスタンダードとして発展するのである。このようにして『一般理論』とヒックスのIS・LMモデルの以後の経済学の発展によって生まれたマクロ経済学が今日の現代マクロ経済学である。

しかし，ケインズ革命を生み出すようなケンブリッジ的な風土とヴェブレン (T.Veblen) やフィッシャー (I.Fisher) などのアメリカ制度学派の伝統に基づいた「極端な自由放任を主張するオーストリー＝アメリカ学派」とは本質的に異なる背景と要素があった。またシュムペーター (J.A.Schumpeter) によって大陸の経済学であるオーストリア学派やウィーン学派の影響を強く受けたサミュエルソン (P.A.Samuelson) などによって展開される「新古典派総合」によるマクロ経済学とその政策論の意味は本来のケインズ経済学の意図とは全

く異なったものになってきたのである。そして，ブレトンウッズ体制のもとでの戦後の世界経済の変化とアメリカ経済との関係などのように，アメリカの歴史的条件と経済理論とのかかわり方は経済学の発展にとって重要な役割を果たしたのである。

《ケインズ革命とケインズ主義》

公共投資政策・投資の国家管理の本質は，単なる有効需要の付加ではなく，政府による公共投資が企業家のマインドを改善することで経済全体の投資水準が底上げされ得るという点にある。ということは，ケインズ政策とは産業の国有化を意味するものではない。

これらの彼の提唱した理論を基礎とする経済学を「ケインズ経済学」(「ケインズ主義」という言葉もある)と呼ぶ。

大恐慌の経験とケインズ経済学

3.1 大恐慌の経験

図1.1は大恐慌期（1921～29年，1930～38年）のアメリカ，イギリス，フランス，ドイツ，各国の失業率を比較したものである。第1次世界大戦の敗戦国

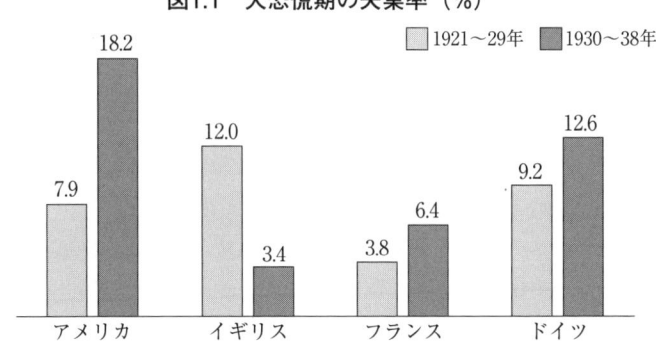

図1.1　大恐慌期の失業率（%）

であるドイツの失業率が高いのは第1次世界大戦後の影響として当然であるとして，1920年代はイギリスと1930年代はアメリカの失業率が非常に高く，次にフランスの失業率が高いことが示されている。これは第2次世界大戦後において，これらの国の失業率が高くても10％台であったことからも，1930年代の大恐慌の深刻さが理解できるであろう。

　この大恐慌の発端は，1929年の10月24日（暗黒の木曜日；Black Thursday）にアメリカ合衆国のニューヨークのウォール街の株式取引所で生じた株価の大暴落から始まった金融恐慌（Financial Crisis）であった。「1929年の株価のピーク時と比較すると株価は11月中旬には44％も下落した。その後，株価は一時上昇したが，1932年6月にはかつてのピーク時の15％にまで下がった。また，1931年後半には銀行の倒産が多発し」（貝塚啓明著『金融論』（放送大学教材），放送大学教育振興会，1991年，pp.90-91），1930～33年に至るまで9,000以上の銀行が倒産し，金融仲介機能は低下し，金融システムはかなり不安定となった。実質経済の生産指数も1929年の10月から12月にかけて10％下がり，1930年12月には30％も下がり，失業者が1,280万人になった。アメリカの不況による輸入の減少は世界にとっては輸出の減少であり，輸出乗数を通して，世界各国にアメリカの不況を輸出することになった。また，金本位制のもとでは，各国は輸出減少によって生じた外貨準備の減少に対応して，金融引き締め政策を採用することによって，さらに景気を抑える効果が生じたのである。

　この大恐慌の終焉はアメリカ合衆国のF.ルーズベルト大統領（Franklin Delano Roosevelt；1933～45年在位）の金融緩和政策とドイツのヒットラー（Adolf Hitler；1889～1945年）の政権拡張政策が開始されてから後である。

3.2 アメリカと世界大恐慌

　古典的経済学の信奉者であったフーバー大統領は自由放任政策を採用した。しかし，大恐慌が始まると，1930年には保護貿易政策を採用し，世界各国の恐慌を悪化させた。この結果，1931年には，オーストリア最大の銀行が倒産し，ヨーロッパ経済の悪化が予想された。これは，ヨーロッパの時代からアメリカの時代へと世界経済の中心が移行し始めた象徴であった。

《大恐慌とニューディール政策》

　1932年後半〜1933年春（恐慌のピーク）において，恐慌発生直前と比べて株価は80％以上下落し，工業生産は平均で1/3以上低落した。米国内では1,200万人に達する失業者が発生し，失業率は25％にまで上昇した。閉鎖された銀行は1万行，1933年2月には全銀行が業務停止した。民主党のF.ルーズベルト大統領は，ニューディール政策によって，テネシー川流域開発公社設立・農業調整法や全国産業復興法制定した。

　1934年6月には，ケインズはコロンビア大学から名誉法学博士号を授与されるために渡米してルーズベルト大統領と面会した。ケインズの公共事業を重視する考え方をルーズベルト大統領の顧問団（ブレーン・トラスト）が参考にしたといわれている[2]。

3.3 ケインズの有効需要の原理による解釈

　ケインズの「有効需要の原理」で考えるならば，「大恐慌の原因」は総需要の異常な低下が原因である。総需要の構成要素は，消費と民間投資と政府支出である。安定的な消費関数を前提とするケインズ経済学においては，消費は所得の増加関数であるから，過少消費説が大恐慌の原因ではないのである。民間投資水準が低下した原因としての金融政策の運営方法と総需要を支える政府支出が異状に低下した原因としての財政政策の運営に問題があったということになるのである。しかし，当時，金融引き締め政策や財政引き締め政策が採用されていないため，このように単純なケインズ経済学モデルによる単純なメカニズムでは，大恐慌の原因を説明できないのである。すなわち，消費と民間投資の減少の原因を説明しなければならないのである。

　「有効需要の原理」とは，労働雇用についての有効需要である。景気を良くするためには，有効需要を増加させなければならない。有効需要を増加させるためには，「消費と民間投資を増加させなければならない」。この「消費を増加させる」ためには，雇用を増加させて，所得分配を平等化させることが必要で

---

[2] 第2次世界大戦後，アメリカからの帰国の際に記者に，イギリスはアメリカの49番目の州になるという噂は本当かと尋ねられると，即座に「そんな幸運はないよ」と答えた。

ある。そのためには，累進税率の適用が必要となるのである。また，「投資を増大させる」ためには，資本の限界効率を上昇させて，利子率を下げることが必要である。しかし，金融恐慌のときには「資本の限界効率」が低下しているため，利子率を下げることによって投資を増加させることは困難である。このように「資本の限界効率」が低下している経済においては，「公共事業を拡大」することが必要になるのである。

3.4 動学的分析の必要性

消費関数に動学的要素を考慮して有効需要の原理を応用するならば，「大恐慌の原因」を説明することができる。すなわち，「消費の資産効果」と消費の「将来への期待」を考慮するのである。

1920年代の終わりごろからの株価の大暴落とその後の銀行の倒産などによって，消費者は将来への危機感から耐久消費財の買い控えを行ったことにより消費が減少し，その後の物価下落による債務圧力が消費者，企業，銀行の活動を消極的にした結果として民間投資が減少して，「大恐慌」が生じたと考えられるのである。

ウォール街において，株価が大暴落した1929年10月よりも以前の9月に生産指数はピークを示し，その後，下降に転じていた。この原因は1928年の初めから連邦準備制度が行った通貨の対外価値を維持するためと株価の過熱を避けることを目的とした金融引き締め政策が原因であったと考えられているのである。

3.5 資本の概念

資本の概念には，大別して2つの概念がある。1つは，資本の物的生産性について定義される方法であり，土地，労働とともに生産の3要素として定義される資本の概念である。もう1つは，資本の収益性の観点からの定義であり，その所有者に利潤または利子のかたちで収益をもたらすことが期待される財の蓄えとしての資本の概念である。

「資本は生産的なものとして語るよりも，その期間を通じて価値を超えて収

益をもたらすものとして語る方がはるかに望ましい。なぜなら，資産がその存続期間中に初めの供給価格よりも全体として大きな価値の用役を生むという予想を与える唯一の理由は，資産が希少だからであり，また，それが常に希少でなくなれば超過収益は減少するであろうが，そのために資本が生産的でなくなるということはない――少なくとも物理的な意味においては」(『雇用・利子および貨幣の一般理論』塩野谷祐一訳，東洋経済新報社，1995年，16章，二，p.211)。

　J.M.ケインズは，資本を固定資本，経営資本（原材料や仕掛品などの生産過程にある財）および流動資本（完成した製品の在庫）を含むものとして資本設備と呼ぶのである。ここで，ケインズ経済学の特徴としては，資本の物的生産力が大であるということとその資本の収益性が大きいということは異なるということを説明しているのである。資本の物的生産力が同じであっても，それぞれの生産物に対する需要の大きさが異なればその資本の収益性（資本の限界効率）もまた異なるのである。

ジョン・メイナード・ケインズ[3]

4.1 ケインズの初期

　J.M.ケインズ（John Maynard Keynes；1883年6月5日～1946年4月21日）はイギリス生まれ[4]の経済学者であり，ジャーナリスト，思想家，投資家，官僚である。経済学者の大家アルフレッド・マーシャル[5]（A.Marshall；1842～

---

3) 石田おさむ，細山敏之，小島寛之著『マンガ ケインズ 大不況は解決できる！』講談社，2011年。
4) ケンブリッジ，ハーヴェイロード6番地が自宅であったことから，ケインズの思想を「ハーヴェイロードの思想」ということがある。
5) ケインズの父はマーシャルと親交があり，ケインズは子供のころからマーシャルに可愛がられていた。

1924年)[6]の弟子であり，アーサー・セシル・ピグー（A.C.Pigou；1877～1959年）とは兄弟弟子の関係である。また，ルートヴィヒ・ウィトゲンシュタイン（Ludwig Wittgenstein；1889～1951年)[7]やブルームズベリー・グループ（Bloomsbury Group)[8]との交流は有名である。J.M.ケインズは身長198cmの大男だった。弁論に長け，経済学者として活躍するようになったころには，その雄弁さゆえに負けることを恐れて，誰も議論をしてくれなくなったといわれている。

1905年にケンブリッジ大学を卒業した。数学[9]か哲学を研究したかった[10]。最高善を研究したいという動機であった。1906年に文官試験に合格し，合格者104名中2位であったためにインド省に入省した。インド省陸軍局勤務，最初の仕事は牡牛10頭を船でボンベイに送る手続きであった。インド省の勤務中も，ケインズは確率論の研究を続けた。これまでの確率論は，頻度説のままである。ムーアの『倫理学原理』において，社会常識に従うことは善を生み出す確率が高くなると説明していることを論証する。確率とは経験と新たな行為の関係を解釈する認識の問題である。この研究はやがて「流動性選好の理論」に反映される。

1907年にインド省租税・統計・貿易局に配属され，インドの道徳と物質的進歩についての年報の編集を行う。

---

6) 数学が好きで物理学に進もうとした。哲学を学び，心理学を研究した。休みの時にいくつかの都市の貧しい地区を歩き，経済学の研究を徹底的にしようと決めた。経済学は貧困の原因などを研究し人間が幸福になれる社会にして，人類の進歩に貢献する学問であるとするA.マーシャルの「騎士道精神」に基づいた経済学を志向した。

7) 20世紀初頭の英国ケンブリッジを舞台に活躍したオーストリア出身の哲学者。

8) 1906年ごろから，イギリスのロンドンのブルームズベリー街にあったスティーブン家の姉妹バネッサ（後のバネッサ・ベル；夫はクライブ・ベル）とバージニア（後のバージニア・ウルフ；夫はレナード・ウルフ）の家に集まった若い知識人のグループ。J.M.ケインズやリットン・ストレーチー，ロジャー・フライ，E.M.フォースターら，美術評論家，政治評論家，経済学者，小説家などケンブリッジのトリニティ，キングズ両学寮で学んだ人たちの集まり。

9) 数学が得意で第1作は確率論に関する論文である。いままでの確率論が頻度説のままであることが誤りであり，経験と新たな行為の関係を解釈する認識の問題として捉えた。数学科優等卒業試験は12位であった。

10) マーシャル『経済学原理』やジェボンズ『通貨と金融に関する研究』，ムーア『倫理学原理』を勉強した。

4.2 ケンブリッジ大学と大蔵省の往復時代

1908年6月5日にインド省を退職した後，J.M.ケインズはケンブリッジ大学講師として貨幣論を研究する。1909年3月にキングス・カレッジのフェローに合格し，特別研究員として「金融論」を担当し，1911年には王立経済学会のエコノミック・ジャーナルの編集長に就任（1945年まで34年間続く）する。

1913年に『インドの通貨と金融』を出版した。インドで行われている「金為替本位制」が「金本位制」よりも優れた貨幣制度であることを分析した。インドの金融と通貨を研究するための王立委員会の報告書の付録[11]として発表された。

第1次世界大戦の勃発によって，1915年に大蔵省に勤務後，大学に戻り，戦争で危機的状況にあるイギリス経済のために「戦争と金融制度」，「ロンドンのシティーとイングランド銀行」，「貨幣についての展望」を大蔵省に送った。

1917年（33歳）に大蔵省金融局第一課から独立した対外金融を担当するA課の課長となった。

1918年1月8日にアメリカ大統領ウィルソンが14箇条の平和条約を提示し，11月11日にドイツは降伏した。ケインズは閣議に賠償案を提出（40億ポンド）した。これはドイツの支払い能力は30億ポンドであるから，20億ポンドが限界であり，20年間に年1億ポンドが現実的であった[12]。

1919年1月18日開会されたパリ講和会議（Paris Peace Conference）[13]に参加し，対独賠償要求に反対して辞任した。その後，『平和の経済的帰結』[14]を

---

11) 3月3日のマーシャルからの手紙には，「君の書いた付録は私の心を捕らえました。私の知識と判断を超える建設的な意見にうっとりとさせられました。大きな困難の中を真っすぐにやすやすと自己の通路を切り開いていくのは素晴らしいことです。」と記述されていた。

12) イギリスのロイド・ジョージは，オーストラリアのヒューズ首相賠償委員会議長として240億ポンド：1年間に12億ポンドとした。他の国は，60億ポンド，210億ポンド，50億ポンド，110億ポンド，38億ポンドであった。

13) 第1次世界大戦における連合軍が同盟国の講和条件について討議した会議。ヴェルサイユ宮殿で講和条約の調印式が行われたことから，ヴェルサイユ会議とも呼ばれている。実際の討議のほとんどはパリのフランス外務省内で行われた。

14) 第2次大戦後に保守派チャーチルがケインズに対して「私も君の考え（平和の経済的帰結）が正しいと思っていた，しかし周りがそれを許さなかった」と発言，ケインズは生涯チャーチルを軽蔑したといわれている。

発表した。このような戦勝国によりドイツに対して戦費前額を賠償要求することは休戦条約に違反する偽善的なものであり，賠償の期限を決めないということ等，このような条約は残忍で非現実的で不幸しかもたらさない要求であることを主張した。このような要求はローマ帝国が敗戦国カルタゴに行った仕打ちと同じであるとして「カルタゴの平和」と呼び，これに反対して辞任した。その後，『平和の経済的帰結』を発表して，第2次世界大戦の危機が招来することを説明した。

　ケインズの著作物の中でも特に「平和の経済的帰結」は重要である。ヴェルサイユ会議ではドイツを2度と立ち上がれないようにするために戦勝国，特にフランスとイギリスは天文学的な賠償金をドイツに求めた。その結果，国際貿易は縮小して経済は停滞し，賠償金受け取り国は，名目賠償金受け取り額以下の所得移転しか得ることができずに第2次世界大戦の遠因を作った。これは，賠償金支払いのために輸出を増やし輸入を減らさざるを得ないドイツと，賠償金受け取りのために可処分所得が増加して輸入が増加して輸出が減少したフランス等の経済の問題が原因であった。今日では「トランスファー問題」と呼ばれている有名な定理である。

　ケインズはこのヴェルサイユ会議において「トランスファー問題」を論じたのである。そして，ローマにより殲滅されたかつてのカルタゴの歴史のようにドイツを貶めようとする戦勝国の論理である「カルタゴの平和」の問題について論じたのである。

　パリ講和会議におけるこのようなドイツへの莫大な賠償金に対して著した『平和の経済的帰結』によってJ.M.ケインズは大反論キャンペーンを行った。しかし，このケインズの考えは政策担当者・諸国民から強烈な批判に遭うこととなった。その後，ナチス・ドイツの台頭と第2次世界大戦の勃発により，歴史によってケインズの説明が正しかったことが証明されるのである。

　アメリカはドイツに対して財政面，物資面での援助を行い，それを元にドイツは連合国に対して賠償金を支払い，アメリカが連合国からの戦債を回収する。軍事費に苦しむ日本に対しては，融資を行うとともに軍備削減を要求する。このような，ヴェルサイユ・ワシントン体制は1929年のアメリカの金融恐慌を機に崩壊していくのである。

4.3 その後のケインズ

1923年にJ.M.ケインズは,『貨幣改革論』発表した。

1925年にロンドン公演で出会ったロシア人バレリーナ,リディア・ロポコワと結婚する。リディア・ロポコワ[15]は,まだイギリスに根付いていなかったバレエを根付かせる役目を担い,ロンドンやケンブリッジで舞台に立った。『チャーチル氏の経済的帰結』を発表。

1926年に『自由放任の終わり』を発表した。

1930年に『貨幣論』を発表した。

1930年代にスターリン統治下のソ連を訪問し,「社会主義には興味がない」と述べた。

1931年9月にイギリスは金本位制から離脱した。

1936年,『一般理論』の発表前日,ケンブリッジ芸術劇場[16]が完成する。その翌日,『雇用・利子および貨幣の一般理論』を発表する。同書によって,以下の4点を示した。

① 不完全雇用のもとでも均衡が成立すること。
② 反セイの法則を打ち立て,有効需要の原理を基礎として,有効需要の不足に基づく非自発的な失業の原因を明らかにしたこと。
③ 有効需要は市場メカニズムに任せた場合には不足することがあること。
④ 乗数理論に基づき,減税・公共投資などの政策により投資を増大させて,経済の景気は回復可能であることを示した。

1940年6月に大蔵大臣キングスレー・ウッドの諮問会議委員に就任したが「ノブレス・オブリュージュ」(高貴な者の義務)として年俸を受け取らなかった。

1941年にイングランド銀行理事に就任した。

1942年に男爵となる。

1944年にブレトンウッズ連合国際通貨金融会議に参加。ここで「バンコール」

---

[15] 1946年のケインズの死後,公の舞台から離れひっそりと暮らした。2人の間には,医学的理由から子供ができなかった。
[16] 「愛と美と善」を楽しむ場。

(bank-call) という国際通貨の創設を提案するが，実現はしなかった．ハリー・ホワイトと共にIMFを創設した．

1945年にIMFおよびIBRDの総裁に就任した．

1946年に没．

4.4 投資家としてのケインズ・美人コンテスト理論

J.M.ケインズ自身は母校キングス・カレッジの会計係のときに，カレッジの基金3万ポンドを運用し，38万ポンドに増やすなどの貢献をした．しかし，いくらかの経験の後，J.M.ケインズは株式価格形成の問題を当時の新聞で行われていた美人コンテストを例えにして説明した．すなわち，個々の判断に基づく投資より投資家全体の投資行動を考慮した投資の方が有効であるという説明である．

「玄人筋の行う投資は，投票者が100枚の写真の中から最も容貌の美しい6枚を選び，その選択が投票者全体の平均的な好みに最も近かった者に賞品が与えられるという新聞投票に見立てることができる．投票者は，自身が最も美しいと思う写真を選ぶのではなく，他の投票者の好みに最もよく合うと思う写真を選択することを意味する」．すなわち，何が平均的な意見になるのかを期待して予測することになるのである．このことは，株式投資に関して，投票者（＝市場参加者）の多くの人が，容貌が美しいであろうと判断する写真を選ぶことが有効な投資方法であるという説明である．

《不美人投票》

この「美人投票」に対して，「不美人投票」という説明がある．「為替や株式に関して，目立った好材料がないために，悪材料の少なさという消極的な理由で，投資先を選ぶこと」である．

4.5 ケインズ・サーカス

J.M.ケインズが『一般理論』を立脚させるために指揮した若手学者集団を

ケインズ・サーカス[17]という。リチャード・カーンを中心にして，ジェームス・ミード，オースティン・ロビンソン，ジョーン・ロビンソン，ピエロ・スラッファ，ロイ・ハロッド，ニコラス・カルドア，ミハウ・カレツキ，アバ・ラナー，リチャード・ストーン，ジョン・ヒックスなどの後に世界的経済学者となる人々である。

今日の日本経済における失業問題

　図1.2は，日本の1953（昭和28）年から2012（平成24）年までの毎年12月における完全失業者数の推移である。

　1953年から1974年ごろまでの日本経済において，失業者は50万人から100万人程度であった。しかし，次第に増加し，失われた10年とか20年といわれる1998（平成10）年以降においては，日本の実業者数は250万人以上となっているのである。1999（平成11）年以降から2003（平成15）年までには失業者数はさらに増加しており，300万人を超えている状態である。特に最近は，女性の失業者数も増加しており，この10年間では，100万人以上の女性の完全失業者が存在するのである。

　このように日本経済において失業者数が多くなったことが先進国として当然なのか，あるいはJ.M.ケインズの「有効需要の原理」に基づく，「有効需要の不足」が原因なのかについて考えなければならないであろう。

　失業の原因はJ.M.ケインズの説明したとおり，「有効需要の不足」である。ならば，「有効需要の不足の原因は何なのか」が今日の本経済における大量失業問題を解決するための経済学的課題なのである。そのためには，日本経済の社会問題や構造問題のみならず，世界経済との関係で考えるべき歴史的な問題について分析を進めることが必要なのである。

---

17) この中から，多数のノーベル経済学賞受賞者を輩出した。

図1.2 日本の失業者数の推移；毎年12月

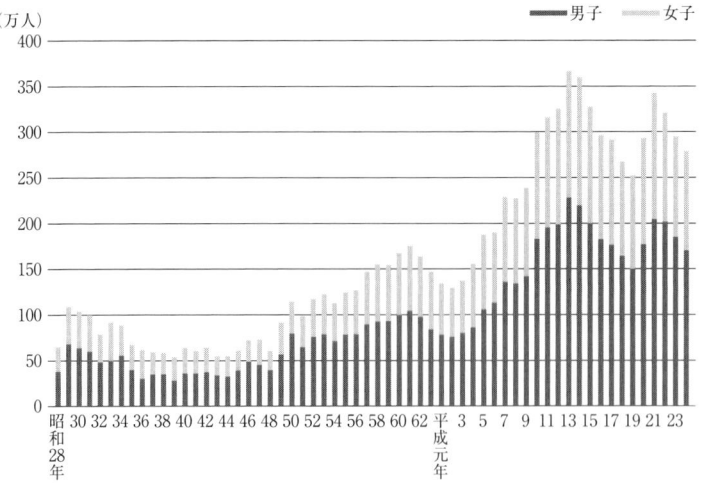

第2章 有効需要の原理

1 古典派経済学と雇用

1.1 古典派の第1公準と労働需要

　ケインズは，『雇用・利子および貨幣の一般理論』（"The General Theory of Employment, Interest and Money"）（以後，簡略化のために本書においては『一般理論』と称する）において古典派経済学による労働市場の分析について「古典派の第1公準」と「古典派の第2公準」によって説明した。

　『一般理論』の第2章，「古典派経済学の公準」における「古典派の第1公準」によると，「賃金は労働の価値限界生産物の価値に等しい」ように決定される。ここで，労働の価値限界生産物の価値とは「雇用を1単位だけ減少させたときに失われる価値」であり，産出量の減少によって不要となる他のすべての費用を差し引いた値として定義される。企業の労働需要表はこの「古典派の第1公準」によって与えられるのである。

　いま，第i番目の企業が保有する生産設備が一定水準K_iであると仮定する。また，この企業の生産量をy_i，雇用量をN_iとすると，この企業の生産関数は次の(2.1)式のように表される。

$$y_i = F^i(N_i, K_i) \tag{2.1}$$

　この企業の利潤をπ_i，生産物市場において決定されこの企業にとって所与の価格をP_i，労働市場において決定されこの企業にとって所与である賃金率をW，固定費をk_i，生産物1単位当たりの原材料費は生産量に比例すると仮定してその比率をm_iとすると，この企業の利潤極大条件は，次の(2.2)式および

(2.3)式のように表される。

$$\pi_i = P_i y_i - WN_i - m_i y_i - k_i \tag{2.2}$$

$$\frac{d\pi_i}{dN_i^D} = (P_i - m_i)F_N^i(N_i^D, K_i) - W = 0 \tag{2.3}$$

ここで，$m_i F^i$ は雇用量 N の変化による生産量 y の増減に伴って生ずる原材料費の変化分を示している。

利潤極大のための2階条件は，(2.3)式を雇用量で偏微分して負であることであるから，次の(2.4)式のようになる。

$$\frac{d^2\pi_i}{dN_i^{D2}} = (P_i - m_i)F_{NN}^i(N_i^D, K_i) < 0 \tag{2.4}$$

ここで，企業利潤が正であるという条件より，$P_i - m_i > 0$ であるから，上の2階条件は労働の限界生産性逓減によって満たされるのである。

すなわち，「古典派の第1公準」とは企業の短期利潤極大条件の1階条件(2.3)式であり，次の(2.3′)式のように示される。

$$(P_i - m_i)F_N^i(N_i^D, K_i) = W \tag{2.3′}$$

(2.3′)式の左辺は雇用量の増加によって追加される付加価値の増分に等しく，ケインズはこれを「労働の価値限界生産力」と呼んでいる。

いま，賃金財価格を P_W として，式の両辺を割れば，次の(2.5)式を得る。

$$\frac{P_i - m_i}{P_W}F_N^i(N_i^D, K_i) = W \tag{2.5}$$

(2.5)式の左辺は実質賃金率である。ここで，賃金財とは，「貨幣賃金の効用がその財の価格に依存するような財のことである」（『一般理論』p.7）である。

いま，労働市場が完全競争であると仮定して，個別企業に対して生産要素価格がすべて所与であるとすれば，(2.5)式から，企業の労働需要表を次の(2.6)式のように導出することができる。

$$N_i^D = N_i^D\left(\frac{W}{P_i}, \frac{P_W}{P_i}, \frac{m}{P_W}, K_i\right) \tag{2.6}$$

ここで，$\frac{W}{P_i}, \frac{P_W}{P_i}, \frac{m}{P_W}, K_i$ は外生変数である。ここで，労働需要は実質賃金率の減少関数である。

ここで，$N^D = \sum N_i^D$である。また，議論を簡単にするために国内総生産は賃金財より成るものとして$P_W = P$を仮定する。Kは経済全体に存在する資本ストック量$K = \sum K_i^D$である。

いま，縦軸に実質賃金率wを，横軸に労働需要量N^Dをとると，この企業の労働需要表は労働の限界生産性を反映して図2.1のように右下がりの曲線として描かれる。いま，実質賃金率がw_Aで表されるときの労働需要量はN_Aである。

以上の説明から，労働需要量N^Dは実質賃金率wに関して減少関数となり，次の(2.7)式のように表される。ここで，$w = \dfrac{W}{P_W}$である。

$$N^D = N^D\left(\frac{W}{P_W},\ \frac{P}{P_W},\ K^D\right) \tag{2.7}$$

また，図2.1のN^D線のような右下がりの曲線として考えることができる。これが「古典派の第1公準」から導出される労働需要曲線である。

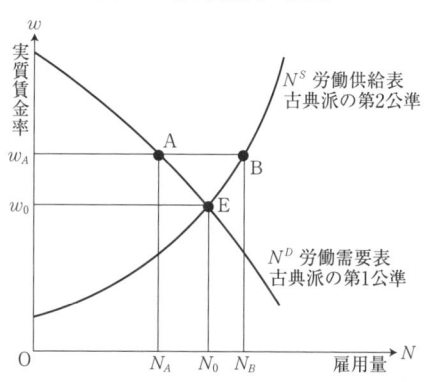

図2.1　有効需要の決定

1.2 古典派の第2公準と労働供給

『一般理論』の第2章（古典派経済学の公準，p.5）によると，「古典派の第

2公準」は次のように定義される。

「一定量の労働量が雇用されている場合，賃金の効用はその雇用量の限界不効用（marginal disutility）に等しい」。ここで，労働の限界不効用とは，ある最低限より低い効用しかもたらさない賃金率を受け入れて労働を供給するよりも，むしろ彼等の労働供給を差し控えた方が良いとみなされるようなあらゆる種類の理由を含む不効用であると説明されている。労働者にとって労働は苦痛であり，不効用をもたらすものである。古典派の第2公準とは，追加的な労働がもたらす限界苦痛を補償する以上の賃金支払い水準に対して労働量が供給されるという説明である。ここで，労働の苦痛が労働供給量の増加とともに増大するということを前提とすると，より多くの労働供給量を引き出すためには，より高い賃金水準が必要となり，労働供給曲線が賃金率に対して増加関数であるということが説明されるのである。また，縦軸に実質賃金率を横軸に労働供給量をとると，右上がりの労働供給曲線が導出されることが説明されるのである[1]。

《労働供給関数の導出》

経済全体での労働供給関数は各家計の労働供給関数を経済全体で集計した関数として，次の(2.8)式のように導出することができる。

$$N^S = N^S\left(\frac{W}{P_W}\right), \quad N^{S'}\left(\frac{W}{P_W}\right) > 0 \tag{2.8}$$

ここで，$N^S = \sum N_i^S$ であり，また，議論を簡単にするために国内総生産は賃金財からなるものとして $P_W = P$ を仮定している。

ここで，縦軸に実質賃金率 w を，横軸に労働供給量をとると，経済全体の労働供給表は労働の負の限界効用を反映して図2.1のように右上がりの曲線として描かれる。いま，実質賃金率が w_A で表されるときの労働供給量は N_B である。

---

[1] しかし，労働用役を提供する家計にとっては労働用役の供給量の増加は労働それ自体からもたらされる苦痛の増大というだけではなく，自分自身のために費やすべき利用可能な時間を減少させることによって失う費用（機会費用）が増大するのであるという考え方が今日の経済学にはある。

1.3 古典派経済学における労働市場の均衡条件

　古典派経済学は市場原理による調整システムが理想的な資本主義経済を導くという考え方である。この考え方に基づくと労働市場は企業の利潤極大条件を満たす労働需要関数と家計の効用極大化行動の条件を満たす労働供給関数が労働市場において実質賃金率の調整を通して，市場均衡をもたらすと説明することができるのである。ここで$w = \dfrac{W}{P_W}$である。

【労働市場の均衡条件】　$N^S = N^D$ 　　　　　　　　　　　　　　　　　　　　(2.9)

【労働供給関数】　$N^S = N^S\left(\dfrac{W}{P_W}\right)$,　$N^{S'}\left(\dfrac{W}{P_W}\right) > 0$ 　　　　　　　(2.8)

【労働需要関数】　$N^D = N^D\left(\dfrac{W}{P_W},\ \dfrac{P}{P_W},\ K^D\right)$,　$N^{D'}\left(\dfrac{W}{P_W}\right) < 0$ 　　(2.7)

　すなわち，図2.1において，労働需要曲線と労働供給曲線の交点において市場均衡が達成され，均衡雇用量N_Eと均衡実質賃金率w_Eが決定されるのである。

　このようにして労働市場において市場均衡が達成されるとき，古典派経済学の世界においては現行実質賃金率のもとで働く意思があるものはすべて雇用されているという意味で点Eにおいて決定される雇用量は完全雇用量である。古典派経済学によると，この完全雇用量は貨幣賃金率や他の財・サービスの価格の伸縮性によって自動的に達成されるものである。

　もしいま，このようにして決定される雇用量以上の労働者が労働市場に留まって雇用の機会を待っているとするならばそれは現行の実質賃金率においては働く意思がないのであり，このような意味では「自発的失業」と定義されるのである。

　このような古典派経済学における労働市場の説明を受け入れるならば，例えば図2.1においてＡＢで表されるような「失業」が発生する原因は，現行の貨幣賃金率が均衡賃金率よりも高過ぎるからであり，やがて市場の調整メカニズムによって実質賃金率は低下して完全雇用は達成されるのである。もしも，このような調整過程が生じないならば，それは貨幣賃金率が下方に対して硬直的であるからであるということになる。

このことは「ケインズ革命」以前の経済学者たちが，すなわち，ケインズによって古典派経済学者と呼ばれた人々が，恐慌当時の現実の経済問題として失業の問題を「自発的失業」のみを前提とした経済学者であり，実際に彼等の眼前で生起している経済問題に対して全く無能であったということを意味しているわけではないのである。

2 有効需要の原理

ケインズは『一般理論』の第3章「有効需要」(Effect Demand) において，経済全体の雇用量は「総需要関数と総供給関数とが交叉する点において決定される」と説明した。「なぜならば，この点において企業者の期待する利潤が最大になるからである」。この「総需要関数」(Aggregate Demand Function) と「総供給関数」(Aggregate Supply Function) とが交叉する点における「総需要の値」をケインズは「有効需要」と呼ぶのである。ここで，「総需要関数」と「総供給関数」とはそれぞれ，次のように説明される。

2.1 総供給関数

いま，それぞれの企業が保有している資本設備や資源，そして，生産技術やそれによって決定される費用条件などの，その企業が直面している市場や産業の状態などが一定不変のもとでは，各企業の利潤極大条件を満たす関数として，総供給価額Zと雇用量Nとの間には，次の(2.10)式のような関係を想定することができる。

$$Z = \phi(N) \tag{2.10}$$

ここで，Zは経済全体でN人を雇用することから生ずる産出物の総供給価額であり，生産物を賃金財で測った価値である。

労働の限界生産力が正であることから雇用量の増加とともに産出物の価値額Zは増加する。しかし，雇用量の増加とともに生産物の価値の増加のしかたはだんだんと小さくなるであろう。これは，費用逓増あるいは労働の限界生産性

第2章 有効需要の原理

逓減を仮定しているからである。

以上の関係から，雇用量Nと生産物Zとの間に，次の(2.11)式のような関係を想定することができる。

$$\frac{dZ}{dN} = \phi'(N) > 0, \quad \frac{d^2Z}{dN^2} = \phi''(N) > 0 \tag{2.11}$$

このような雇用量と総供給価額との間の関係を示す関数をケインズは総供給関数と呼ぶのである。図2.1のように縦軸に総供給価額をとり，横軸に雇用量をとると，この総供給化数は右上がりの下方に凸型の逓増的な曲線として描かれる。

宇沢弘文教授によると，この総供給関数（Z関数）は図2.2のような資本設備が一定のときの労働生産性曲線から図2.3のように導出することができる[2]。

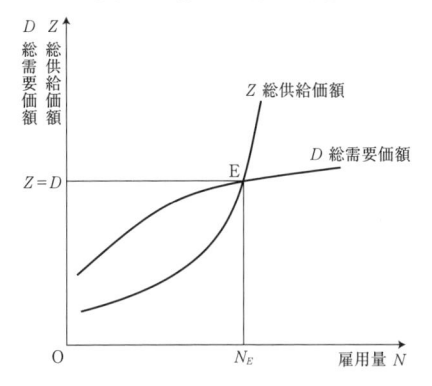

図2.2　有効需要の決定

図2.3　総供給関数の導出

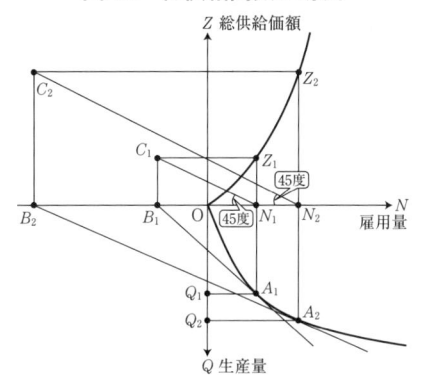

すなわち，次の(2.12)式のような関係が説明される。

$$Z = \frac{PQ}{W} = \frac{Q}{W/P} = \frac{BC}{BC/AB} = AB \tag{2.12}$$

---

2) これは，宇沢弘文教授の『ケインズ「一般理論」を読む』岩波書店，2008年，pp.110-111によって説明された総供給関数導出についての1つの方法である。ここでは，暗黙に，資本の稼働率が一定であると仮定されている。しかし，ケインズの世界において資本設備は常に過剰な状態であることが知られている。

ここで，生産額Zは賃金財Wで測った生産物の価値（総供給額）である。

図2.3は横軸右側に雇用量をとり，縦軸下側に経済全体の実質生産量をとって，第4象限に経済全体労働生産性曲線（ケインズ的には必要労働曲線と定義すべきであろう）を描いている。生産量がQ_1のとき，雇用量がN_1必要であり，生産量がQ_2のとき雇用量はN_2が必要であることを表している。

B_1N_1は雇用量がN_1のときの総供給価額Z_1を表しており，B_2N_2は雇用量がN_2のときの総供給価額Z_2を表している。C_1N_1線とC_2N_2線は総供給価額を第1象限に移すための45度線である（図の簡単化のために視覚的には正しい45度線ではないが，横軸右方向のZの長さを縦軸上方向Zの長さに縮小して描いている）。このようにして第4象限にケインズの総供給関数（総供給曲線）が逓増的に描かれることが説明されるのである。

2.2 総需要関数

総需要関数は就業構造と市場条件を所与として次のように定義される。いま，企業家がN人の雇用から受け取ることができると期待する総売上金額をDとすれば，総売上金額と雇用量との間には次の(2.13)式のような関係を想定することができる。

$$D = f(N) \tag{2.13}$$

ここで，Dは賃金財価格Wで測った総売上金額であり，雇用量Nとの間には次の(2.14)式のような関係が想定されている。

$$\frac{dD}{dN} = f'(N) > 0, \quad \frac{d^2D}{dN^2} = f''(N) < 0 \tag{2.14}$$

総売上金額は，消費需要期待額をD_1，投資需要期待額をD_2との2つの項目に分けて，次の(2.15)式のように考えることができる。

$$D = D_1 + D_2 \tag{2.15}$$

ここで，投資需要D_2は，後の「ケインズの投資誘因と利子論」の章（第Ⅱ部第7章）で説明する投資の限界効率表と利子率との関係に依存する企業家の投資誘因によって決定される。

企業家が社会の所得の中から消費に支出されると期待する額は，社会の「消

費性向」と呼ばれる社会の心理的特徴に依存する．また，経済全体における雇用量Nの増加は社会の所得の増加になるはずであるから，企業の生産物の販売期待額の中の消費需要期待額D_1は雇用量Nの増加関数となると想定することができる．すなわち，χを消費性向に依存する関数とすると，次の(2.16)式によって表される．

$$D_1 = \chi(N), \quad \chi'(N) > 0 \tag{2.16}$$

この「消費性向」は，主に所得額と他の客観的な付随的諸条件に依存するとケインズは想定する．もちろん，社会を構成する個々の人々の主観的な必要，心理的な性向，習慣，所得分配の原理などの主観的な要因にも依存すると考えられるが，この主観的な要因を所与とみなして，消費性向は客観的な要因の変化にのみ依存すると想定するのである．このような「社会的心理法則」（客観的・主観的要因）は，『一般理論』の「第三篇，消費性向」において説明されている．

所得が増大するときに消費水準は所得と同じだけ増大しないために，限界消費性向は1よりも小であると考えられる．このために総需要関数は図2.1のD曲線のように右上がりの傾きがだんだんと緩やかになる曲線として描かれているのである．

ここで，「総需要関数」とは企業家にとって過去の生産活動・販売活動から得られた経験や種々の情報・知識によって習得された経験を関数として表したものであり，また，現在もなおその経験を積み重ねていく過程なのである．それ故にこの関数の形状を決定するのもやはり企業家たちなのである．

2.3 有効需要の決定と安定性

「有効需要」の大きさは，以上で説明した「総需要関数」（D曲線）と「総供給関数」（Z曲線）との交点Eにおける「総需要量の大きさ」として定義される点において決定される．すなわち，この2つの曲線の交点Eにおいて経済全体の活動水準（それ故に国民所得・雇用量）が決定されるというのが，ケインズの「有効需要の原理」である．

経済全体での企業者均衡点は総供給価額Zと総需要価額Dが等しくなる点であり，この点をもたらすような雇用量Nが「有効需要の原理」によって決定さ

れる均衡雇用量N_Eである。

以上の関係を整理すると，次のように表すことができる。

【企業者均衡の条件】　　　$Z = D$ 　　　　　　　　　　　　　　　　(2.17)

【費用期待：供給関数】　　$Z = \phi(N),\ \phi'(N) > 0,\ \phi''(N) > 0$ 　　(2.10)

【需要期待：需要関数】　　$D = f(N),\ f'(N) > 0,\ f''(N) < 0$ 　　　(2.13)

ここで，(2.10)式と(2.13)式を(2.17)式に代入して，均衡雇用量N_Eを求めると，次の(2.18)式のように導出される。

$$\phi(N_E) = f(N_E) \tag{2.18}$$

この均衡雇用量N_Eが所与の消費性向と投資誘因のもとで決定された有効需要の大きさによって実現される均衡雇用量である。

《有効需要点の安定性》

このようにして，決定される「有効需要」と雇用量の値は安定的であることが次のようにして説明される[3]。

いま企業家が雇用量を増加させようとするとき消費価額D_1も増加する。しかし，限界消費性向が1よりも小であるから，消費価額の増加は総供給価額の増加ほどには大きくない。このギャップを埋めるためには投資需要の増加が必要である。しかし，投資誘因が一定所与である状態においては，そのような作用は働かないために超過供給の状態が発生して再び雇用量の減少が必要となることを企業家は認識しているために，企業家はこのような雇用量の増加を選択しないからである。

また，逆に企業家が雇用量を減少させようとするとき，消費価額も減少するであろう。しかし，限界消費性向が1よりも小であるから，消費水準の減少は総供給価額の減少よりも少ないために超過需要の状態になるから投資の減少が必要である。しかし投資需要が一定所与の状態では，超過需要の解消のために再び雇用の増加が必要となることを理解している企業家は雇用量の減少を選択

---

3) この「有効需要点の安定性」の証明は，新古典派経済学派が後に証明する意図した投資と意図しない投資の概念を使用して議論する「在庫調整モデル」による生産物市場の均衡条件とその安定条件を説明する必要がないのである。なぜならば，ケインズは生産物市場の均衡条件を本来議論していないのである。

しないのである。

3 有効需要と非自発的失業

3.1 有効需要の原理と非自発的失業

　ケインズ経済学において，雇用量は有効需要の大きさによって決定される。ここで，有効需要とは，前節で説明したように，企業家が期待する総売上額と雇用量との関係を示す「総需要関数」と企業が現在保有する資本設備のもとでの「生産技術の条件」や「費用条件」などを反映した企業の利潤極大条件を満たすという意味での「古典派の第１公準」から導出される「総供給関数」とが交叉する点における「総需要の大きさ」である。

　「雇用量は有効需要の原理で決定される」という意味は，古典派経済学の用語で説明するならば，雇用量は「古典派の第１公準」で決定されるという意味となる。すなわち，労働市場における調整メカニズムは機能せず，古典派経済学が説明するような家計の労働供給条件は満たされないままに失業状態，すなわち，「非自発的失業」が発生すると説明されるのである。

3.2 ケインズ経済学における労働市場の均衡条件

　ケインズは有効需要の原理による雇用量決定を説明するために，「古典派の第１公準」を受け入れ，「古典派の第２公準」を否定するのである。
　このような関係を考慮してケインズ的な労働市場分析を考えると，次のような説明をすることができる。

【均衡条件】　　$N_K = N^D$ 　　　　　　　　　　　　　　　　　　　　　　　(2.19)

【労働需要関数】　$N^D = N^D\left(\dfrac{W}{P}\right),\ N^{D'}\left(\dfrac{W}{P}\right) < 0$ 　　　　　　　　(2.20)

【非自発的失業】　$U = N_F - N_K$ 　　　　　　　　　　　　　　　　　　　(2.21)

ここで，N_Kは有効需要の大きさに基づいて決定される雇用量である。また，

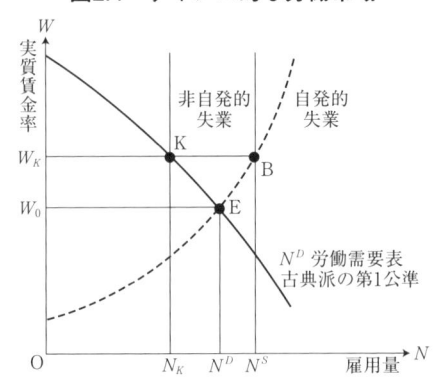

図2.4 ケインズ的な労働市場

Uは非自発的失業者数，N_Fは完全雇用水準である。

このケインズ的労働市場は，図2.4のように説明される。有効需要の水準によって決定される雇用量N_Kは，このケインズ的な労働市場の図においては有効需要の原理によって与えられるから，横軸に対して垂直なN_K線として描くことができる。実質賃金率に関してはここでは不決定である。なぜならば，ある制度的な要因のもとで説明されるものであるからである。この場合には古典派の労働供給曲線線と，労働需要曲線との間のW_0とW_Kの範囲のいずれかで実質賃金率は決定されていることになるのである。

3.3 失業の種類とその対策

ケインズの『一般理論』によると，失業の種類には，古典派経済学が前提としていた「自発的失業」（voluntary unemployment）と有効需要の不足によって生ずる「非自発的失業」（involuntary unemployment），そして経済構造や産業構造の変化への対応の遅れによって発生する「摩擦的失業」（frictional unemployment）とに区別して考えなければならない。以下，それぞれの失業の発生原因とその対策について考える。

(1) 自発的失業

自発的失業とは，労働市場が均衡状態のもとでも存在する失業であり，「一単位の労働が法制とか社会的習慣とか，団体交渉のための団結とか，変化に対する反応が遅いとか，単なる人間性質上の片意地とかの結果として，その労働者の限界生産力に帰せられるべき生産物の価値に相応する報酬を受け入れることを拒否し，または，受け入れることができないために生ずる」失業である。

この種の失業に対する政策は「労働の限界不効用」を引き下げることであるケインズの時代はこのような失業は本来大きな社会問題ではなかったのである。しかし，近年，多くの先進工業諸国においては，失業保険制度や他の社会保障制度が発達してきたために若年層を中心として，このような種類に分類される失業が増大していると考えることができる。これは新しい社会問題であると考えられている。

また，現在の職業よりもさらに良い職業に就きたいという目的のために現在の職業を退職して失業する場合にも，この「自発的失業」の定義に入れることができる。

(2) 非自発的失業

非自発的失業とは，ケインズの「有効需要の原理」があって初めて定義することができる失業の概念である。すなわち，経済全体の財・サービスに対する有効需要が不足しているために，現行の実質賃金率のもとで働く意思があるにもかかわらず仕事がない労働者が生ずることによって発生する失業である。

ケインズは，この自発的失業を「非自発的失業」の定義を『一般理論』において，次のように説明している。

「もし賃金財の価格が貨幣賃金と比して，わずかに騰貴した場合に，そのときの貨幣賃金で働こうと欲する総労働供給と，そのときの賃金で雇おうとする総労働需要がともに，現在雇用量よりも大であるならば，人々は現に非自発的に失業している」（『一般理論』pp.15-16）のである。すなわち，この状態は実質賃金率の下落にもかかわらず，労働供給量が増加している状態であり，少なくとも，「自発的失業」ではないことが説明される。このような失業をケインズは「非自発的失業」と呼んだのである。

この「非自発的失業」を減少させるためには，有効需要を拡大することが必要である。国内の消費性向と投資水準が一定所与であり，海外への輸出の増大も期待できないような状態のもとでは，政府の積極的な有効需要拡大政策が必要となるのである。

　政府の有効需要拡大政策のためには，大別して，財政政策と金融政策がある。財政政策には，①減税政策による消費・投資の拡大政策や②国債発行などによってファイナンスされた資金による政府支出の増大に基づく有効需要拡大政策等，すなわち，赤字財政政策があげられる。また，金融政策には，③国債や債券などの買いオペレーションによる貨幣供給量の増加政策や，②公定歩合引き下げによる投資刺激政策，③中央銀行の支払い準備率の引き下げによる金融緩和政策などがあげられる。

(3) 摩擦的失業

　摩擦的失業とは，「例えば，誤算または，断続的需要の結果として，特殊化された諸資源の相対的数量の間に均衡を一時欠くことに基づく失業とか，不測の諸誤算に伴う遅れに基づく失業とか，一雇用から他の雇用への転換が，若干の遅れなくしては行われず，従って非静態的な社会において恒にある割合の資源が仕事と仕事の間に，使用されないでいるという事実に基づく」失業である。

　この「摩擦的失業」とは，経済の変化に対して市場の調整が十分速やかに行われないことによって生ずる失業である。この「摩擦的失業」を減少させるためには，組織や予想・期待についての改善が必要となるのである。

4 有効需要拡大政策

　ケインズは「非自発的失業」の問題を解決するために赤字財政政策が有効であることを説明した。非自発的失業が発生する原因は，社会における過剰生産能力である。この過剰な生産能力を増加させないで有効需要を拡大させる政策がケインズの公共事業の実施という赤字財政政策の提案なのである。

　ケインズの有効需要拡大政策の効果は，図2.5において，総需要曲線がD曲

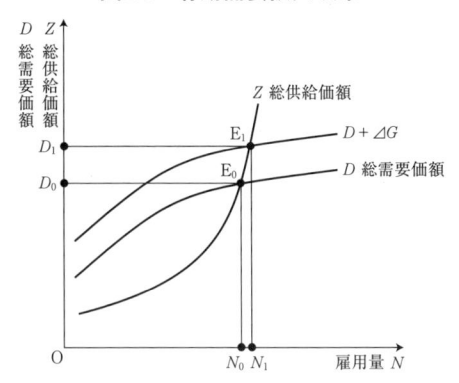

図2.5 有効需要拡大政策

縦軸：D 総需要価額　Z 総供給価額
Z 総供給価額
$D+\varDelta G$
D 総需要価額
D_1, D_0, E_1, E_0, N_0, N_1, 雇用量 N

線から $D+\varDelta G$ 曲線への上方へシフトによって説明することができる。すなわち，有効需要を決定する均衡点が点 E_0 から点 E_1 へ移動し，有効需要が D_0 から D_1 へと増加して，雇用量が N_0 から N_1 へと増加するのである。

　このような政府の赤字財政政策が続けられる期間は限られた期間であり，総需要関数の上方へのシフトは一時的なものである。なぜならば，累積的な赤字財政政策は政府債務が累積してやがて政府の歳出の硬直化が発生するために積極的財政政策を続けることは困難であり，早急な民間投資の回復が望まれるのである。

第3章
貨幣と金融システム

1 貨幣の歴史

　人と人との間で経済的な取引を行う場合の決済手段（means of exchange）としての貨幣は，最初は物品貨幣であったと考えられている。決済手段とはその貨幣の支払いをもって負債状態が解消するという意味である。物品貨幣は，貨幣の素材によって自然貨幣と商品貨幣に分けられる。自然貨幣とは，貝殻や石・骨などの自然の素材を貨幣としたものであり，宗教や呪術を背景としていたと考えられている。すなわち，貨幣そのものに価値はなく，決済手段として使うのは無理であった。これに対して，商品貨幣とは，布や米・家畜・穀物などそれ自体が商品として価値があるものであるから決済手段として受け入れられるのである。

　このような商品貨幣は持ち運びが不便であることから，金貨，銀貨，銅貨など金属貨幣が使用されるようになった。この金属貨幣は物品貨幣の1つである。その金属の価値と貨幣の金額が等しい貨幣を秤量貨幣という。すなわち，金属を重さで測って貨幣価値を表し決済手段として使用したのである。このことから重さの単位である貫や匁などの重さが貨幣の単位として使われるようになったのである。このように金属の価値と貨幣の金額が等しい貨幣の時代から，やがて金属を溶かし型に流して貨幣価値を強制的に表すように作った鋳造貨幣が生まれる。鋳造貨幣は金貨のそれ自身の価値とは関係なく，信用貨幣としての性質をもつ貨幣である。すなわち，国の信用で流通する貨幣である。

《日本の貨幣の歴史》

　日本最古の鋳造貨幣は 7 世紀中ごろの斉明天皇の時代に発行された「無文銀銭」であり，7 世紀後半の天武天皇の時代に発行された「富本銭」[1]，8 世紀初期の奈良時代に発行された「和同開珎」とされている。戦国時代には各地の戦国大名によって金貨や銀貨が発行されているが，安土桃山時代や江戸時代には，大判や小判のように額面を表示する計数貨幣が出されている。

　明治維新以後になると，日本の貨幣制度は，金属貨幣に代わって紙幣が通貨の主役となった。1868（明治元）年，明治政府は太政官札（だじょうかんさつ）を発行した。1871（明治 4）年，明治政府は新貨条例を公布して，金本位制を採用した。しかし，金貨不足のため銀貨利用が続いた。通貨単位として「円」を制定し，平価を 1 円＝金1.5 g とした。また，1 円＝100銭[2]，1 銭＝10厘と制定した。

　1877（明治10）年に勃発した西南戦争の「戦費を賄うために政府は大量の紙幣を発行した結果，激しいインフレーションが起きた。そこで，政府が発行した紙幣の整理と，信用のある紙幣の一元的な発行を目的とした中央銀行を設立する必要」（『日本銀行―その機能と組織』日本銀行，2011年 7 月，p.13）が生じたために，1882（明治15）年に「日本銀行条例」が制定され，中央銀行としての機能をもつ日本銀行が同年10月10日に設立され営業を開始したのである。1885（明治18）年に日本銀行は兌換紙幣を発行した。兌換紙幣とは同額の金貨や銀貨に交換することを約束した紙幣である。

　1887（明治20）～1888（明治21）年の日清戦争[3]の後，1897（明治30）年，明治政府は，これまでの金と銀の複数本位制を止め，金のみを本位貨幣（通貨価値の基準）とする貨幣法を公布し，金本位制確立して，1 円＝金0.75 g とした。これは明治維新当初の 1 円＝金1.5 g と比較すると，金の価格が 2 倍となり，円の価値が半減であり，円安として設定された。

---

1) 奈良県の飛鳥池遺跡から 7 世紀後半のものと推測される「富本銭」が発見された。
2) 第 2 次世界大戦後の1953（昭和28）年に「銭」と「厘」は廃止された。
3) 1894（明治27）年，朝鮮で農民の反乱である甲午農民戦争と東学党の乱が起こり，朝鮮が清に援軍を求めた。日本も居留民の保護を名目に出兵し，日清両軍の戦争となった。日本軍は，朝鮮から満州（中国東北区）に進出し，各地で勝利した。1895（明治28）年，清は降伏し，下関で講和会議を開いて下関条約を締結した。この結果，清は 7 世紀以来続いた朝鮮支配を止め朝鮮の独立を認めた。遼東半島（後に三国干渉により放棄させられる）と台湾を日本に譲り，多額の賠償金を支払うことになった。この日清戦争勝利の結果，日本は国際的地位が向上した。

1899（明治32）年には，日本銀行兌換券を発行した。しかし，1931（昭和6）年12月の昭和恐慌の中で，金貨兌換停止して金本位制が終焉した。

1942（昭和17）年に，日本銀行法が制定され，不換紙幣（＝信用貨幣）が発行され，金本位制度から管理通貨制度へ移行した。不換紙幣とは金貨との交換を保証しない紙幣である。

2 貨幣と通貨

2.1 貨幣と通貨の違い

貨幣とは通貨の経済的機能についての定義である。これに対して，通貨とは実際の経済で決済手段として流通している紙幣やコインなどで表されるものである。

(1) 貨幣

貨幣とは，財・サービスの交換価値を客観的に表す尺度として用いたり，それらを購入する際に媒介物として用いられたりするものである。あるいは，貨幣による購入を保留して，購入を将来に延期するという意味で価値の保蔵の機能もあるのである。

狭義には政府が発行する硬貨（補助貨幣）や中央銀行（日本銀行）が発行する紙幣など，実際の経済に流通している現金通貨を貨幣という。しかし，通常は普通預金など即座に引き出し可能な要求払い預金も含めて貨幣と考える。定期預金などは準通貨と呼ばれる。より広く流動性の高い金融資産も含めて貨幣を定義する場合もある。

(2) 通貨

前節でみたように通貨とは，金貨や銀貨のようにそれ自体が価値のあるものであった。このような通貨制度を「金・銀本位制」と呼ぶ。しかし，重い金貨や銀貨などの鋳貨を普段持ち歩くことは不便で費用がかかるために，通貨当局

（政府・中央銀行）が一定の率での金・銀地金への交換を保証した通貨（兌換紙幣）を発行するようになった。これを「金・銀地金本位制」という。今日では，その通貨自身には価値としての裏打ちのない紙幣や預金，電子マネー等が通貨として流通しているのである。

　それ自体に価値がないにもかかわらず，その通貨が経済的取引において流通するのは，一般公衆がこの通貨を将来にわたって安定的に流通し，価値を維持するという「予想・期待」をもっているからである。その「予想・期待」の根拠が法律や政府・中央銀行への信頼，企業への信用である。このような通貨を「法貨」（legal tender）といい，「一般的受容性」（general acceptability）のもとで経済に受け入れられていると考えるのである。

2.2 貨幣の定義

　D.H.ロバートソンの『貨幣』（1948年）によると貨幣は次のように定義される。「貨幣という用語は，財貨に対する支払いにあたって，または実務上の多種の債務の履行にあたって，広く受領される一切のものを指称する」。すなわち，貨幣とは種々の債務に対する最終的決済手段である。

　交換において貨幣が使用されることの利便は，①消費者として自分の購買力を一般化することができるようになることであり，それによって自分に最適な形で社会に対する請求権を行使できるようになることである。次に，②生産者としてはその生産物を生産のための原材料購入や自分の消費に必要な財貨を購入するために物々交換をするための時間と精力とを節約するものである。そして，③もしこのような貨幣が存在しなければ，現在の生産活動と交換活動の基盤である特化と分業が不可能であろうと考えられるのである。

　貨幣とは一般の交換手段として，広く人々に受けられている財であり，①商品貨幣，②表券貨幣，③法貨の区別がある。

　「商品貨幣」（commodity money）とは，それ自身が消費の対象となり，また一般的交換手段としても利用できるような財である。このような貨幣は分割しやすく，持ち運びに便利であり，高い耐久性があるという「物理的性質」と供給量が安定しており，そのためにその価値が安定しているという「経済的性

質」によって貨幣として選ばれたものである。古くは，中国は家畜（牛）や貝（子安貝）がこのような商品貨幣であった。また，金や銀，銅などの金属も商品貨幣であった。金は古代地中海沿岸の交易の時代から代表的な商品貨幣である。19世紀後半には，金が商品貨幣の代表であり，西欧諸国を中心として世界の多くの国々は金が貨幣の役割を果たす「金本位制度」（gold standard）を採用していた。

日常の経済取引において貨幣としての信任を獲得することができるならば，貨幣は商品貨幣である必要はない。今日の日本銀行券のように，それ自身には使用価値はほとんど持たないが一般的受容性（general acceptability）がある貨幣を表券貨幣（token money）という。また，貨幣としての信任を保証する1つの制度に兌換制度がある。兌換制度とは発行した貨幣をいつまでも一定の量の金と交換することを約束することによってその貨幣の発行の程度を制限し信任を保つための制度である。

日本銀行券は金などの貴金属によって兌換されることのない不換紙幣（fiat money；フィアット・マネー）であり，日本銀行によって発行され，法的根拠によって強制的に流通する紙幣である。このような通貨を法貨（regal tender）という。

金融資産のどこまでを貨幣としてみなすかは，それぞれの国における制度と経済の仕組みの変化という歴史の流れとともに変化する。現在貨幣としては，日本銀行によって発行される銀行券と財務省によって発行される補助通貨と民間銀行の口座である当座預金があげられる。銀行券と補助貨幣は現金通貨と民間銀行の口座である当座預金があげられる。銀行券と補助貨幣は現金通貨と呼ばれ，最終的な決済手段として認められたものであり，法貨である。

また，銀行が預金を受け入れ，それを小切手（check）によって第三者に移すことができる要求払い預金（demand deposit）も貨幣である。

2.3 貨幣の機能

貨幣の機能を理解するためには，貨幣の存在しない物々交換を想定し，貨幣的交換経済と比較して考えることが便利である。物々交換経済において取引が

成立するためには，ある同一の場所で，同一時間に，互いに相手が欲しいものをもっており，交換したいと考える2人が偶然に出会う必要である。しかし，交換する品物が偶然に同じ価値であればよいが，その価値が離れていると交換が成立しない交換したい商品を交換したい人を見つけることが困難である。これを「欲望の二重の偶然の一致」(double coincidence) という。

物々交換経済においては，単純な取引だけしか成立しないことになるのである。ここで常に交換できる共通の物としての「貨幣」が考えられるのである。交換において貨幣を使用することによって，この「欲望の二重の偶然の一致」が実現しない場合においても，それぞれの取引量は一時的に貨幣に交換することによって間接的な取引が可能となり，より複雑な交換が可能となるのである。

《貨幣の機能》

貨幣の機能としては，「価値尺度機能」と「交換手段機能，決済機能」，「価値貯蔵手段」の3つの機能がある。

①価値尺度機能 (standard of value) とは，交換の際の財・サービスの価格表示に使用される尺度 (numeraire) である。②交換手段機能，決済機能 (medium of exchange) とは，財・サービスの購入に際して貨幣を使用することである。すなわち，貨幣の支払機能としての役割としての「支払手段」，あるいは「媒介手段」，「流通手段」である。③価値保蔵機能 (store of value) とは，収入を得ることと支出することを時間的に分けること，つまり，購買力を現在から将来に移転する手段である。すなわち，価値の貯蔵手段としての役割である。

経済学においては，すべての財・サービスの価値および債権債務がそれによって表される単一の価値評価としての計算貨幣 (money of account) と呼ぶ。ここで，計算単位としての貨幣は円やドルなどの価格付けの単位であり，記録される単位である。これに対して日々の取引すなわち，財・サービスの購入や債務の決済に使用される貨幣を貨幣ないし通貨 (money, currency) と呼ぶ。

2.4 貨幣数量の定義[4]

　貨幣とは交換手段あるいは決済手段である。この貨幣の定義を「狭義の貨幣」と定義すると，決済手段としては機能しないが，時間と費用をほとんどかけずに比較的容易に狭義の貨幣に変換できるものを含めたものを「広義の貨幣」と定義することができる。

　貨幣は資産であるから，残高で表され，通常はマネー・サプライと呼ばれる。当座預金や定期性預金は預金者の要求に応じて一定の条件のもとで法貨への交換が保証されたものである。

　マネー・ストック統計には，通貨の範囲に応じてM1，M2，M3，広義流動性の4つの指標がある。これらの指標の定義は，次のとおりである[5]。

　民間非銀行部門が保有する現金通貨と要求払い預金（預金通貨）との合計額はM1と呼ばれる。これは直接決済手段として機能するものだけからなる狭義の貨幣である。

　　　M1　　　＝　現金通貨　＋　全預金取扱機関に預けられた預金通貨
　（474兆円）＝（72兆円）＋　　　　　（402兆円）

　ここで，現金通貨とは日本銀行券発行高＋貨幣流通高である。また，預金通貨とは，要求払預金（当座，普通，貯蓄，通知，別段，納税準備）－調査対象金融機関保有小切手・手形である。対象金融機関（全預金取扱機関）は，M2対象金融機関，ゆうちょ銀行，その他金融機関（全国信用協同組合連合会，信用組合，労働金庫連合会，労働金庫，信用農業協同組合連合会，農業協同組合，信用漁業協同組合連合会，漁業協同組合）である。

　預金通貨ではない金融資産の中で貨幣に近い流動性をもつ金融資産は準通貨（near money）と呼ばれる。この準通貨とは民間非銀行部門が保有する定期性預金（定期預金，定期積立と外貨預金）と非居住者が保有する円預金である。これらは決済手段としては機能を果たさないが，容易に現金化することができる金融資産である。

4）（　　）内の貨幣量の数値は，2008年11月現在の数量である。
5）マネー・ストック（＝M3）のうち，日銀が直接コントロールできる通貨量（ハイパワードマネー）は，現金通貨72兆円と，支払い準備のための通貨約8兆円の合計80兆円ほどである。

M2（735兆円）＝現金通貨＋国内銀行等に預けられた預金

対象金融機関は，日本銀行，国内銀行（ゆうちょ銀行を除く），外国銀行在日支店，信金中央金庫，信用金庫，農林中央金庫，商工組合中央金庫である。

M3＝現金通貨＋全預金取扱機関に預けられた預金（預金通貨，準通貨；定期預金，譲渡性預金CD）

（1,033兆円）＝（72兆円）＋（402兆円）＋（535兆円）＋（23兆円）

債券等を加えた広義の流動性は，次のように定義される。

広義流動性＝M3＋金銭の信託＋投資信託＋金融債＋銀行発行普通社債＋金融機関発行CP＋国債＋外債

3 金融仲介機関と貯蓄の移転

　金融市場（financial market）とは，企業などの支出が収入を上回る赤字主体が投資等の目的でその投資資金を収入が支出を上回る黒字主体からの借り入れによって賄う市場である。その際に貸借関係の発生に伴う金融手段（financial instrument）が作られ取引されることになる。一般に，赤字主体の企業等は将来の収益を期待して工場の新設や設備の購入などの投資活動を行い，経済の原動力となる役割を担うものである。このような投資活動が円滑にその資金を調達できるか否かは，経済状態に大きく影響するものであるという意味からも金融市場の果たす役割は重要である。

　企業などの赤字主体が本源的証券を発行することによってその資金を得ることを外部金融（external finance）という。これに対して，投資支出を支出主体の経常所得あるいは社内留保などの既に保有している資産を処分することによって調達する場合を内部金融（internal finance）という。

3.1 貯蓄の移転と金融仲介機関（直接金融と間接金融）[6]

　国民経済における資金の流れである貯蓄移転について示したものが次の図3.1である。赤字主体として究極的借り手である非金融的経済主体，企業や消費者そして政府は，本源的証券は彼らの負債であった株式，抵当証券，政府証券や各種の短期・長期債務を含んでいる。究極的借り手は直接金融か間接金融の方法で，次の3つの経路のいずれかを通じて本源的証券を売却して資金を獲得することができる。

　直接金融（direct finance）とは，究極的借り手が直接的に究極的貸し手に本源的証券（第1次証券；証券，株式）を売却する場合である。直接金融といっても実際的には証券市場において仲介者としての役割を果たす証券会社が両者の間に仲介する。

　それ以外の資金の流れは，間接金融（indirect finance）といわれる。

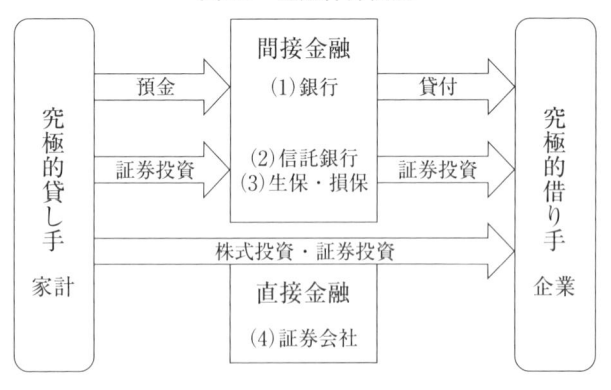

図3.1　金融仲介機能

```
                  間接金融
             ┌─────────────┐
       預金  │  (1)銀行    │  貸付
  究    ───▶│             │───▶  究
  極         │             │       極
  的   証券投資 (2)信託銀行  証券投資 的
  貸    ───▶│ (3)生保・損保│───▶  借
  し         └─────────────┘       り
  手            株式投資・証券投資    手
 （家計）  ─────────────────────▶ （企業）
                  直接金融
             ┌─────────────┐
             │  (4)証券会社 │
             └─────────────┘
```

6）かつては，公的金融仲介があった。これは郵便局が郵便貯金証書を黒字主体に発行して資金を集めその資金を財務省資金運用部に預託する。資金運用部は政府金融機関に貸し付け，政府金融機関がさらに赤字主体に貸し付けるという方法である。この資金供給の流れが不透明であり，貸付金返済時の源泉が各事業主体からの収益ではなく税金であることが，「郵政事業の見直し問題」と「特殊法人見直し問題」の原点である。やがて，郵便局は郵政公社となり，郵政事業の民営化となった。今日では，「郵便貯金銀行」と「簡保生命」は民間金融機関と位置付けられている。

(1)と(2)は金融システムを通じて貨幣的金融仲介機関を経由して間接的に本源的証券を売却する場合である。これは究極的借り手が銀行や信託銀行などの金融機関に本源的証券を売却し，究極的借り手は金融機関に対する請求権を取得する場合である。この場合，金融仲介機関は赤字主体（投資主体）に対しては貸し手となり，黒字主体（貯蓄主体）に対しては借り手となる。

　(3)は投資主体に非貨幣的金融機関を経由して間接的に売却する間接金融である。この場合は究極的借り手が非貨幣的金融仲介機関に本源的証券（第1次証券）を売却し，究極的貸し手は非金融仲介機関が発行する請求権（第2次証券；証券等）を取得する場合である。

　銀行や信託銀行はノンバンクに資金を提供し，間接的に投資主体に貸付を行うことがある。これはノンバンク投資主体が借入証券等の間接証券を発行しているという意味で間接金融である。

3.2 収益率とリスク

　究極的貸し手からみると，直接金融によって本源的証券を直接購入し保有する場合と間接金融によって間接金融資産を間接的に保有する場合との相違は，①その金融資産の保有から得られる収益性と②その金融証券を販売するときの価格と購入時点での価格との差，すなわち，キャピタル・ゲインにある。一般的に株式などの直接金融資産の収益率は相対的に高い可能性があるがそのリスクは相対的に大きい可能性がある。また，非貨幣的仲介機関が発行する金融資産は，直接金融資産よりも収益率は相対的に低いがリスクも相対的に低いと考えられる。

　また，貨幣的金融機関の金融資産は相対的に収益率が低く，同時にリスクが低い金融資産であると考えられている。

　究極的貸し手（貯蓄主体）は，それぞれの金融使用品の収益率とリスクとの差異との関係を考慮して，また，それぞれの金融資産のキャピタル・ゲインについての各自の予想をも考慮に入れて自分の資金配分の最適性と金融資産保有の増大を実現するように資産選択を行うと考えるのである。

4 貨幣供給量のコントロール

4.1 預金準備率

　ある時点において経済全体に存在している貨幣残高をマネー・サプライ（貨幣供給量あるいは通貨供給量）と呼んでいる。この場合，供給者は日本銀行（日銀：中央銀行）と民間銀行（市中銀行）である。現金通貨は日本銀行が供給者であるが，預金通貨は民間銀行が供給者である。しかし，実際に供給された貨幣量は同時に需要されて現在保有されている貨幣量であるから，貨幣供給量と呼ばずにマネー・ストックという方が適切である。市中銀行（民間銀行）は各種の預金債務に対して一定の比率（預金準備率）で準備を中央銀行の当座預金として保有することが義務付けられている。各種預金についての準備率は定期性預金かその他の預金かの差異，および預金残高の大小によって，表3.1のように定められている。

　この制度は預金準備率制度と呼ばれる。これは民間銀行の準備保有を強制することによって民間銀行の預金者に対して預金と法貨との交換を保証し，通貨制度に対する社会的な信頼を維持することが目的の1つである。また，この制度によって金融当局が金融市場において貨幣供給量をコントロールすることができるというもう1つの目的がある。

　日本の準備制度において，正式に準備が認められるのは民間銀行が日本銀行の当座預金口座に保有する日銀預け金だけである。また，超過準備とは日銀預け金のうちで法定を上回る分である。銀行において保有される預金は手許現金と呼ばれ，法定の準備や超過準備とは区別されている民間銀行が短期金融市場の金融資産を保有することによって預金引き出しの準備として機能させることができる。これらの手許現金（Vault Cash）や短期金融資産は法的な意味では準備ではないが，それに準ずるものとして「支払い準備」と呼ばれる。中央銀行の債務である現金通貨および民間金融機関が保有する中央銀行への預け金はマネタリー・ベースあるいはハイパワード・マネー（High Powered Money）と呼ばれる。

表3.1 預金についての準備率［銀行・長期信用銀行・外国為替銀行，相互銀行，信用金庫（相互銀行・信用金庫の適用先：年度末残高1,600億円超）］

指定勘定区分額			1986年7月1日実施（％）	1991年10月16日実施（％）
指定勘定区分額	定期性預金（譲渡性預金を含む）	2兆5,000億円超	1.75	1.2
		1兆2,000億円超	1.375	0.9
		2兆5,000億円以下		
		5,000億円超	0.125	0.05
		1兆2,000億円以下		
		500億円超	0.125	0.05
		5,000億円以下		
	その他の預金	2兆5,000億円超	2.5	1.3
		1兆2,000億円超	2.5	1.3
		2兆5,000億円以下		
		5,000億円超	1.875	0.8
		1兆2,000億円以下		
		500億円超	0.25	0.1
		5,000億円以下		

（出所）日本銀行慣例統計。

4.2 信用創造メカニズム

　管理通貨制度のもとでは，総貨幣供給量は現金通貨と預金通貨によって構成されている。中央銀行は発券銀行として，その時々の民間および政府の資金需要や金融政策に応じた銀行券の発行という形で現金通貨の供給量は主として中央銀行によって決定される。これに対して，預金通貨量は市中銀行が預金を受け入れることによって決済手段（貨幣）を供給するシステムから創造される信用供与の大きさによって決定される。

　信用創造のプロセスをみるためには，まず預金を本源的預金と派生的預金とに区別して考える必要がある。本源的預金とは，現金または直ちに現金に換え得る資産の預け入れを伴うものであり，その引き出しは市中銀行からの現金・貨幣の流失を伴わないものである。派生的預金とは，銀行の貸付や証券投資から銀行信用によって派生的に生ずる預金であり，有価証券の売り手や貸付けの

借り手のために銀行自体に対する請求権を当座預金として創設されたものである。これらは貨幣に対する要求払いの請求権であり、それ自体が通貨として機能するものである。

市中銀行は預金者の預金払い戻しに対処するために現金残高の一定割合を現金として保有することを義務付けられている。これを法定準備金制度といい、この割合を「現金準備率」という。

いま、A銀行が1,000万円の本源的預金を受け入れたとき、この本源的預金の増加が銀行組織全体としてどのくらいの信用創造力があるかについて考える。預金準備率 α を10％とすると、増加した本源的預金1,000万円の10％に当たる100万円を支払い準備として保有しなければならない。残りの900万円についてはすべて貸出とすると、A銀行のバランスシートは、次の表3.2aのように表される。

A銀行から貸出を受けた企業が取引の決済を行い、それを受け取った企業が全額をB銀行の当座預金に振り込んだとする。A銀行と同様にB銀行に預けられた預金900万円の10％の90万円は支払い準備として銀行が保有して、残りの810万円を貸出に回すことになる（表3.2b）。このような銀行間の貸出と預け入れの過程を表3.2c、表3.2dのように考えていくと、それぞれの銀行での貸出額が100％派生預金として銀行組織に留まる限り、銀行組織全体として新たに想像される派生預金を含めた預金総額 ΔD は最大限では、次の(3.1)式のように計算される。

表3.2a　A銀行

現金準備	100万円	本源的預金	1,000万円
貸出	900万円		
	1,000万円		1,000万円

表3.2b　B銀行

現金準備	90万円	本源的預金	900万円
貸出	810万円		
	900万円		900万円

表3.2c　C銀行

現金準備	81万円	本源的預金	810万円
貸出	729万円		
	810万円		810万円

表3.2d　D銀行

現金準備	72.9万円	本源的預金	729万円
貸出	656.1万円		
	729万円		729万円

$$\Delta D = 1{,}000万円 + 900万円 + 810万円 + 729万円 + \cdots$$

$$= 1{,}000万円 \times \left[1 + \frac{9}{10} + \left(\frac{9}{10}\right)^2 + \left(\frac{9}{10}\right)^2 + \cdots\right]$$

$$= 1{,}000万円 \times \left(\frac{1}{1 - \frac{9}{10}}\right) = 10{,}000万円 \tag{3.1}$$

従って，本源的預金のΔD_0と派生預金を合計した預金総額の増加額ΔDとの間には次の(3.2)式が成立する。

$$\Delta D = \frac{1}{\alpha}\Delta D_0 = \frac{1}{\alpha}\Delta R \tag{3.2}$$

このように預金残高は増加した本源的預金の準備率の逆数になることが説明される。この準備率の逆数は信用乗数，あるいは，貨幣乗数と呼ばれる。

一方，銀行組織全体の新たな貸出総額ΔLは次のように計算され，預金総額から本源的預金を差し引いた額となる。

$$\Delta L = 900万円 + 810万円 + 729万円 + \cdots$$

$$= 1{,}000万円 \times \left[\frac{9}{10} + \left(\frac{9}{10}\right)^2 + \left(\frac{9}{10}\right)^2 + \cdots\right]$$

$$= 1{,}000万円 \times \frac{9}{10}\left(\frac{1}{1 - \frac{9}{10}}\right) = 9{,}000万円 \tag{3.3}$$

以上の説明から，銀行組織全体を1つの貸借対照表として表すと，次の表3.3のように表される。

表3.3　銀行組織全体

現金準備 R	1,000万円	本源的預金 D_0	1,000万円
貸出 L	9,000万円	派生預金 D	9,000万円
	10,000万円		10,000万円

銀行組織全体の現金準備増加額ΔRは，次の(3.4)式のように計算することができる。

$$\Delta R = 100万円 + 90万円 + 81万円 + 72.9万円$$

$$= 1,000万円 \times \frac{1}{10}\left(\frac{1}{1-\frac{9}{10}}\right) = 1,000万円 \tag{3.4}$$

　上記の信用創造メカニズムは，中央銀行が市中銀行の準備預金額を増加させる場合についても同様の仮定として説明することができる。すなわち，中央銀行が政策的に市中銀行の準備預金額を1,000万円増加させたとすると，預金準備率$\alpha = 0.1$のとき，市中銀行の預金額は銀行全体として10,000万円増加することになるのである。

4.3 公衆が現金を保有する場合の信用創造

　前節の信用創造の説明は公衆が現金を保有しないで通貨はすべて銀行組織内に還流することを前提として説明した。しかし，実際の経済においては，企業から企業への日々の支払いや企業家ら家計への賃金・俸給の支払い，そして，家計の消費支出などのために銀行組織外において現金が保有される。
　このような現実的な説明のためには，公衆が現金を保有する場合を考慮して信用創造メカニズムを一般化して考察しなければならない。
　貨幣供給量Mは，市中銀行の預金総額Dと公衆の選好によって決定される現金通貨保有量Cの合計であるから，次の(3.5)式が成立する。

$$M = C + D \tag{3.5}$$

　マネタリー・ベースHは，公衆の現金保有額Cと市中銀行が日本銀行の当座預金に保有する現金準備Rの合計であり，中央銀行によって直接的に管理されている。この関係は次の(3.6)式のように表される。

$$H = C + R \tag{3.6}$$

　貨幣供給量とハイパワード・マネーの間には，次の(3.7)式の関係が成立する。

$$\frac{M}{H} = \frac{C+D}{C+R} \tag{3.7}$$

公衆の選好によって決定される現金通貨と預金通貨の比率（currency deposit ratio；現金/預金比率）を $\beta \times 100\%$（$0 < \beta < 0$）とすると，次の(3.8)式が成立する。

$$C = \beta D \tag{3.8}$$

また，銀行の預金準備率（reserve-deposit ratio；準備//預金比率）を $\alpha \times 100\%$ とすると，銀行組織全体としての貸借対照表から次の(3.9)式が成立する。

$$R = \alpha D \tag{3.9}$$

(3.8)式と(3.9)式を考慮して，(3.7)式は次の(3.10)式のように変形することができる。

$$M = \frac{C+D}{C+R}H = \frac{\beta D + D}{\beta D + \alpha D}H = \frac{1+\beta}{\alpha + \beta}H = mH \tag{3.10}$$

すなわち，貨幣供給量はマネタリー・ベース H，および現金準備率 α の大きさをコントロールすることによって，(3.10)式のように貨幣供給量を調整する貨幣政策の手段を示すことができるのである。

《貨幣乗数》

(3.10)式の $m = \dfrac{1+\beta}{\alpha + \beta}$ は，貨幣乗数と呼ばれる。

この貨幣乗数を使用して，金融政策の方法について考えると次の3つの項目について説明することができる。

① 貨幣供給量 M はマネタリー・ベース H に比例する。
② 準備/預金比率 α が低いほど，一定の預金準備に対して市中銀行が創造する貨幣供給量も大きくなる。
③ 預金/現金比率 β が低いほど，マネタリー・ベースの中で公衆が現金として保有する比率が小さくなり，銀行が準備として保有する比率が大きくなることから，貨幣乗数 m が大きな値をとり，市中銀行が創造できる貨幣量も増加する。

5 BIS規制

　1993（平成5）年3月末から，宮沢内閣のもとで，BIS規制が適用された。

　BIS規制とは，1988（昭和63）年，銀行の健全性を確保するためにBIS（国際決済銀行；Bank for International Settlements）で決定された国際的な自己資本比率規制（BIS規制）[7]である。日本では同年12月に大蔵省銀行局庁通達によって3年間の移行期間を経た後に実施された。BIS規制はそれ自体には法的拘束力はないが，主要国はこれを国内的に実施する法的措置をとっている。

　BIS規制とは総資産額に対して自己資本の占める割合についての規制を示しており，銀行の経営が健全であるほどこの比率は高くなるように定義されている。なぜならば，自己資本が充実していれば種々の損失を吸収できると考えられているからである。

　自己資本比率は $\dfrac{自己資本}{資産総額}$ で定義されるが，分母である資産部分は銀行が保有する各資産をリスクの程度によって分類し，それぞれにウエイトを付けて加算するリスク・アセット（危険資産）の程度を考慮して算出される。ハイリスクの資産ほど高いウエイトを付け，国債や現金などリスクの低いものは0％として計算する。銀行が保有する資産の程度リスクが大きければ大きいほど分母の資産総額が大きくなり自己資本比率は低下するように定義されるのである[8]。すなわち，BIS規制の自己資本比率は，次のような式として定義される。

$$自己資本比率 = \frac{資本金 + 利益準備金}{貸出 + 債券投資（国債 + 株式 + 社債）}$$

---

[7] BIS規制は，本来，海外進出を進める日本の金融機関の動きを是正するものであったと考えられる。その根拠は，「米国の利益になる政策は他国にも必ず利益をもたらす」という独善的思想であり，米国は日本に対して，前川レポートを盾にして**規制緩和**や**自由化**を要請し，日本経済や日本社会を米国のシステムに倣わせようとした。結果として，BIS規制は「日本の金融機関の弱体化」を目的とした米国中心の日本叩きであった。また，日本や東南アジアを中心に起こったアジア通貨危機とそれによる経済的混乱を招いた要因の1つがこのBIS規制である。

[8] 株価が大幅に下落すると，自己資本の金額が減少し，場合によっては，BISの定める自己資本比率の下限を達成できない可能性が生じるため，決算期末である3月末等の株価の動向が注目されることになる。

国債は満期時点では元本が100％保証されているため，リスクはゼロである。また，銀行間取引（銀行向け融資）はリスクが20％，企業向け融資・民間貸出しは100％リスクがあると定義され，住宅ローンはリスクが50％と定義されたのである。

　日本経済のバブル崩壊とともに，銀行の貸出額の多くが不良債権化したため，銀行の自己資本比率は低下することになった。この自己資本比率の数値を一定の数値以上に保つためには，銀行は分母の資産価値をより小さくし，分子の資本価値をより大きくしなければならない。そのためには，銀行は不況期にもかかわらず「貸し渋り」や「貸し剥がし」を行うことによって新規貸出を減少させるという対策を採ったのである。このような銀行行動の結果として，国内銀行の貸出金残高は1996（平成8）年には478.0兆円（総資産に占める割合は61.9％）であったものが，2003年（平成15）には，411.7兆円（総資産に占める割合は55.5％）と減少したのである。

　BIS規制は国際業務を営む銀行に対して8％以上[9]，国内業務を営む銀行に対しては4％以上の自己資本比率の維持を義務付けている。

　国際業務を続けるためには，自己資本比率[10]を8％以上に保つ努力が必要である。そのためには，リスクの大きい民間貸出しや株式や社債の保有を減少させ，リスクがゼロの国債保有を増加させることが最も効果が大きいと期待されているのである。

　この8％には何の根拠もなかったのだが，大蔵省はこの8％ルールに従ったのである。しかも，「賢明な大蔵省」は，銀行が保有する株式価格の45％を自己資本に組み入れることができるとしたのである。しかし，景気が悪化すると株価の低落によって自己資本が目減りし，「貸し剥がし・貸し渋り」が生じたのである。なぜならば，自己資本比率を上げるためには株価の下落に伴って目減りした自己資本を反映して自己資本比率が低下するために，融資残高を圧縮することが必要であったのである。

　景気の動向に左右される株の評価額を自己資本に算入するということは，自

---

[9] この自己資本規制8％に縛られて日本の金融機関は「貸し渋り」「貸し剥がし」を行うことになり，日本経済の金融システム崩壊の一因になったと考えられる。
[10] 自己資本／貸出額等のリスク資産の割合。

己資本が景気に左右されるようになるということであった。それ以後の日本経済における銀行は株価の暴落によって貸出を減少させることになったのである。結果として，大蔵省は賢明ではなく，愚かだったことが証明されるのである。株価の暴落によって，自己資本が減少すれば，回収不能資産を減らすために分母に当たるのは「リスク資産」（①国債のリスクはゼロ％，②銀行に対する融資のリスクは20％，③一般企業向け融資のリスクは100％）を減少させるように，日本の銀行は景気悪化時期に「貸し渋り」や「貸し剥がし」という本来の銀行の役割とは反対の活動を行うようになったのである。また，銀行が国債保有を増加させ，本来の業務である民間貸出しを減少させることによって，銀行の自己資本比率が上昇するという不思議なシステムを大蔵省は，外圧によって導入したのである[11]。

このような銀行の自己資本比率を上昇させるための政策として，銀行がリスク資産を売却して安定資産である国債保有を増加させることを目的として，郵政の民営化が提案されたと考えるべきなのである[12]。

《バーゼルⅡ》

銀行の自己資本比率は，2007年3月末に実施された「バーゼルⅡ」[13]から，次のように計算されるようになった。

自己資本比率＝(資本金＋利益準備金)/(0％×国・地方公共団体＋10％×政府関係機関(うち地方3交社は20％)＋20％×銀行・証券会社＋100％×事業法人(格付けに応じて20％〜150％)＋75％×中小企業・個人＋35％×住宅ローン＋100％×株式会社)≧8％

---

11) 宮沢内閣での最大の汚点は，このような日本経済にビルト・インされた時限爆弾装置であるBIS規制導入であった。

12) もし銀行側や財務省側にそのような意図がないとしても，郵政民営化の結果としてこのような経済的結果が生じ得る可能性が大きいという理論的根拠が重要なのである。民営化された「ゆうちょ銀行」に銀行業務の常識としてリスク資産を保有管理させながら，安全資産を手放させる方策が計画されたと考えるならば，郵政民営化のシナリオの全体像が見えてくるのである。

13) バーゼルⅠでは単一の計算方式しかなかったが，バーゼルⅡでは，銀行が「標準的手法」（リスク・ウェイトがより精密になった）か「内部格付け手法」（各銀行が有する行内格付け率を利用して借り手のリスクをより精密に反映する方式。債務者ごとのデフォルト率とデフォルト時損失率を各国共通の関数式にリスク・ウェイトを計算する）のうちから自ら適する手法を選択することができるようになった。

第Ⅱ部

現代マクロ経済学

第4章

国民所得概念

　本章では新古典派経済学の方法によって理解されるマクロ経済学の基本的な用語としての国民所得や国民総生産，国内総生産という概念について説明する。国民所得（National Income）や国民総生産（National Product）という概念は，マクロ経済学の中心的な概念である。しかし，今日では，国際貿易や海外への，あるいは海外からの資本移動が大きいために国内経済の活動水準を分析するためには国内総生産（Domestic Products）という概念が広く使われている。

　これら国民所得や国民総生産，国内総生産という概念は，1カ月間とか1年間というように，一定の期間の中で発生する経済量であり，「フロー量」（flow）である。これに対して，工場施設や資本設備のようにある時点において存在する経済量は「ストック量」（stock）という。

1 経済循環と三面等価

1.1 経済主体

　経済全体の経済活動水準について考えるときに，経済的な資源配分や生産，所得分配や諸取引に参加する主体を経済主体という。経済主体は大きく分けて，家計と企業，政府の3つがある。これらの経済主体については，次のように説明される。

　① 家計は，土地，労働，資本などの本源的生産要素の究極的保有者であり，各期において効用極大化行動に基づいて，自らの経済活動に使用したり，企業の生産活動に貸し出したりして，地代，賃金，俸給，利子等を受け取

り，当該期間の所得とする。所得の一部は日住の生活のために消費し，残りは貯蓄として将来の消費活動のために蓄えるのである。
② 企業は，生産活動と販売活動を行う経済主体であり，各期において利潤極大化行動に基づいて，生産と販売活動を行い，一部は在庫投資や設備投資を行って企業の将来の利益の安定的な稼得を目指すのである。
③ 政府は，市場経済が安定的に機能することと，資源が効率的に有効に利用され，国民の経済活動が公平に行われるように経済システムを管理する。政府の収入は粗税であり，支出は政府サービスの供給や公共財の供給や社会資本の形成のために支出される。

経済全体は家計と企業の合理的行動の結果としての主体的均衡状態を背景にした需要条件と供給条件とに基づく市場取引によって実現される経済活動の結果として説明される。各経済主体と生産物市場と生産要素市場等の市場との関係は，次の図4.1のように表される。

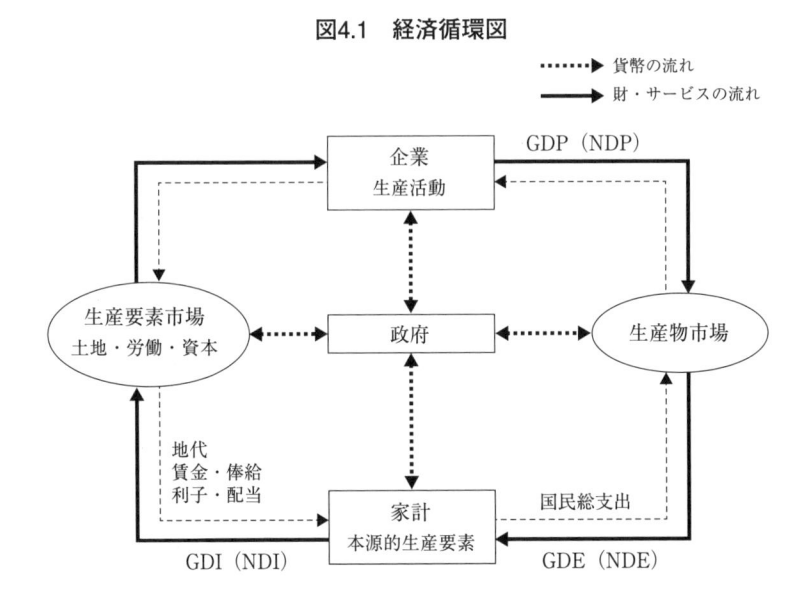

図4.1 経済循環図

1.2 三面等価－グロス（Gross）概念とネット（Net）概念

国内総生産GDP（Gross Domestic Product）とは一定期間（1年間）に国内に居住する経済主体によるすべての産業において新たに生み出された付加価値の合計額である。付加価値とは産出額が投入額を上回る額であり，毎年の生産活動によって生み出される生産物の価値から，毎年の生産活動に投入された財・サービスの価値を差し引いたものを付加価値という。生産要素の生産活動において価値を増加させた貢献分であるため，生産要素の提供者に賃金・俸給・配当・地代のかたちで配分され所得となる（＝分配国民所得；GNI, Gross National Income）のである。この国民所得がどのような用途（消費，投資，政府支出等）に支出されるかをみた所得を国内総支出（GNE；Gross National Expenditure）という。生産面・分配面・支出面の3つのどの分野からみても国民所得はすべて同じ値になる。この関係を国民所得の三面等価という。

1.3 国民所得の定義

毎年生み出された付加価値の実質的な価値を考えるためには，生産活動によって減耗した工場施設や機械設備などの資本の減耗分についての価値の喪失部分を考慮しなければならない。この生産活動に伴って減耗した価値を資本減耗と呼び，その価値の会計的評価を減価償却（固定資本減耗）という。この減価償却を考慮しない付加価値合計の概念を粗概念（Gross；粗）といい，減価償却分を控除した付加価値額を純概念ネット（Net；純）という。

① グロス（Gross；粗）概念の国民所得

　　生産国民所得（Gross Domestic Product）＝国民純生産－間接税＋補助金
　　分配国民所得（Gross Domestic Income）＝雇用者所得＋財産所得＋企業所得
　　支出国民所得（Gross Domestic Expenditure）＝消費支出＋投資支出＋政府支出

しかし，国民所得統計として，今日，利用されている概念は，GDP（Gross Domestic Product）であり，国内総生産と訳されている。これは，国民を単位としての国民所得ではなく，国内に住む経済主体の全体の総付加価値生産額

による所得概念である。

② ネット（Net：純）概念の国民所得と三面等価

一定期間の減価償却（固定資本減耗）を控除した付加価値合計額が純国民所得概念であり，原価償却額を控除した純付加価値合計額が純国民所得概念である。

NDP（Net Domestic Product）；国内純生産：GDP − 固定資本減耗 = Y

NDI（Net Domestic Income）；国内純所得：NDP − 間接税 + 補助金 = $wL + rK$

NDE（Net Domestic Expenditure）；国内純支出：GDE = $C + I + G$

すなわち，以下の恒等式が成立する。

$$Y = wL + rK = C + I + G$$
（国民総所得） ＝ （国民分配所得） ＝ （国民総支出）

③ GNPとNNPとの関係

粗概念と純概念との間には，次のような関係が成立することが説明される。

GDP = NDP + 固定資本減耗

NDP = 国民所得（NI）+（間接税 − 補助金）

国内可処分所得（DI）= 国民所得（NI）− 法人税等 − 直接税

= 民間消費 + 政府消費 + 貯蓄

1.4 貯蓄と投資の恒等式

経済全体の貯蓄は民間貯蓄と政府貯蓄の合計である。ここで，民間貯蓄 S_p は一定期間の可処分所得 $Y_D = Y − T$ から消費額 C を引いた残りであるから，$S_p = Y − T − C$ と表される。また，政府貯蓄 S_G は税収から政府支出を引いた残りであるから，$S_G = T − G$ と表される。

三面等価の条件から，「貯蓄と投資の恒等関係」が成立するので，以下の関係が成立する。

$Y = T + C + S, \ Y = C + I + G$

ここで，上で説明した貯蓄の定義式を考慮すると，以下の式が成立する。

$$S = S_p + S_g = (Y - T - C) + (T - G) = Y - C - G = I$$

すなわち，$I = S$ が恒に成立するのである．

2 産業連関表と国民所得

国民所得と各産業の付加価値生産額との関係を説明するために，そして三面等価と貯蓄と投資の恒等関係について説明するために下記の数値例を利用する．いま，農業・工業・サービス産業の3つの産業から成立している経済を考えて，次のような産業連関表を考える．

2.1 産業連関表と国民所得の計算

表4.1は3部門からなる産業連関表の模型である．この産業連関表は一定期間における各産業の生産額と支出額を記録したものである．横の項目には，各産業で生産されたものが各産業に中間財として，そして各経済主体に最終生産物として販売されていることを説明している．また，縦の項目は，それぞれの産業の生産活動に投入された生産要素に対する投入費用の支払いと報酬の支払いが説明されている．

表4.1 産業連関表

投入項目	需要項目	中間需要 (M)			最終需要 (D)			総産出 (A)
		農業	工業	サービス業	消費支出 (C)	投資支出 (I)	政府支出 (G)	
中間投入 (M)	農業	50	100	100	200	50	50	550
	工業	50	300	150	200	200	100	1,000
	サービス業	50	200	250	300	300	100	1,200
粗付加価値	賃金 (W)	250	150	200				
	利潤 (Π)	100	150	300				
	資本減耗 (R)	50	100	200				
総投入 (S)		550	1,000	1,200				

2.2 付加価値合計額としての国民所得

(1) 国民所得

各産業別の生産額と販売額の関係は、次のように表される。

この表の横の欄について、中間需要の額をM, 消費需要額をC, 投資需要額をI, 政府支出額をG, 総産出額（付加価値額）をAとする。

$$農業の総生産額 A_1 = M_1 + C_1 + I_1 + G_1 = (50+100+100) + 200 + 50 + 50 = 550$$

$$工業の総生産額 A_2 = M_2 + C_2 + I_2 + G_2 = (50+300+150) + 200 + 200 + 100 = 1{,}000$$

$$サービス業の総生産額 A_3 = M_3 + C_3 + I_3 + G_3$$
$$= (50+200+250) + 300 + 300 + 100 = 1{,}200$$

経済全体の総生産額Aは3つの産業の生産額の合計であるから、次のように表される。

$$総生産額 A = 農業の生産額 A_1 + 工業の生産額 A_2 + サービス業の生産額 A_3$$
$$= 550 + 1{,}000 + 1{,}200 = 2{,}750$$

経済全体の最終需要額は3つの産業の売上額の合計であるから、次のように表される。

$$付加価値生産額 = (C_1 + I_1 + G_1) + (C_2 + I_2 + G_2) + (C_3 + I_3 + G_3)$$
$$= (200+50+50) + (200+200+100) + (300+300+100) = 1{,}500$$

(2) 付加価値合計額

この表の縦の欄について、中間投入額をM, 賃金支払額をW, 利潤額をΠ, 資本減耗（減価償却引当額）をR, 総投入額（＝総産出額を）Sと表す。いま投入額Sは、「縦の欄」の費用項目から、次のように計算される。

各産業別の総生産額の合計は、次のように表される。

$$農業の総生産額 S_1 = M_1 + W_1 + \Pi_1 + R_1 = (50+50+50) + (250+100+50) = 550$$

$$工業の総生産額 S_2 = M_2 + W_2 + \Pi_2 + R_2$$
$$= (100+300+200) + (150+150+100) = 1{,}000$$

$$サービス業の総生産額 S_3 = M_3 + W_3 + \Pi_3 + R_3$$
$$= (100+150+250) + (200+300+200) = 1{,}200$$

経済全体の総生産額は3つの産業の生産額の合計であるから、次のように表

される。

　　　経済全体の総生産額 $= M + W + \Pi + R = 550 + 1,000 + 1,200 = 2,750$

　経済全体の粗付加価値額は3つの産業の付加価値額の合計であり，次のように表される。

　　　農業の粗付加価値額 $= W_1 + \Pi_1 + R_1 = 250 + 100 + 50 = 400$

　　　工業の粗付加価額 $= W_2 + \Pi_2 + R_2 = 150 + 150 + 100 = 400$

　　　サービス業の粗付加価額 $= W_3 + \Pi_3 + R_3 = 200 + 300 + 200 = 700$

　すなわち，経済全体の粗付加価値額 GDP $= W + \Pi + R = 400 + 400 + 700 = 1,500$ となる。

《三面等価》

　この経済全体の粗付加価値額は，先に計算した経済全体の最終需要額（＝国民総支出額GNE）と等しく粗国民所得GNP $= 1,500$ を表している。

　以上の計算から，総生産額＝経済全体の粗付加価値額GDP＝国民所得GNI＝国民総支出GNEの三面等価が説明されるのである。

2.3 純国内総生産と純国内所得と純国内支出の三面等価

　国内総生産額 A は3つの産業の総生産額からそれぞれの中間投入額を引いた残りであるからその合計として，次のように計算され1,500であることが説明される。

　　　国内生産額GDP＝国内総生産額 A －中間投入額 R

　　　　＝農業の総生産額$(A_1 - R_1)$＋工業の総生産額$(A_2 - R_2)$＋サービス業の総生産額

　　　　$(A_3 - R_3) = (550 - 150) + (1,000 - 600) + (1,200 - 500) = 1,500$

《三面等価》

　ここで，減価償却額 R が350であるから，国内総生産額GNP＝GDPの1,500からこの減価償却額を引くと，純国内総生産NNP＝NDPと国内所得NNI＝NDIは1,150となる[1]。

1）閉鎖体系を前提に議論しているので，NNP＝NDP，NNI＝NDI，NNE＝NDEである。

減価償却額$(R) = 50 + 100 + 200 = 350$

NNP = NDP = 国民総生産 − 減価償却額 = GNP − R = 1,500 − 350 = 1,150

NNI = NDI = 家計の所得 = 賃金収入 + 俸給 + 利子・配当

$\quad\quad = (250 + 100) + (150 + 150) + (200 + 300)$

$\quad\quad = 350 + 300 + 500 = 1,150$

NNE = NDE = $C + I_N + G$ = 700 + 200 + 250 = 1,150

ここで，I_Nは純投資額（$= I - R$）である。

2.4 貯蓄と投資の恒等式

家計の貯蓄は所得から租税額G（均衡予算を前提として租税額は政府支出額と等しいする）と消費Cを引いた残りであるから，次のように計算される。

家計の貯蓄 = 所得Y − 租税額G − 消費C

$\quad\quad = 1,150 - (50 + 100 + 100) - (200 + 200 + 300) = 200$

3つの産業の粗投資額は550であり，純投資額は400である。

粗投資額 = 50 + 200 + 300 = 550

純投資額 = 粗投資額 − 減価償却額 = 550 − 350 = 200

以上から粗投資額 = 粗貯蓄額，純投資額 = 純貯蓄額である。

粗投資額（750） = 粗貯蓄額（750）

純投資額（200） = 純貯蓄額（200）

以上の説明を，国民所得の諸概念として，まとめると図4.2のように表される。

1年間の国民の経済活動の成果として，集計した額が総生産額であり，中間財投入額を控除した額が国内総生産額である。この額から資本減耗額を控除した額が純国内総生産額である。純国内所得は間接税 − 補助金を控除した額として定義される。

また，国内の経済主体が海外への出稼ぎからの所得や海外投資から得られる資本の利益などの純要素所得を足し合わせたものが純国民総生産，純国民所得である[2]。

---

2) このとき，国内に居住する経済主体の所得は差し引かれている。

図4.2 国民所得の諸概念

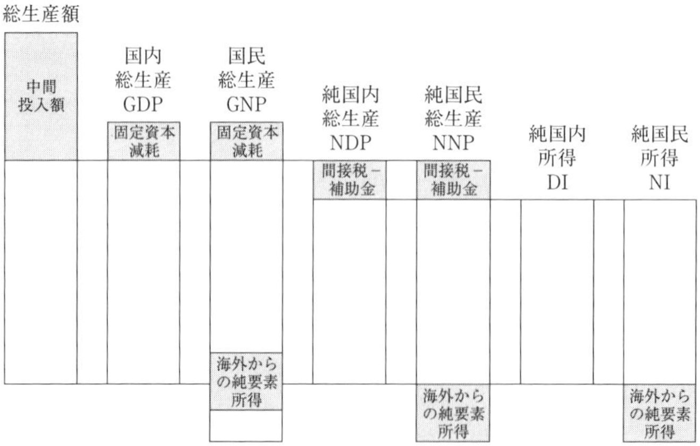

総生産額						
中間投入額	国内総生産 GDP	国民総生産 GNP	純国内総生産 NDP	純国民総生産 NNP	純国内所得 DI	純国民所得 NI
	固定資本減耗	固定資本減耗	間接税－補助金	間接税－補助金		
		海外からの純要素所得		海外からの純要素所得		海外からの純要素所得

3 マクロ変数の指数と指数化
──ラスパイレス指数とパーシェ指数

　新古典派経済学的なマクロ経済学の分析において，しばしば「名目」と「実質」という概念を使用した経済変数が登場する。「名目」とは貨幣表示という意味であり，貨幣額で測った値という意味であり，物価の変動の影響を受ける変数である。これに対して，「実質」とは物価水準の変化の影響を取り除いた値であるという意味である。

　しかし，物価の変動を考慮する場合に問題となるのは，財・サービス間の相対価格の変化とその変化の影響を受けて変化している生産方法や消費の組合せの変化の影響をどのように考えるかという問題である。

　このような名目と実質との関係を考えるために利用されているのがラスパイレス指数とパーシェ指数の考え方である。

3.1 ラスパイレス指数とパーシェ指数

(1) 貨幣（名目）所得の変化と消費の変化

いま，変化以前の時期（0期）における第1財価格をp_1^0，第2財価格をp_2^0，第1財の消費量をx_1^0，第2財の消費量をx_2^0と表すとする。このとき，変化以前の貨幣（名目）所得M_0は，次の(4.1)式のように表される。

$$M_0 = p_1^0 x_1^0 + p_2^0 x_2^0 \tag{4.1}$$

次に，変化後の時期（1期）の第1財価格をp_1^1，第2財価格をp_2^1，第1財の消費量をx_1^1，第2財の消費量をx_2^1と表すと，変化以後の貨幣（名目）所得M_1は次の(4.2)式のように表される。

$$M_1 = p_1^1 x_1^1 + p_2^1 x_2^1 \tag{4.2}$$

この関係から貨幣（名目）所得がM_0からM_1への変化率mは，次の(4.3)式のように求められる。

$$m = \frac{M_1}{M_0} = \frac{p_1^1 x_1^1 + p_2^1 x_2^1}{p_1^0 x_1^0 + p_2^0 x_2^0} \tag{4.3}$$

(2) ラスパイレス指数

ラスパイレス指数とは基準年度を変化以前として，変化後の関係を測る指標であり，価格指数(4.4)式と数量指数(4.5)式がある。

【ラスパイレス価格指数】　$P_{01}^L = \dfrac{p_1^1 x_1^0 + p_2^1 x_2^0}{p_1^0 x_1^0 + p_2^0 x_2^0}$ \hfill (4.4)

【ラスパイレス数量指数】　$Q_{01}^L = \dfrac{p_1^0 x_1^1 + p_2^0 x_2^1}{p_1^0 x_1^0 + p_2^0 x_2^0}$ \hfill (4.5)

(3) パーシェ指数

パーシェ指数とは基準年度を変化以後として，変化以前との関係を測る指標であり，価格指数(4.6)式と数量指数(4.7)式がある。

【パーシェ価格指数】　$P_{01}^P = \dfrac{p_1^1 x_1^1 + p_2^1 x_2^1}{p_1^0 x_1^1 + p_2^0 x_2^1}$ \hfill (4.6)

【パーシェ数量指数】　$Q_{01}^P = \dfrac{p_1^1 x_1^1 + p_2^1 x_2^1}{p_1^1 x_1^0 + p_2^1 x_2^0}$ \hfill (4.7)

(4) 所得と指数との関係

名目所得の変化率を表す(4.3)式から，次の(4.8)式のような関係を導出することができる。

$$m = \frac{M_1}{M_0} = \frac{p_1^1 x_1^1 + p_2^1 x_2^1}{p_1^0 x_1^0 + p_2^0 x_2^0} = \frac{p_1^1 x_1^0 + p_2^1 x_2^0}{p_1^0 x_1^0 + p_2^0 x_2^0} \cdot \frac{p_1^1 x_1^1 + p_2^1 x_2^1}{p_1^1 x_1^0 + p_2^1 x_2^0} = P_{01}^L Q_{01}^P \tag{4.8}$$

すなわち，名目所得の変化率は「ラスパイレス価格指数」と「パーシェ数量指数」の積として表される。

あるいは，別の方法によって，次の(4.9)式のような関係として導出することができる。

$$m = \frac{M_1}{M_0} = \frac{p_1^1 x_1^1 + p_2^1 x_2^1}{p_1^0 x_1^0 + p_2^0 x_2^0} = \frac{p_1^0 x_1^1 + p_2^0 x_2^1}{p_1^0 x_1^0 + p_2^0 x_2^0} \cdot \frac{p_1^1 x_1^1 + p_2^1 x_2^1}{p_1^0 x_1^1 + p_2^0 x_2^1} = Q_{01}^L P_{01}^P \tag{4.9}$$

すなわち，名目所得の変化率は「ラスパイレス数量指数」と「パーシェ価格指数」の積として表される。

3.2 価格の変化と消費者選択の説明

(1) 具体的な例

いま，変化以前の時期（0期）におけるおにぎりの価格を100円，パンの価格を100円，おにぎりの消費量を10個，パンの消費量を20個とする。このとき，変化以前の貨幣（名目）所得M_0は，次のように表される。

$M_0 = 100円 \times 10個 + 100円 \times 20個 = 3,000円$

次に，変化後の時期（1期）のおにぎりの価格を120円，パンの価格を150円，おにぎりの消費量を15個，パンの消費量を14個とすると，変化以後の貨幣（名目）所得は次のように表される。

$M_1 = 120円 \times 15個 + 150円 \times 14個 = 1,800円 + 2,100円 = 3,900円$

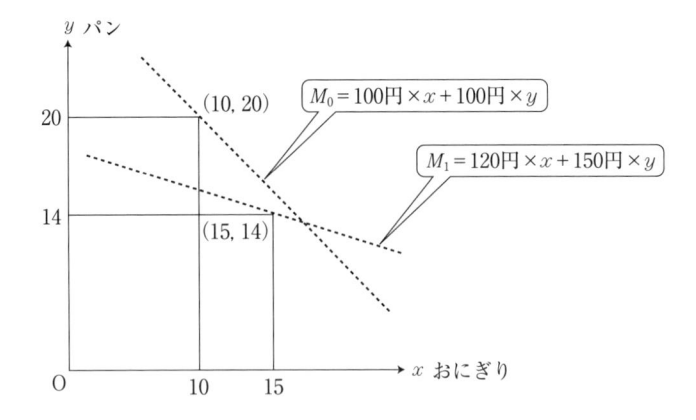

この関係から貨幣（名目）所得の変化率は次のように求められる。

$$m = \frac{M_1}{M_0} = \frac{3{,}900}{3{,}000} = 1.3 = 30\%の増加$$

ここで，30％の名目所得の増加はこの消費者の効用水準を高めるであろうか。

いま，変化以前の価格体系のもとで変化後の消費量を評価すると，次のように計算することができる。

100円×15個＋100円×14個＝2,900円

変化以前の価格体系で評価すると，この家計の支出額は2,900円であり，変化以前においても実現可能な消費の組合せである。すなわち，家計は変化後のこの点よりも変化以前の消費点を選好することが説明されるのである。

このとき，この家計の所得は実質的には3,000円から2,900円に減少していることが説明されるのである。

（2）価格指数と数量指数

いま，おにぎりは100円から120円に20円（＋20％）上昇した。また，パンは100円から150円に50円（50％）上昇した。また，この価格の変化と所得の変化に対応しておにぎりの消費量は10個から15個に増加し，パンは20個から14個に減少している。このように，実際の経済においては，2つの財の価格と消費量の組合せは同時に生ずるものである。このような場合の物価の変化と実質消費

量の変化を表す指数として，変化以前を基準とする「ラスパイレス指数」と変化後を基準とする「パーシェ指数」とがある。

① ラスパイレス指数

基準年度を変化以前として，変化後の関係を測る指数をラスパイレス指数という。ラスパイレス指数には価格指数と数量指数がある。

【ラスパイレス価格指数】

ラスパイレス価格指数P_{01}^Lとは価格変化以前の消費量の組合せを基準として価格の変化を指数化するものである。

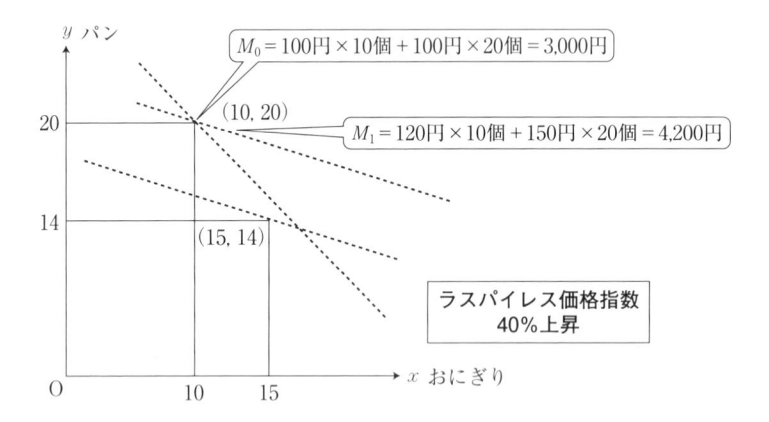

$$P_{01}^L = \frac{p_1^1 x_1^0 + p_2^1 x_2^0}{p_1^0 x_1^0 + p_2^0 x_2^0} = \frac{120円 \times 10個 + 150円 \times 20個}{100円 \times 10個 + 100円 \times 20個} = \frac{4,200}{3,000} = 1.4 = 40\%上昇$$

ラスパイレス価格指数でみる場合，変化以前の消費の組合せを基準にしてみると価格変化率は40％上昇していることが説明されるのである。

このことは名目所得でみると$m = 1.3$で30％増加したが，ラスパイレス価格指数でみると物価が40％上昇したために，実質所得は10％（＝40％－30％）下落したことになるのである。

【ラスパイレス数量指数】

ラスパイレス数量指数Q_{01}^Lは価格変化以前の価格体系を基準として，変化以前の消費量の組合せと変化後の消費量の組合せの変化について指数化するものである。

$$Q_{01}^L = \frac{p_1^0 x_1^1 + p_2^0 x_2^1}{p_1^0 x_1^0 + p_2^0 x_2^0} = \frac{100円 \times 15個 + 100円 \times 14個}{100円 \times 10個 + 100円 \times 20個} = \frac{2,900}{3,000} = 0.966$$

＝3.33％の減少

ラスパイレス数量指数でみる場合，変化以前の価格を基準にしてみると消費の実質量は3.33％減少していることが説明されるのである。

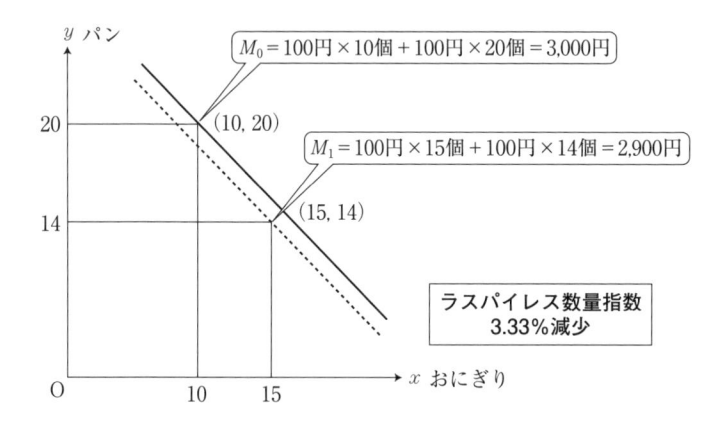

② パーシェ指数

財の価格と消費量の変化後を基準とする指数を「パーシェ指数」という。

【パーシェ価格指数】

パーシェ価格指数P_{01}^Pは価格上昇後の消費量の組合せを基準として，価格の変化について指数化するものである。

$$P_{01}^P = \frac{p_1^1 x_1^1 + p_2^1 x_2^1}{p_1^0 x_1^1 + p_2^0 x_2^1} = \frac{120円 \times 15個 + 150円 \times 14個}{100円 \times 15個 + 100円 \times 14個} = \frac{3,900}{2,900} = 1.34 = 34\%の上昇$$

パーシェ価格指数でみる場合，変化後の消費の組合せを基準にすると34％上

昇していることが説明されるのである。

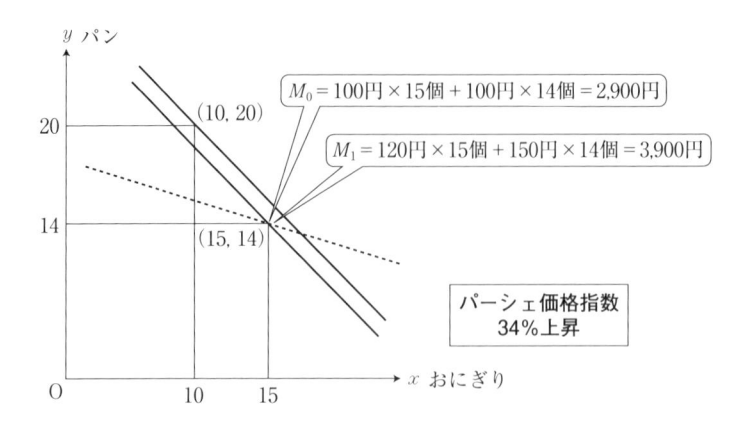

$M_0 = 100円 \times 15個 + 100円 \times 14個 = 2,900円$

$M_1 = 120円 \times 15個 + 150円 \times 14個 = 3,900円$

パーシェ価格指数 34%上昇

【パーシェ数量指数】

パーシェ数量指数Q_{01}^Pは価格変化後の価格を基準として，変化以前の消費量の組合せと変化後の消費量の組合せの変化について指数化するものである。

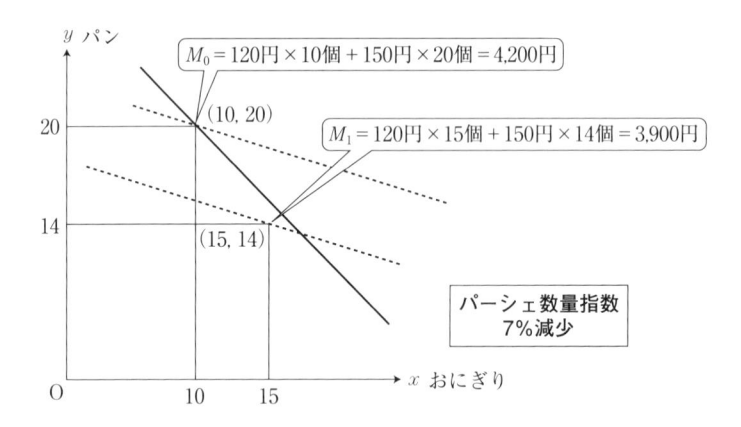

$M_0 = 120円 \times 10個 + 150円 \times 20個 = 4,200円$

$M_1 = 120円 \times 15個 + 150円 \times 14個 = 3,900円$

パーシェ数量指数 7%減少

$$Q_{01}^P = \frac{p_1^1 x_1^1 + p_2^1 x_2^1}{p_1^1 x_1^0 + p_2^1 x_2^0} = \frac{120円 \times 15個 + 150円 \times 14個}{120円 \times 10個 + 150円 \times 20個} = \frac{3,900}{4,200} = 0.93 = 7\%の減少$$

パーシェ数量指数でみる場合，変化後の価格体系を基準にすると7%減少していることが説明されるのである。

《具体的な使用例》
　以上で説明したラスパイレス指数は，消費者物価指数や企業物価指数に採用されており，パーシェ指数は，GDPデフレーターに採用されている。ここで，GDPデフレーターとは，名目GDPを実質GDPで割った値である。

第5章

国民所得水準の決定

1 国民所得の決定

　P.A.サミュエルソン（P.A.Samuelson）やJ.R.ヒックス（J.R.Hicks）に代表される新古典派経済学的なマクロ経済学においては，J.M.ケインズの「有効需要の原理」で決定される国民所得の大きさは，労働市場における非自発的失業を残した状態で成立する生産物市場の均衡状態として説明することができると考えられた[1]。

　いま，この経済の物価水準を短期においては一定所与（$P = P_0$）であり，また，労働者の貨幣賃金率Wも一定所与の値であるとする。ここで，短期とは今期の投資によって増加した資本設備が稼働し生産能力が増加する前までの期間である。このとき，一定期間[2]の国民所得の大きさ，すなわち，総需要額の大きさは，当該期間における消費額Cと企業の投資額Iと政府支出額Gの3つの需要項目の総合計額を総需要額としてそれに等しい国民所得額（＝生産額）として決定されると説明されるのである。すなわち，次の(5.1)式が成立する。

　　［国民所得の決定式］　$Y = C + I + G$　　　　　　　　　　　　　　　　(5.1)

　この(5.1)式は，一定期間における総供給額と総需要額が等しいときの国民所得の大きさを決定する。J.M.ケインズの「有効需要の原理」は，新古典派経済学においては「生産物市場の均衡条件」として説明されるのである。

1）ケインズの国民所得概念は賃金財で測った実質所得であるが，新古典派経済学においては物価水準で測った実質所得である。
2）短期とは，一般的には1年程度の一定期間と想定している。

2 消費関数と消費性向・貯蓄性向

2.1 消費関数と限界消費性向

　経済全体の一定期間における消費の大きさCは，経済全体の国民所得Yの増加関数として定義される[3]。すなわち所得額が増加すると消費額が増加すると考えるのである。すなわち，消費関数は次の(5.2)式のように表される。

$$C = C(Y), \quad c = \frac{dC}{dY} > 0 \tag{5.2}$$

　ここで，一定期間における消費額Cは家計の嗜好状態が所与のもとで所得Yや価格Pの制約条件に基づいて決定される値であり，経済全体の消費額はそれぞれの家計の合理的な意思決定を背景とした消費行動の集計によって導出される消費関数によって説明される大きさである。消費関数の形状には，その経済の所得分配のあり方も反映した重要な要素である。

　また，$c\left(=\dfrac{dC}{dY}\right)$は消費の変化（$\varDelta C$）の所得の変化（$\varDelta Y$）に対する割合であり，「**限界消費性向**」（MPC = Marginal Propensity to Consume）と呼ばれる。一般には経済全体の消費額は経済全体の国民所得の増加に伴って増加すると考えられるので，消費額は所得額の増加関数である。また，消費額は国民所得の増加額以上には増加しないとすると，「限界消費性向は1よりも小さい」と考えられる。個々の家計は他の経済主体からの借り入れによって所得の増加額以上に消費額を増加することが可能であるが，経済全体では国民所得の増加額以上には消費額は増加しないと考えることができるからである[4]。

　経済全体についての消費額Cの大きさの国民所得Yに対する割合は「**平均消費性向**」（APC = Average Propensity to Consume），あるいは，単に「**消費**

---

3) 国民所得の額と同様に，消費額についても，ケインズの定義は賃金財で測った実質消費額であるが，新古典派経済学においては物価水準で測った実質消費額である。

4) 開放経済の場合は，海外からの借り入れが可能となるため，限界消費性向が1を超えることがあり得る。

性向」と呼ばれ，APC $= \dfrac{C}{Y}$ で定義される。

2.2 貯蓄関数と貯蓄性向

　貯蓄（S）は一定期間の所得（Y）の中からその期間中には消費（C）されなかった残りの大きさとして定義される。すなわち，$S = Y - C$ である。貯蓄関数は所得水準と消費関数との関係から定義され，次の(5.3)式のように消費関数から導出される。

$$S(Y) = Y - C(Y) \tag{5.3}$$

　経済全体の貯蓄の大きさ S は，経済全体についての所得の大きさ Y についての増加関数として定義される。経済全体の貯蓄額 S の大きさの国民所得 Y に対する割合は「平均貯蓄性向（APS = Average Propensity to Saving）」あるいは，簡単に「貯蓄性向」と呼ばれ，APS $= \dfrac{C}{Y}$ で定義される。貯蓄の定義式より，APS $\equiv 1 -$ APC として表され，平均貯蓄性向は 1 マイナス平均消費性向であることが説明される。これは，消費関数の性質から導出されるものである。

　また，貯蓄額の変化 $\varDelta S$ の国民所得額の変化 $\varDelta Y$ に対する割合 $\left(s = \dfrac{dS}{dY}\right)$ を限界貯蓄性向（MPS = Marginal Propensity to Saving）という。限界貯蓄性向は，次の(5.4)式のように限界消費性向との関係から定義される。

$$\dfrac{dS}{dY} = 1 - \dfrac{dC}{dY} \quad \text{すなわち，} \quad s = \text{MPS} \equiv 1 - \text{MPC} = 1 - c \tag{5.4}$$

　ここで，$0 < c = \dfrac{dC}{dY} = C_Y < 1$ より，$0 < s = \dfrac{dS}{dY} = S_Y < 1$ である。

　限界貯蓄性向 s は 1 − 限界消費性向 c である。「限界消費性向が正の値で 1 より小さい」（$0 < c < 1$）ことから，「限界貯蓄性向も正の値で 1 より小さいこと」（$0 < s < 1$）が説明される。このことは，貯蓄は所得の増加以上には増加できないことを表している。

　この消費関数と貯蓄関数との関係は図5.1のように描くことができる。すな

わち，国民所得が増加すると消費額Cと貯蓄額Sがそれぞれ増加すると考えるのである．

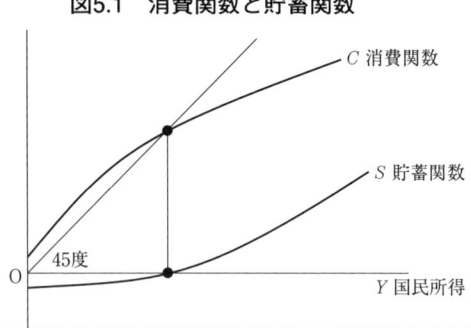

図5.1　消費関数と貯蓄関数

貯蓄Sは所得Yから消費Cを引いた残余として定義される．すなわち，$S \equiv Y - C$ である．また，限界貯蓄性向（MPS）≡ 1 − 限界消費性向（MPC）である．

2.3 国民所得の決定

[民間投資水準は一定所与]

　短期（一定期間）における民間投資額 I は，各企業の現在の経済状態と将来の経済状態への期待を背景とした市場に対する予想と判断に基づいて決定されるそれぞれの企業家の投資額の集計値として説明される大きさである．いま，企業家の将来に対する期待が一定であり，現行の利子率 r が一定不変（r_0）であると仮定するならば，一定期間における民間企業の投資水準は一定の規模 I_0 で決定されると想定することができる．このとき民間企業の投資の大きさは，次の(5.5)式のように表される．

$$I = I(r_0) = I_0 \tag{5.5}$$

　ここで，I_0 の 0 は一定の値であることを表している．

《政府支出は一定所与》

　また，政府支出 G の大きさは，政府の財政状態についての認識と現在の景気動向に対する判断に基づいて決定される諸経済政策から導かれる政府支出額の

総計である。短期においては，政府の政策は所与であるから政府支出額も一定の大きさであると仮定して，次の(5.6)式のように表される。

$$G = G_0 \tag{5.6}$$

《生産物市場の均衡条件》

生産物市場の均衡条件を表す(5.1)式では，この3つの経済変数の大きさの合計額が経済全体の一定期間の有効需要の大きさを決定し，生産物市場の均衡条件より，総供給額が決定されることから，国民所得の大きさが決定されると考えるのである。

いま，(5.4)式，(5.5)式と(5.6)式を(5.1)式に代入すると，次の(5.7)式のように国民所得水準を決定することができる。

$$Y = C(Y) + I_0 + G_0 \tag{5.7}$$

この国民所得決定式は，横軸に国民所得 Y，縦軸に総需要 $C + I + G$ をとると，図5.2のように説明することができる。

総需要額の大きさを表す $C + I + G$ 線の傾きは，経済全体の限界消費性向を反映して右上がりの曲線として描かれる。45度線は横軸と縦軸の距離が等しい点の軌跡を表しており，$C + I + G$ 線との交点においては，生産物市場は均衡していること，すなわち，$Y = C + I + G$ であることを表しているのである。このように，45度線との交点において，総供給額と総需要額が等しいことが説

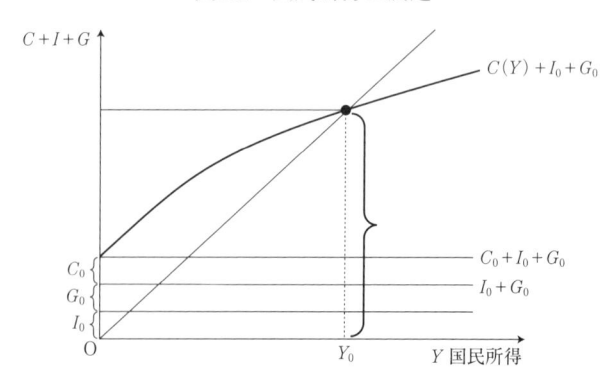

図5.2 国民所得の決定

明されることから，均衡国民所得Y_Eが決定されると説明することができるのである。ここで，C_0は$C+I+G$線の切片の大きさを表しており，消費関数の国民所得をゼロ（$Y=0$）としたときの消費額の大きさを表しており，基礎消費と呼ばれると説明されている[5]。

《ケインジアン・クロス》

　図5.2のように横軸に国民所得の大きさYを，縦軸に総需要の大きさ$C+I+G$をとる。政府支出額も民間投資額も国民所得の大きさに関係なく，一定所与の値として表されるからそれぞれ水平な直線として描かれている。消費関数は右上がりの曲線として描かれ，その傾きは限界消費性向を表している。それら需要の合計額である総需要の大きさは，国民所得の増加関数として右上がりの曲線として描かれる。このとき，総需要曲線の傾きは消費関数と同様に限界消費性向を表している。

　45度線は横軸の国民所得と縦軸の総需要$C+I+G$が等しいことを表している。すなわち，国民所得Yを総供給額と考えるならば，総需要線と45度線の交点は，総供給額と総需要額が等しい状態，すなわち，生産物市場の均衡状態を説明していると考えるのである。

　このサミュエルソンの45度線の理論は「ケインジアン・クロス」と呼ばれ，国民所得決定式として説明される。この場合，有効需要で決定される国民所得は，計画された投資水準（事前的投資水準）と貯蓄（事後的貯蓄）が等しくなるような規模において国民所得が決定されることを説明するのである。

3 ケインズ的線形消費関数による説明

《線形のケインズ型消費関数》

　いま，経常消費の大きさCは経常所得の大きさYによって決定される増加関数であるという意味でケインズ的な簡単な線形消費関数を想定する。この線形

---

[5] この基礎消費の大きさは，国民所得の変動に依存しない消費の大きさを定義するものであり，決して国民所得がゼロの状態における消費額の大きさを説明するものではない。

消費関数は均衡国民所得水準の近傍での一次近似式として理解することができる。また，所得の増加分に対する消費の増加分の割合を表す限界消費性向を一定不変の値cと表し，所得水準がゼロの時の消費の大きさを表す基礎消費を$C(0) = C_0 > 0$と表すと，ケインズ的な線形消費関数は，次の(5.8)式のように表される。

$$C = C_0 + cY \tag{5.8}$$

この(5.8)式を(5.7)式に代入すると，次の(5.9)式が得られる。

$$Y = cY + C_0 + I_0 + G_0 \tag{5.9}$$

この(5.9)式を所得水準Yについて解くと，次の(5.10)式のように均衡所得水準Y_Eを決定することができる。

$$(1-c)Y = C_0 + I_0 + G_0$$

$$Y_E = \frac{1}{1-c}(C_0 + I_0 + G_0) \tag{5.10}$$

すなわち，均衡国民所得Y_Eは基礎消費額C_0と民間投資額I_0と政府支出額G_0の合計を$(1-c)$で割った値として計算することができる。

《数値例による説明》

いま，限界消費性向が0.8，基礎消費が10兆円，投資額が50兆円，政府支出額が30兆円のときの国民所得の大きさは500兆円であることが，次のように代入することによって計算することができる。

$$Y_E = \frac{1}{1-c}(C_0 + I_0 + G_0) = \frac{1}{1-0.8}(10+50+40) = 5 \times 100 = 500 \text{兆円}$$

4 安定条件
―事前概念と事後概念；意図した投資と意図せざる投資

4.1 貯蓄と投資の安定条件

企業の投資水準Iを，$I_i \equiv$ 意図した投資（Intended Investment）と$I_{ui} \equiv$ 意図せざる投資（Unintended Investment）とに分けて考える。ここで，意図せざ

る投資とは，所与の国民所得のもとで決定される貯蓄の大きさを超える投資額の大きさであり，$I_{ui} = S(Y) - I_i$ と表される。すなわち，意図せざる投資とは，その値が正となる場合には売れ残りによる在庫投資の増大を意味するのであり（$I_{ui} = S(Y) - I_i > 0$），その値が負となる場合には，適正在庫以上に在庫投資が減少していることを意味するのである（$I_{ui} = S(Y) - I_i < 0$）。

ある所与の国民所得水準 Y_1 のもとで，消費額が過小であることを反映して商品などの売れ残りなどが存在するという意味で意図せざる投資が存在する（ACの幅）ということは，在庫調整を行う必要があることを意味している。すなわち，生産量を縮小する必要があるのである。また，国民所得水準 Y_2 のもとで，意図せざる投資が不足する場合は適正在庫の不足の状態（BDの幅）を意味しているために生産量を増大させることが必要であると考えられるのである。この関係は，次の(5.11)式のように表される。

$$\frac{dY}{dt} = -\alpha(I_{ui}) \gtreqless 0 \quad \text{as} \quad I_{ui} = \gtreqless 0 \tag{5.11}$$

ここで，$\frac{dY}{dt}$ は時間とともに生産量が変化して，国民所得が変化することを表しており，α は調整係数であり正の値で定義されている。この式は，意図せざる投資 I_{ui} が正（負）の場合（$I_{ui} > 0$）は生産量の減少（増加）を通して国民所得が減少（増加）することを表している。

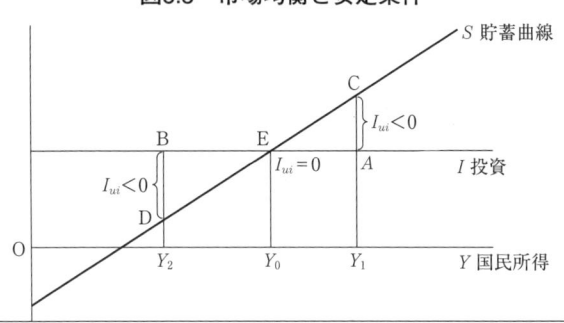

図5.3 市場均衡と安定条件

貯蓄と投資が等しくなるように国民所得が調整され，生産物市場の均衡点において国民所得が決定される。投資規模が有効需要の大きさを決定すると説明される。

4.2 生産物市場の安定条件

　このような在庫の調整過程に応じて，生産量が調整され，国民所得の変化が導かれて，やがて生産物市場は均衡状態に向かうと考えるのが新古典派経済学が想定する「市場の安定条件」である。このような調整過程によって市場均衡が安定条件を満たすための条件は，在庫の状態を反映した在庫調整によって国民所得が変動し最適な在庫状態（意図せざる在庫がゼロになる状態）に到達することが必要である。このための条件は，(5.11)式を調整変数である国民所得 Y で微分したときに負であることが必要である。

$$\frac{d\frac{dY}{dt}}{dY} = -\alpha \frac{dI_{ui}}{dY} = -\alpha \left(\frac{dS}{dY} - \frac{dI}{dY} \right) < 0 \tag{5.12}$$

　ここで，限界貯蓄性向は正であり $\left(0 < s = \frac{dS}{dY} < 1\right)$，民間投資水準は国民所得の変化から独立である $\left(\frac{dI}{dY} = 0\right)$ から，(5.11)式の条件は満たされることが説明される。すなわち，限界貯蓄性向 s と限界消費性向 c が正の値であり，1より小であること（$0 < s, c < 1$）によって市場均衡が安定条件を満たすことが説明されるのである。

　図5.3において，生産物市場の均衡条件と安定条件について，貯蓄と投資の関係から意図せざる在庫の調整過程として国民所得の変化による安定条件を説明した。これと同様に，図5.4のように，45度線の理論においても説明することができる。

　すなわち，国民所得水準が Y_1 のときには，総需要額が総供給額よりも過小であるために国民所得が Y_0 まで減少するのである。このときの安定条件は限界消費性向が1よりも小さいことである。また，国民所得が Y_2 のときには，総需要額が総供給額を超過しているために国民所得が Y_0 まで増加するのである。

　総需要額と総供給額が等しくなるように国民所得が調整され，生産物市場の均衡点において国民所得が決定される。投資の大きさによって有効需要の大きさが国民所得の大きさを決定すると説明される。

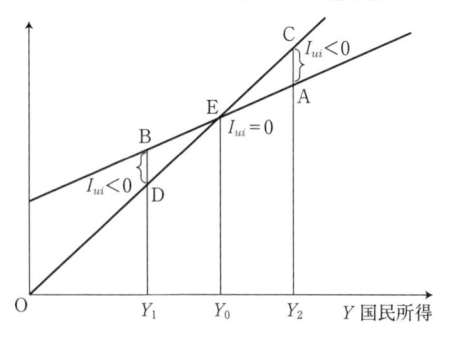

図5.4 市場均衡と安定条件

総需要額と総供給額が等しくなるように国民所得が調整され，生産物市場の均衡点において国民所得が決定される。

5 ケインズ経済学との差異

　サミュエルソンの「45度線の理論」とこの理論に基づく「生産物市場の安定条件」の説明は，新古典派経済学的なマクロ経済学としての説明ではあるが，「ケインズの経済学」としての説明ではないことに注意しなければならない。
　J.M.ケインズは総供給関数と総需要関数との交点における総需要額の値として有効需要の大きさが決定されると説明したのである。サミュエルソンが説明するように，貯蓄額と投資額が等しくなるように国民所得が調整されるとは説明していない。そして，貯蓄と投資が等しくなる均衡点において国民所得が決定されるとも説明していない。もちろん，生産物市場において総需要額と総供給額が等しくなる点において均衡国民所得が決定されるとも説明していないのである。ケインズの国民所得決定においては，労働市場は不均衡状態にあるために少なくとも家計の需要関数の導出においては新古典派経済学の説明する効用極大条件を満たしていないからである。
　ケインズの有効需要の原理とは，「投資や政府支出などの各経済主体の将来に対する期待からそれぞれ独立に決定される要素によって国民所得が決定される」という考え方である。すなわち，J.M.ケインズは企業家の主体的均衡の集

計として，企業家の市場に対する経験とそれに基づいた期待を反映して有効需要の大きさが決定されると説明している。そして投資Iと貯蓄Sは事後的には常に恒等関係にあることが説明されるのである。

これに対して新古典派のマクロ経済学は，企業家の期待によって決定される投資とそれとは独立した消費者の主体的均衡状態の存在を仮定して，生産物市場の需要・供給分析によって市場原理が有効的に機能することを想定した「在庫調整」モデルとしての市場の均衡解の存在とその調整過程の安定性を説明している。このような説明から「ケインズ的失業」，すなわち，「非自発的失業」の存在を説明できないのである。このような新古典派経済学的な説明によって，これ以後「ケインズ的均衡」が「ワルラス的均衡」と同様の市場均衡状態であるかのような錯覚を生み出したのである[6]。

5.1 貯蓄と投資の恒等式

いま，Sを経済全体の事前的貯蓄，S_Pを民間貯蓄（$Y-T-C$），S_Gを政府貯蓄（$T-G$）とすると，次のような「貯蓄と投資の恒等関係」が成立する。

$$S \equiv S_P + S_G \equiv (Y-T-C) + (T-G) \equiv Y-C-G \tag{5.13}$$

ここで，国民所得決定式，$Y \equiv C+I+G$から，$Y-C-G=I$であるから，$S \equiv I$が恒等的に成立する。この説明は国民所得の「三面等価」の説明に対応するものであり，新古典派経済学のように貯蓄Sと投資Iが等しくなるように国民所得Yが決定されることを意味しないのである。

5.2 貯蓄と投資の恒等式と双子の赤字

開放体系経済について考える。国民所得は$Y=C+I+G+X-IM$で決定される。いま，$S_P(=Y-T-C)$を民間貯蓄，$S_G(=T-G)$を政府貯蓄，Iは国内投資額，$I_F(=X-IM)$を海外投資（貿易収支余剰）とすると，開放体系経済においては，国内の貯蓄Sと投資Iの恒等式は，次のように説明される。

6）ヒックスの『経済学の第二の危機』（早坂忠訳，ダイヤモンド現代選書，1977年）を参照。

$$S \equiv S_P + S_G = (Y - T - C) + (T - G)$$
$$\equiv Y - C - G \equiv I + (X - IM) = I + I_F \tag{5.14}$$

この関係から，$S_P - I = -S_G + I_F = (G - T) + (X - IM)$ が成立する。

すなわち，$S_P = I$ のもとで，政府赤字（$G - T > 0$）と貿易収支の赤字（$X - IM < 0$）が同時に成立することが説明されるのである。政府の財政赤字と貿易収支の赤字，すなわち，「双子の赤字」は双方が独立した現象ではなく，同一の要因から発生した赤字問題であることが説明されるのである。このことは，財政赤字問題が解決すれば，貿易収支の赤字問題が解決するわけではないことを説明しているのである。

6 インフレ・ギャップとデフレ・ギャップ

完全雇用を実現している水準で国民所得が決定されているときの値 Y_F を完全雇用国民所得水準という。総需要を表す $C(Y) + I_F + G_F$ は完全雇用を実現する総需要曲線であることがわかる。図5.5において点Bが完全雇用国民所得を実現する総需要曲線と45度線の交点であり，このときの均衡国民所得は完全雇用所得水準 Y_F である。

いま，総需要曲線が $C(Y) + I_D + G_D$ で表されるとき，均衡国民所得は Y_1 の値

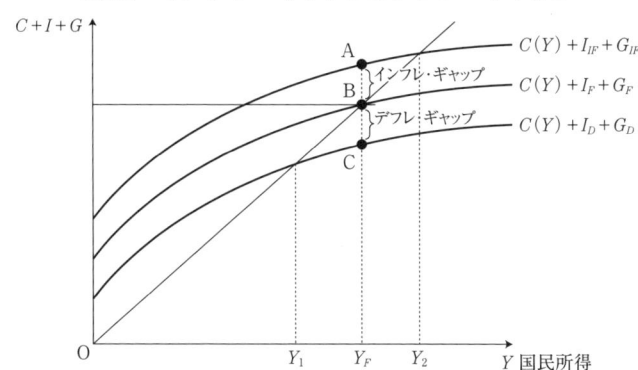

図5.5 インフレ・ギャップとデフレ・ギャップ

で決定される。完全雇用国民所得水準でみると有効需要の大きさがBCの幅の分だけ不足していることがわかる。この有効需要の不足分を「デフレ・ギャップ」と呼ぶのである。この有効需要の不足分が満たされて「デフレ・ギャップ」が解消されるならば，完全雇用水準を達成することが可能なのである。このためには，民間投資が拡大されるか，財政支出を増加するか，あるいは減税政策などによる消費の増大を誘発する政策が採用されることが必要である。

いま，総需要曲線が$C(Y)+I_{IF}+G_{IF}$で表されるとき，均衡国民所得がY_2の値で決定される。完全雇用国民所得水準でみると有効需要の大きさがABの幅の分だけ超過していることがわかる。総需要額が供給額と比較して過剰であることはインフレーションが発生する可能性があるということになる。この有効需要の過剰分の大きさを「インフレ・ギャップ」と呼ぶのである。この有効需要の過剰分である「インフレ・ギャップ」をなくして，インフレ圧力を低下させるためには，民間投資の減少を図るか，財政支出を減少させるか，あるいは増税政策によって消費や投資の拡大を抑える政策を採用することが必要である。

第6章

乗数理論

1 国民所得決定式とケインズ乗数

　下の(6.1)式は，前章において説明された国民所得決定式である。「基礎消費額」の大きさは歴史的・社会的要因によって決定されていると考えられるので，この短期期間では一定所与C_0である。また，民間投資の大きさは景気動向等によって決定されるから，いま，利子率の水準を一定所与であると仮定するならば短期的には一定の不変の値I_0であると考えることができる。政府支出の大きさがG_0であるとき，国民所得の大きさは，次の(6.1)式のように決定される。

$$Y = cY_D + C_0 + I_0 + G_0 \tag{6.1}$$

　ここで，cは限界消費性向，Y_Dは可処分所得を表している。可処分所得とは所得のうちの租税額Tを引いた残りの処分可能な所得額を表している。いま，T_0を一定の租税額とすると，可処分所得Y_Dは$Y - T_0$で表される。すなわち，(6.1)式は次の(6.2)式のように表される。

$$Y = c(Y - T_0) + C_0 + I_0 + G_0 \tag{6.2}$$

　この式を国民所得Yについて解くと，次の(6.3)式のようにして均衡国民所得Y_Eが決定される。

$$Y_E = \frac{1}{1-c}(-cT_0 + C_0 + I_0 + G_0) \tag{6.3}$$

　このY_Eを均衡国民所得という。上の(6.3)式から，経済が不況期にあるときは，民間投資は将来に対する期待を反映して低い水準にあるために経済活動は停滞しており，それ故に国民所得も少なく，消費も低い水準を推移することになる。このような状況においては経済活動の水準Yは，政府支出Gの大きさによって

大きく変化することが理解される。

【財政乗数・ケインズ乗数】

J.M.ケインズは不況期には，政府が赤字財政政策を実行することによって経済を活性化させるべきであると説明したのである。

(6.3)式を政府支出Gで微分すると，次の(6.4)式のような乗数を得ることができる。

$$【財政乗数・ケインズ乗数】\quad \frac{dY}{dG} = \frac{1}{1-c} = \frac{1}{s} \tag{6.4}$$

この乗数は「1マイナス限界消費性向分の1」で表される。ここで，cは限界消費性向を表しており，この「1マイナス限界消費性向分の1」は「財政乗数」あるいは「ケインズ乗数」と呼ばれる。

国民所得の大きさの変化ΔYは，政府支出の大きさの変化ΔGによって決定される。すなわち，政府の赤字財政政策は，次のような財政乗数として，国民所得水準を変化させることが説明されるのである。また，この乗数は消費性向と貯蓄性向の関係，MPC + MPS = 1，あるいは，$c + s = 1$であるから，財政乗数は「限界貯蓄性向分の1」でも表すことができる。

$$\frac{1}{1-c} = \frac{1}{1-限界消費性向} = \frac{1}{限界貯蓄性向} = \frac{1}{s}$$

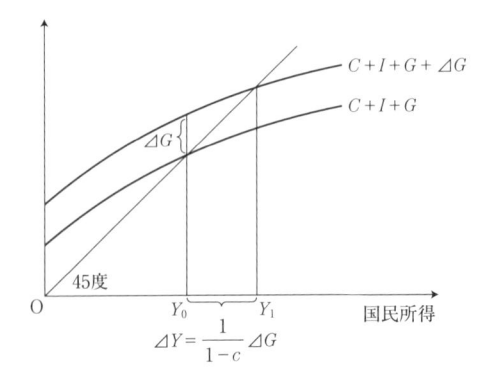

図6.1 国民所得の決定と乗数理論

$$\Delta Y = \frac{1}{1-c} \Delta G$$

この値は政府が赤字財政政策ΔGによって国民所得を増加させる効果ΔYを表しており,「財政乗数」あるいは「ケインズ乗数」と呼ばれる。この関係を国民所得の増加分と財政支出の増加分との関係で表すと次の(6.4′)式のように表される。

$$\Delta Y = \frac{1}{1-c} \Delta G \tag{6.4′}$$

《乗数過程》

　財政乗数による国民所得が増加する過程は，次の図6.2のように説明される。

　財政乗数の過程は，財政支出の増加に公共事業の大きさΔGが国民所得をΔY増加させ，国民所得の増加が貯蓄額をΔS増加させる過程としても図6.2のように説明することができる。

　いま，所得水準がY_0から出発して，公共投資がABの幅だけ増加する。これは総需要のうちの独立支出が増加した大きさである。この独立支出が増加すると企業の在庫が減少し，その減少の大きさに対応して企業の生産量が拡大する。やがて生産量と国民所得がBCの幅だけ増加する。この所得の増加に誘発されて消費がCDの幅だけ増加する。これは総需要のうちの誘発需要が増加した大きさである。誘発需要増加の程度は限界消費性向の値cに依存する。やがて

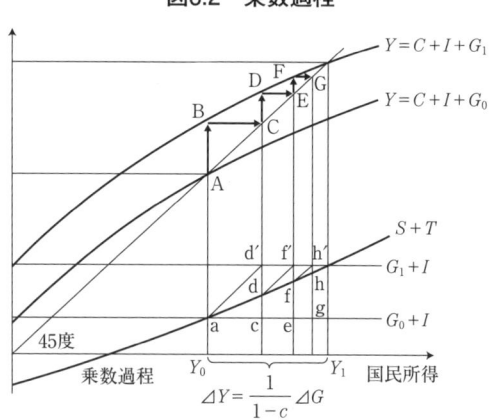

図6.2　乗数過程

CDの幅と等しいDEの幅だけ，生産量＝国民所得が増加するという同様の過程が国民所得水準がY_1の水準になるまで続くのである。限界消費性向が大き（小さ）ければ，図の総需要曲線の傾きは大きく（小さく）なり，誘発効果（$Y_1 - Y_0$）は大きく（小さく）なる。限界貯蓄性向＝1－限界消費性向であるから，限界貯蓄性向が小さい（大きい）ほど誘発支出は大きい（小さい）ことが説明される。

乗数過程については，投資の大きさと貯蓄の大きさとの調整過程としても説明することができる。すなわち，公共事業の増加によって，国民所得がａｃの幅だけ増加すると貯蓄がｃｄの幅に増加する。しかし，投資が貯蓄を上回っているために所得がｃｅの幅だけ増加して，貯蓄がｅｆの幅に増加する。このようにして，投資と貯蓄のギャップが解消するまで所得の増加が生じるのである。ここで，ac＝cc′，ce＝ff′，eg＝eg′である。

以上の説明から，貯蓄Ｓは所得循環の「漏れ」であることがわかる。独立支出である公共投資が増加すると，生産量と所得が増加するが，消費支出の増加に回らない貯蓄は循環から姿を消すのである。これが経済循環における「漏れ」である。貯蓄される比率が小さいほど，すなわち，「漏れ」が少ない（多い）ほど，乗数の値は大きく（小さく）なるのである。

《ケインズ乗数の過程》

ケインズ乗数とは，総需要曲線の上方シフトによって有効需要が増加する過程とその経済効果を説明するものである。この総需要曲線の上方シフトによる経済効果の過程には，次の３段階が説明されなければならない。

第１段階はよく知られている公共事業の乗数過程である。公共事業によって有効需要が一時的に拡大するのである。しかし，政府の赤字財政政策はそれを継続的に行うには予算的に限界があるため，やがて総需要曲線は元の水準に戻るのである。このとき，他の政策効果が残存効果として総需要曲線に残るのが次の第２段階の効果である。

第２段階は公共事業によって雇用が増加すると労働分配率が上昇して消費関数が上方にシフトする過程である。国民所得の増加による消費性向の低下と労働分配率の上昇による消費性向の上昇が相殺しあって，消費性向はほぼ不変の

まま推移するのである。このように消費性向の上昇効果が乗数過程において続くのである。

公共事業による有効需要拡大効果が企業家の投資を増大させ，投資財産業に影響を与え，総需要関数を上方シフトさせるのが第3段階目の効果である。すなわち，資本の限界効率が上方シフトして所与の利子率のもとで投資が増大し有効需要が拡大するのである。やがて持続的な所得の増加は政府歳入の増収となり，公共事業の際に支出した財政赤字を補填すると期待されるのである。

ケインズは，経済の変動過程を単に数学的な計算式による表現だけではない内容を具体的にイメージしているのである。

2 租税乗数

政府の租税収入（T）を，定額税の部分（T_0）と定率税の部分（tY）とからなると考えるならば租税収入総額は，次の(6.5)式のように表される。

$$T = T_0 + tY \tag{6.5}$$

ここで，家計が支出することができる予算は税引き後の所得，すなわち，可処分所得（Y_D）は，$Y_D = Y - T$であるから，可処分所得は次の(6.6)式のように定義される。

$$Y_D = Y - T = Y - (T_0 + tY) \tag{6.6}$$

このとき，消費関数は可処分所得の増加関数として(6.7)式のように定義されている。

$$C = C(Y_D) \tag{6.7}$$

いま，線形の消費関数を仮定すると，均衡国民所得水準Y_{E1}は次の(6.8)式のように求めることができる。

$$Y = c[Y - (T_0 + tY)] + C_0 + I + G$$

$$[1 - c(1-t)]Y = C_0 - cT_0 + I + G$$

$$Y_{E1} = \frac{1}{1 - c(1-t)}(C_0 - cT_0 + I + G) \tag{6.8}$$

ここで，C_0は基礎消費，cは限界消費性向である。

2.1 財政乗数

国民所得決定式の(6.8)式を政府支出の大きさ(G)によって微分すると次の(6.9)式のように財政乗数が導かれる。

$$\frac{dY}{dG} = \frac{1}{1-c(1-t)} \tag{6.9}$$

この式は一定の税率tのもとでの租税の存在を考慮した財政乗数である。いま，租税が定額税の場合は，限界税率tがゼロであるから，財政乗数は(6.4)式と同一のかたちで表される。

$$\frac{dY}{dG} = \frac{1}{1-c} \tag{6.4}$$

2.2 定額租税乗数

政府が国民の経済活動に対して一定の租税額Tを課す場合について考える。このとき，家計は所得から一定の租税額Tを課税され，税率はゼロであるから，$t=0$と考えることができる。このとき国民所得を決定する(6.8)式は，前に導出した(6.3)式のように表される。

$$Y_E = \frac{1}{1-c}(C_0 - cT_0 + I_0 + G_0) \tag{6.3}$$

すなわち，均衡国民所得Y_Eは基礎消費額C_0と民間投資額I_0と政府支出額G_0の合計から租税額cT_0（課税によって減少した消費額）を差し引いた額を($1-c$)で割った値として計算することができるのである。

政府の租税を考慮しないときの均衡国民所得をY_{E1}とすると，政府の課税による租税収入を考えたときの国民所得Y_Eは，課税なしのときの国民所得Y_{E1}よりも低い水準であることがわかる。このことは図6.3によって確認することができる。

政府の租税収入が定額税だけからなるとして，政府の租税額の変化(ΔT)が所得水準に与える影響(ΔY)を求めると，前の(6.8)式を租税額Tで微分して次の(6.10)式が得られる。

$$\frac{dY}{dT} = \frac{-c}{1-c} < 0 \tag{6.10}$$

この値は政府が租税政策によって課税額をΔT増加させると，国民所得がΔYだけ減少することを表しており，「租税乗数」と呼ばれる。この関係を式で表すと次の(6.11)式のように表される。

$$\Delta Y = \frac{-c}{1-c}\Delta T \tag{6.11}$$

このような租税乗数を「定額税の場合の租税乗数」という。

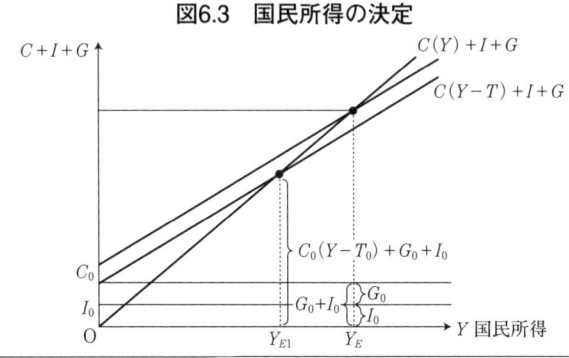

図6.3 国民所得の決定

総需要曲線$C(Y)+I+G$線と45度線の交点によって均衡国民所得水準Y_{E1}が決定される。G_0は政府支出，I_0は民間投資，C_0は基礎消費を，それぞれ表している。租税T_0を考慮すると，均衡国民所得はY_EからY_{E1}へ低い水準となる。

いま，ΔTが負の場合には，減税政策を表している。すなわち，減税政策によって国民所得が増加する効果は，次の(6.12)式のように表される。

$$\Delta Y = \frac{-c}{1-c}(-\Delta T) > 0 \tag{6.12}$$

政府が課税し租税収入Tを得るということは，家計にとっては租税負担額分の可処分所得（$Y_D = Y - T$）が減少することを意味している。このとき，平均消費性向と平均貯蓄性向，限界消費性向と限界貯蓄性向との間には，次の(6.13)式と(6.14)式のような関係が成立する。

$$Y_D = C + (Y - T - C) = C + S_P$$

$$\frac{C}{Y_D} + \frac{S_P}{Y_D} = 1, \quad \text{APC} = \frac{C}{Y_D}, \quad \text{APS} = \frac{S_P}{Y_D}, \quad \text{APC} + \text{APS} = 1 \tag{6.13}$$

$$\frac{\varDelta C}{\varDelta Y_D} + \frac{\varDelta S_P}{\varDelta Y_D} = 1, \quad \text{MPC} = \frac{\varDelta C}{\varDelta Y_D}, \quad \text{MPS} = \frac{\varDelta S_P}{\varDelta Y_D}, \quad \text{MPC} + \text{MPS} = 1 \tag{6.14}$$

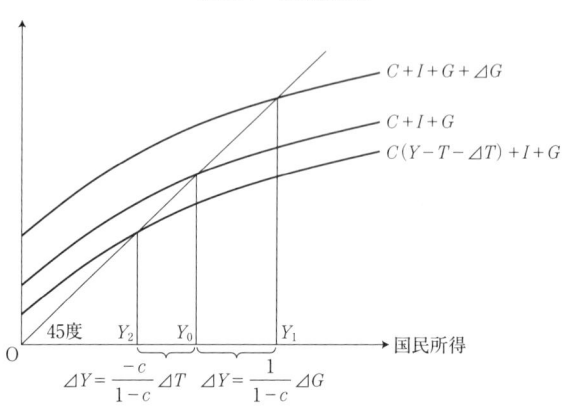

図6.4　租税乗数

曲線上から: $C+I+G+\varDelta G$、$C+I+G$、$C(Y-T-\varDelta T)+I+G$

横軸に Y_2、Y_0、Y_1、国民所得

$$\varDelta Y = \frac{-c}{1-c} \varDelta T \quad \varDelta Y = \frac{1}{1-c} \varDelta G$$

2.3 均衡予算乗数

　政府が均衡予算を維持しながら，財政政策を行うならば，$G = T$でなければならない。また，均衡予算を守りながら追加的な財政支出政策を行うためには財政支出の増加分$\varDelta G$に等しい増税$\varDelta T$が必要である。すなわち，$\varDelta G = \varDelta T$でなければならないのである。ということは，均衡予算制約のもとでの財政政策においては，財政政策の効果と増税政策の効果が同時に働くことになるのである。この関係は，(6.4)式の「財政乗数」と(6.10)式の「租税乗数」を足し合わせることによって，均衡予算乗数は1であることが，次のようにして説明されるのである。

$$\frac{dY}{dG} = \frac{1}{1-c} \tag{6.4}$$

$$\frac{dY}{dT} = \frac{-c}{1-c} \tag{6.10}$$

$$\frac{dY}{dG} + \frac{dY}{dT} = \frac{1}{1-c} + \frac{-c}{1-c} = 1 \tag{6.15}$$

すなわち，均衡予算乗数は政府支出の増加額ΔGによる正の経済効果ΔY_Gと租税額の増加ΔTによる負の経済効果ΔY_Tを相殺して余る額であり，正の値をとることが説明されるのである。

$$\Delta Y_G + \Delta Y_T = \frac{1}{1-c}\Delta G + \frac{-c}{1-c}\Delta T = \frac{1-c}{1-c}\Delta G = \Delta T \tag{6.16}$$

2.4 定率税の租税乗数

租税は所得水準に対して一定率（t）で課される場合，政府の租税率の変化（Δt）が所得水準に与える影響（ΔY）を求めるためには，税率tで(6.9)式を微分することによって(6.17)式のように求めることができる。

$$\frac{dY}{dt} = \frac{1}{1-c(1-t)} \frac{-c}{1-c(1-t)}(C_0 - cT_0 + I + G) = \frac{-cY}{1-c(1-t)} \tag{6.17}$$

定率税の租税乗数は，次のように表される。

【定率税の租税乗数】

いま，税率が変更されたときの乗数の値の変化について考える。税率を変更する前の国民所得水準をY_0，変更後の国民所得水準をY_1とする。次のように計算することができる。

$$\Delta Y = Y_1 - Y_0$$

$$= \frac{1}{1-c(1-(t+\Delta t))}(C_0 - cT_0 + I + G) - \frac{1}{1-c(1-t)}(C_0 - cT_0 + I + G)$$

$$= \left(\frac{1}{(1-c(1-t))+c\Delta t} - \frac{1}{1-c(1-t)}\right)(C_0 - cT_0 + I + G)$$

$$= \frac{1-c(1-t)-1+c(1-t)-c\Delta t}{((1-c(1-t))+c\Delta t)(1-c(1-t))}(C_0 - cT_0 + I + G)$$

$$= \frac{-c \Delta t}{((1-c(1-t)) + c\Delta t)(1-c(1-t))}(C_0 - cT_0 + I + G)$$

ここで，$Y = \frac{1}{1-c(1-t)}(C_0 - cT_0 + I + G)$ であるから，これを代入し，$c\Delta t \fallingdotseq 0$を考慮して解くと，次の(6.18)式が成立する。

$$\Delta Y = \frac{-c\Delta tY}{(1-c(1-t)) + c\Delta t} = \frac{-cY}{1-c(1-t)}\Delta t \tag{6.18}$$

3 貿易乗数

3.1 貿易乗数の導出

開放体系のマクロ・モデル（オープン・マクロ・モデル）における，生産物市場の均衡条件式は，Xを輸出額，IMを輸入額とすると，次の(6.19)式のように表される。

$$Y = C(Y) + I + G + X - IM(Y) \tag{6.19}$$

消費額が国民所得の増加関数であるように，輸入額は国民所得の増加関数である。また，輸出額は海外の事情から決定されるとして所与であるとする。C_0を基礎消費，cを限界消費性向，M_0を基礎輸入額，mを限界輸入性向とすると，輸入関数は次の(6.20)式のように定義される。

$$IM = M_0 + mY \tag{6.20}$$

この(6.20)式を(6.19)式に代入すると，生産物市場均衡条件は次の(6.21)式のように表される。

$$Y = C_0 + cY + I + G + X - mY \tag{6.21}$$

この式を国民所得水準Yについて解くと，貿易を考慮したときの均衡国民所得が決定される。

$$Y = \frac{1}{1-c+m}(C_0 + I + G + X) \tag{6.22}$$

この関係は，図6.5のように表すことができる。この図の第1象限は生産物

市場の均衡条件，すなわち，国民所得決定式を表しており，総需要関数に貿易収支（＝輸出額－輸入額）が入っている。第4象限は輸出額が一定所与のもとで輸入関数が描かれており，点T＝0が貿易収支の均衡点を表している。

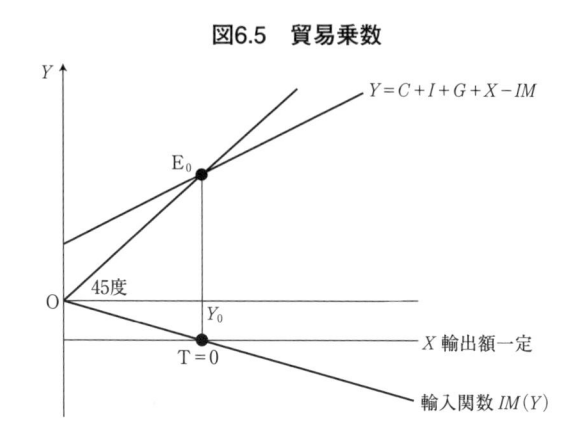

図6.5　貿易乗数

この(6.22)式を輸出額Xについて微分して整理すると，次の(6.23)式のように貿易乗数が導出される。

$$\frac{dY}{dX} = \frac{1}{1-c+m} = \frac{1}{s+m} \tag{6.23}$$

この(6.23)式から輸出の増大ΔXは，国民所得水準Yを$\frac{1}{1-c+m} = \frac{1}{s+m}$倍増加させることが説明されるのである。このとき，(6.23)式から財政乗数も投資乗数も貿易乗数と同じ値であることに注意しなければならない。

3.2 財政乗数

開放体系経済における財政政策は，図6.6によって説明される。いま，財政支出の増加ΔGによって総需要が増加するとき，45度線との交点は点E_0から点E_1に移動することから，国民所得はY_0からY_1へ増加する。当初貿易収支が均衡していると仮定する。国民所得の増加は輸入を増加させるので，輸出額が一定

のもとでは，貿易収支がABの幅だけ赤字化することが説明される。

固定相場制度における景気拡大政策は貿易収支の赤字をもたらし，やがて外貨不足をもたらすのである[1]。

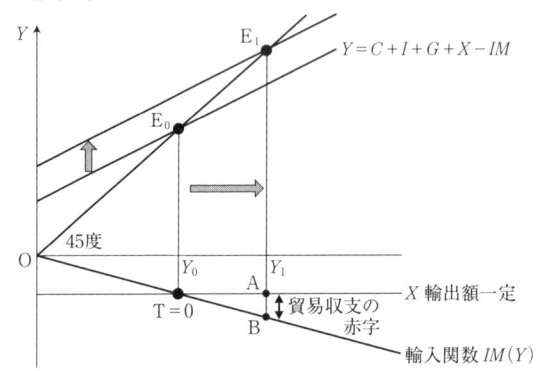

図6.6　赤字財政による景気拡大政策は貿易収支赤字をもたらす

3.3 貿易乗数

輸出の増大による総需要の増大の場合は，図6.7で説明される。いま，海外の景気を反映して自国の輸出額がΔX増加した場合に総需要が増加するとき，45度線との交点はE_0から点E_2に移動する。国民所得はY_0からY_2へ増加する。当初貿易収支が均衡していると仮定すると国民所得の増加は，増加した輸出額よりも少ない額の輸入を増加させるので，貿易収支はCDの幅だけ黒字化することが説明される。

固定相場制度の場合，輸出の増大は景気の拡大と貿易収支の黒字化をもたらすのである[2]。

1）変動相場制度の場合は，第Ⅲ部第17章で説明する。
2）変動相場制度の場合は，第Ⅲ部第17章で説明する。

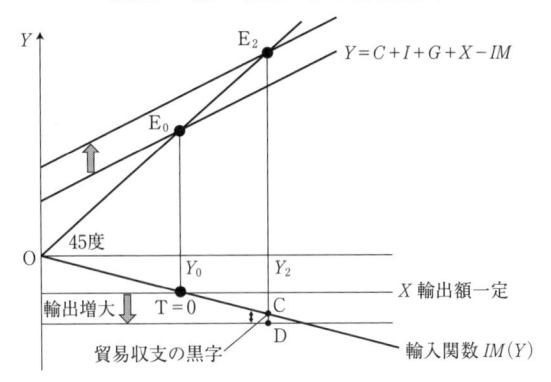

図6.7 輸出増加による景気拡大

3.4 ケインズの貿易乗数はゼロ

　ケインズの本来の議論を前提にすると，貿易乗数は本来ゼロである。なぜならば，「他の条件にして等しい限り」，輸出が増加するための条件は輸出財価格の下落による国際競争力の上昇である。輸出財価格の下落は，短期においては賃金率の下落によって実現するしかないのである。賃金率の下落とは所与の賃金財価格のもとでは労働分配分の減少であり，労働者の生活水準を下げて有効需要の減少を導くのである。一般に，輸出財は賃金財とは異なる財である。

　輸出増加が労働者からの消費を奪うことによって有効需要を増加させても，国内の消費が減少することによって有効需要は一定に保たれるような政策を政府が選ぶ必要はないのである。

第7章

ケインズの投資誘因と利子論
―資本の限界効率と流動性選好の理論―

有効需要の大きさを知るためには，家計の消費関数についての情報が必要なように，企業の投資関数についての情報も知らなければならない。すなわち，民間企業の投資がどのようなメカニズムで，どのような条件のもとで投資規模が決定されるかについての知識が必要である。

1 企業と投資関数

表7.1は，ある企業の投資プロジェクトA案，B案，C案についての投資費用と毎期の予想収益を比較したものである。3つのプロジェクトとも，費用は今期発生して，来期から無限期間にわたって収益が発生するものと仮定する。この3つのプロジェクトの予想収益を対投資費用で計算して予想収益率の高い順に並べると，プロジェクトBが10％，プロジェクトAが8％，プロジェクトCが4％の順になることがわかる[1]。

この企業は投資決定に際して，次の2つの要因を考慮しなければならない。1つは，投資資金の機会費用はいくらか。2つ目は，投資資金の予算規模はいくらかである。この企業の投資資金の機会費用が4％未満であり，投資資金が150億円以上であれば，3つのプロジェクトとも採用されるであろう。もし，投資資金の機会費用が8％未満～4％以上程度であり，投資資金が150億円以上であれば，A案とB案の2つの投資プロジェクトが採用されるであろう。もし投資資金の機会費用が10％未満～8％以上程度であれば，プロジェクトB案

---

[1] この10％，8％，4％は，後の節で説明するケインズの「資本の限界効率」である。すなわち，図7.1はこの企業が直面する資本の限界効率表を表しているのである。

表7.1 投資費用と毎期の予想収益

プロジェクト	投資費用	毎期の予想収益
A	50億円	4億円
B	100億円	10億円
C	150億円	6億円

図7.1 投資の意思決定

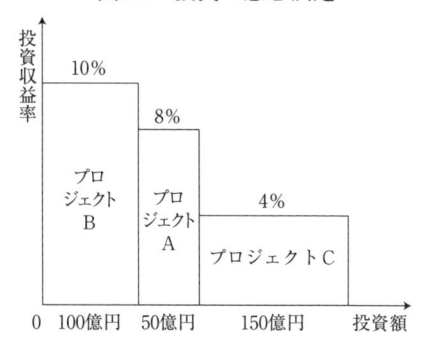

だけが採用されるであろう。

2 投資の意思決定

ある企業が新しい資本設備投資を決定するかどうかの意思決定問題について考える。いま，当該資本設備はn期間にわたって収益を生むとして，この設備についてのこの企業の需要価格P_Dを求める。各期の予想収益をQ_t ($t=1, 2, \cdots, n$)，n期後のこの資本設備の残存価値（Scrapt Value）をS_nとする。この企業が直面する資金の機会費用をrとして，市場利子率で表すとすると，この資本設備の需要価格は，次の(7.1)式のように表される。

$$P_D = \frac{Q_1}{1+r} + \frac{Q_2}{(1+r)^2} + \cdots + \frac{Q_n}{(1+r)^n} + \frac{S_n}{(1+r)^n} = \sum_{t=1}^{n} \frac{Q_t}{(1+r)^t} + \frac{S_n}{(1+r)^n} \tag{7.1}$$

資本設備の需要価格とは，その設備を購入して設置して，稼働させ，それによって生産される商品を販売して得られる収益（$Q_1, Q_2, \cdots, Q_n$）とn期後のこの資本設備の残存価値S_nを利子率で割り引いた現在価値の合計額として説明される。

この企業がこの資本設備を購入するという意思決定を行うためには，当該資本設備の需要価格P_Dが当該資本設備の供給価格P_Sを上回り，資本設備を購入して稼働させて商品を生産・販売して利益を得ることが必要である。

すなわち，次の(7.2)式が成立するときに，この企業はこの設備に対する投資を決定するのである。

$$P_D > P_S \tag{7.2}$$

この資本設備の需要価格P_Dがこの資本設備の供給価格P_Sを下回る場合には，企業はこの資本設備の購入をしないであろう。

2.1 資本の限界効率

J.M.ケインズの『雇用・利子および貨幣の一般理論』によると，投資需要の大きさは「資本の限界効率」（Marginal Efficency of Capital）によって決定される。ここで，「資本の限界効率」とは「資本資産から存続期間を通じて得られると期待される収益によって与えられる年金の系列の現在価値を，その供給価格に丁度等しくさせる割引率に相当するもの」（ケインズ『雇用・利子および貨幣の一般理論』）である。

いま，供給価格がP_Dである資本設備を購入して，稼働させて商品を生産・販売して見込まれる将来収益の流列を$(Q_1, Q_2, \cdots, Q_n)$として，n期後のこの資本設備の残存価値をS_nとする。いま，資本設備の予想収益と資本設備の残存価値S_nの割引現在価値の合計と供給価格P_Sとが等しくなるようにρを割引率として計算すると，次の(7.3)式の関係が成立する。この式から導出される割引率ρの値を資本の限界効率と定義するのである。

$$P_S = \frac{Q_1}{1+\rho} + \frac{Q_2}{(1+\rho)^2} + \frac{Q_3}{(1+\rho)^3} + \cdots + \frac{Q_n}{(1+\rho)^n} + \frac{S_n}{(1+r)^n} \tag{7.3}$$

この割引率ρをケインズは「資本の限界効率」と呼んだのである。この「資本の限界効率」は現存する資本ストック量のもとで，新たな投資によってもたらされる予想収益の増加分の割引現在価値をその資本ストックの増加のコストに等しくするような割引率ρとして計算されるのである。

この資本の限界効率表は図7.2の$K-\rho$面にρ曲線として描かれている。この図7.2において，縦軸に資本の限界効率ρをとり，横軸手前に向かって資本ストック量をとっている。K_0はこの経済に現存する資本ストック量であり，K_1は市場利子率がr_0のときの望ましい資本ストック量である。

図7.2　投資関数

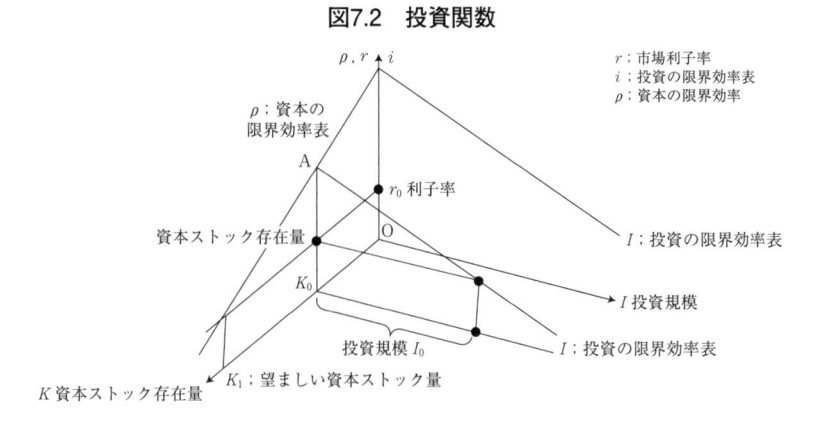

　企業家の投資決定は，この割引率 ρ が市場利子率 r を上回るときに，すなわち，次の(7.4)式が成立するときにこの投資計画が決定されることが説明されるのである。

$$\rho \geq r \tag{7.4}$$

　完全な金融市場が存在するならば，企業が必要な資金を調達するために必要な資本コストは市場利子率に等しい。それ故に企業は資本の限界効率が市場利子率よりも高い限り資本を増加することが有利であると，J.M.ケインズは『雇用・利子および貨幣の一般理論』において説明したのである。

　投資の増大は生産活動の活性化を通して企業の将来の期待収益を増大させるであろう。しかし，追加的な投資による資本の収益率は市場のいろいろな条件の変化のもとで，次第に低下すると考えられるのである。すなわち，投資の増大に伴って，資本設備が増加するに従って，資本ストックの価格が上昇するとか，商品の生産過程において原材料費が上昇するとか，商品の生産量が増加することによって商品の価格が低下するとかの，いろいろな要因によって，将来収益率が低下し，それ故に資本の限界効率が次第に低下すると考えられるのである。このことから資本の限界効率 ρ は資本ストック K の減少関数であることが説明されるのである。

　$\Delta K = I$ であるから，資本ストック K の増加分 ΔK は，投資 I によってもたらされることから，資本の限界効率 ρ が資本ストック K の減少関数であるという

ことは，投資Iの減少関数であるとも考えることができるのである．

$$\rho = \rho(K, I) \quad \rho_K < 0, \quad \rho_I < 0 \tag{7.5}$$

ケインズの「資本の限界効率表」の説明では，望ましい資本ストック量K_1とそのために必要な投資規模（資本ストックの増加分：$K_1 - K_0$）は決定されるが，一定期間にどれだけの投資が行われるか（投資率）というフローの分析が行われていないことがA.P.ラーナーによって指摘されたのである．

2.2 投資の限界効率表

投資規模は投資財産業の生産能力や資本設備の稼働状況，そして，投資財市場の状態に依存しており，投資の限界効率は資本ストックの増加の速度に依存して異なったものになるのである．A.P.ラーナーは「資本の限界効率」と「投資の限界効率」は区別するべきであり，投資は「投資の限界効率」と市場利子率との関係で決定されることを主張した．このとき，投資が実行されるためには，投資の限界効率iが市場利子率rよりも高いことが必要であることが説明されるのである．

図7.3において，縦軸に投資の限界効率iをとり，横軸右側に向かって投資規模Iをとっている．

いま，現存する資本ストックがK_0であるときの「投資の限界効率表」は，$K = K_0$を基準にした「資本の限界効率」の高さである点Aから出発して右側に描かれたI線として表される．いま，市場利子率がr_0であるとき，投資の規模はI_0で決定されるのである．

ここで，$\rho > i_0 = r_0$である．すなわち，資本の限界効率ρは利子率r_0よりも高いために投資に利益があることが説明される．それ故に，利子率r_0と投資の限界効率i_0が等しくなる規模まで投資が行われることが説明されるのである．このI_0の大きさはK_0K_1の幅よりは小さい値である．なぜならば，投資の増大によって資本ストックが増加するに従って企業の調整コストが発生することを考慮しなければならないから投資額はそのまま資本ストックの増加分にはならな

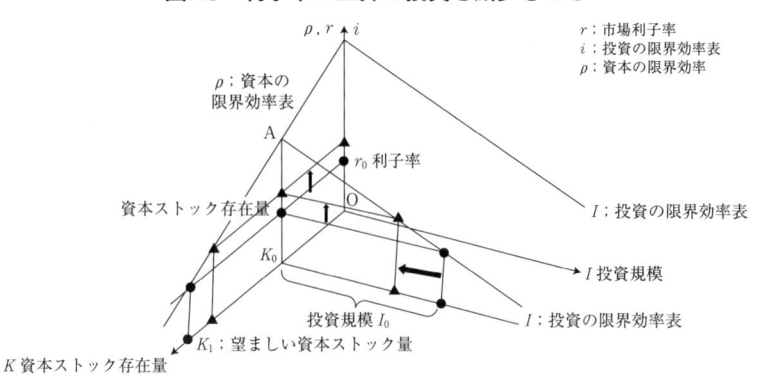

図7.3 利子率の上昇は投資を減少させる

r：市場利子率
i：投資の限界効率表
ρ：資本の限界効率

ρ：資本の限界効率表
A
r₀ 利子率
資本ストック存在量
K₀
I；投資の限界効率表
I 投資規模
I；投資の限界効率表
投資規模 I₀
K₁：望ましい資本ストック量
K 資本ストック存在量

いのである[2]。

2.3 投資関数の導出

　図7.3から，直感的に投資関数を導出することができる。利子率の上昇は「資本の限界効率表の高い位置まで資本ストックの量を減少させ，必要な投資量を減少させることがわかる。現存する資本ストック量における「資本の限界効率表」の値から右側に描かれた「投資の限界効率表」の値と高くなった利子率が等しいところで投資規模を決定するためには投資規模の減少が必要である。現存する資本ストックの規模が大きいほど，資本の限界効率の値は低くなることから望ましい資本ストック量が減少し，望ましい投資規模が減少する。また，現存する資本ストック量が大きいほど，「投資の限界効率表」はより低い値を出発点とするために投資規模は小さくなることが説明されるのである。すなわち，投資規模をIとし，利子率をr，現存する資本ストック量をKとすると，投資関数は次の(7.6)式のように利子率の減少関数，資本ストックの減少関数，国民所得の増加関数として表される。

$$I = I(r, K, Y) \quad I_r < 0, \ I_K < 0, \ I_Y > 0 \tag{7.6}$$

---

2) 企業拡大の速度に企業の経営能力の拡大が追いつかないという「ペンローズ効果」等を考慮に入れた企業の投資行動の理論が宇沢弘文やR.E.ルーカスによって展開された。

3 IS曲線の導出

生産物市場の均衡条件は，次の(7.7)式のように表される。

$$Y = C + I + G \tag{7.7}$$
$$C = C(Y - T) \tag{7.8}$$
$$I = I(r) \tag{7.9}$$
$$G = G_0 \tag{7.10}$$

(7.7)式に(7.8)式，(7.9)式，(7.10)式を代入すると，次の(7.11)式のように整理することができる。

$$Y = C(Y - T) + I(r) + G_0 \tag{7.11}$$

ここで，経済全体の貯蓄Sは，家計の貯蓄S_Pと政府の貯蓄S_Gの合計であるから，次のような関係が成立する。

$$S \equiv S_P + S_G \equiv (Y - T - C) + (T - G_0) \equiv Y - C - G_0 \tag{7.12}$$

ここで，国民所得決定式，$Y = C + I + G$から，$I = Y - C - G$である。この関係式を(7.12)式に代入すると，下記の(7.13)式が成立する。

$$S(Y) = I(r) \tag{7.13}$$

図7.4において，縦軸上方向に市場利子率rをとり，下方向に貯蓄の大きさSを取る。また，横軸右方向に国民所得の大きさYをとり，左方向に投資の大きさIをとる。次に，第2象限に利子率の減少関数としての投資関数$I = I(r)$を描き，第3象限に投資と貯蓄が等しいという意味で生産物市場の均衡条件$S = I$を描く，第4象限に国民所得の増加関数としての貯蓄曲線を描く。この3つの曲線の関係から，任意の市場利子率rから一定の投資の規模が決定され，この投資規模と等しい貯蓄の大きさを導く国民所得の大きさをとることによって，第1象限にある任意の市場利子率に対応する国民所得の大きさを知ることができるのである。より低い（高い）市場利子率に対してはより大きな（小さな）規模の投資が対応するために国民所得はより高い（低い）水準となることが説明されるのである。

このようにして，IS曲線は第1象限に右下がりの曲線として導出することが説明されるのである。

この関係は(7.13)式において，国民所得Yを市場利子率rで微分することによって次のように求めることができる。

$$S_Y(Y)\frac{dY}{dr} = I_r(r)$$

図7.4において，第2象限に投資Iは市場利子率rの減少関数（$I_r(r)<0$）として投資曲線を描き，第3象限に貯蓄と投資の均衡条件線を描く，そして，第4象限に貯蓄Sは国民所得Yの増加関数（$S_Y(Y)>0$）として貯蓄曲線を描くと，第4象限に生産物市場の均衡条件を説明するIS曲線が右下がりの曲線として導出される。すなわち，IS曲線はより低い市場利子率に対して，より多い国民所得が対応することが説明されるのである。すなわち，以下の(7.14)式が成立する。

$$\frac{dY}{dr} = \frac{I_r}{S_Y} < 0, \quad S_Y(Y) > 0, \quad I_r(r) < 0 \tag{7.14}$$

生産物市場の均衡条件を表す(7.11)式や(7.13)式には，外政変数と政策変数（財政支出：G，租税：T）がある。以下では，この政策変数の変化について考察する。

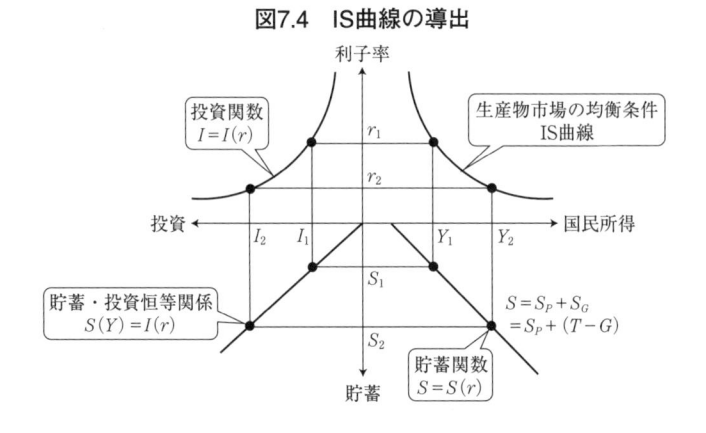

図7.4　IS曲線の導出

3.1 財政政策の効果；$\Delta G > 0$

景気刺激を目的とした財政支出の増加（$\Delta G > 0$）は，政府余剰・政府貯蓄の減少（$\Delta S_G = -\Delta G < 0$）によって，経済全体の貯蓄の大きさを減少（$\Delta S < 0$）させるために，第4象限の貯蓄関数は横軸の方向に近づくようにシフトする。第2象限の投資関数は不変であるとすると，与えられた市場利子率のもとでは，政府貯蓄の減少分を民間貯蓄が補うためにはより高い水準の国民所得が必要であるために国民所得が増加する。すなわち，IS曲線は右上にシフトすることが説明されるのである。

3.2 増税政策の効果；$\Delta T > 0$

景気の過熱を抑えるための増税政策によって，租税額が増加（$\Delta T > 0$）する場合は，政府余剰・政府貯蓄の増加（$\Delta S_P > 0$）によって経済全体の貯蓄の大きさが増加（$\Delta S > 0$）するために，第3象限の貯蓄関数は横軸から反対側に離れるようにシフトする。与えられた市場利子率のもとでは，政府貯蓄の増加分を民間貯蓄が減らすにはより低い水準の国民所得が必要である。すなわち，IS曲線は左下にシフトすることが説明されるのである。

図7.5 財政政策によるIS曲線のシフト　　図7.6 租税政策によるIS曲線のシフト

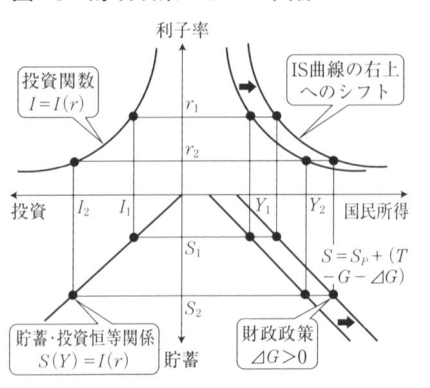

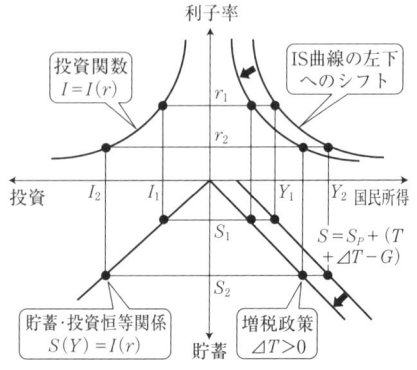

3.3 投資関数のシフト；$\varDelta I > 0$

いま，企業の投資は市場利子率の減少関数であるだけではなく，将来に対する期待について，あるいはアニマルスピリッツ（Animal Spirits）の増加関数であるとする。ここで，アニマルスピリッツとは，企業家や経営者の血気，景気見通しに関する楽観的・積極的な態度を表す外生的な要因のことである。このような要素が企業の投資に大きな影響を与えると考えるのである。すなわち，γ をアニマルスピリッツの指標とすると，投資関数は γ の増加関数として，次の (7.15) 式のように表される。

$$I = I(r, \gamma), \quad I_r < 0, \quad I_\gamma > 0 \tag{7.15}$$

企業家の将来に対する期待が大きくなって，企業の投資が増加する（$\varDelta I > 0$）場合には，増加した投資の大きさに等しくなるように貯蓄額が（$\varDelta S > 0$）大きくなるためにはより高い水準の国民所得が必要であるために，IS曲線は右上にシフトすることが説明されるのである。

停滞した経済において，多くの企業家が自国の将来に対して大きな希望をもって投資を行うならば，これはアニマルスピリッツの発揮ということができるであろう。このようなアニマルスピリッツが停滞した経済において発揮されて，民間の投資行動が活発になると，IS曲線が右上にシフトし，経済は好況に向かって邁進することになるのである。

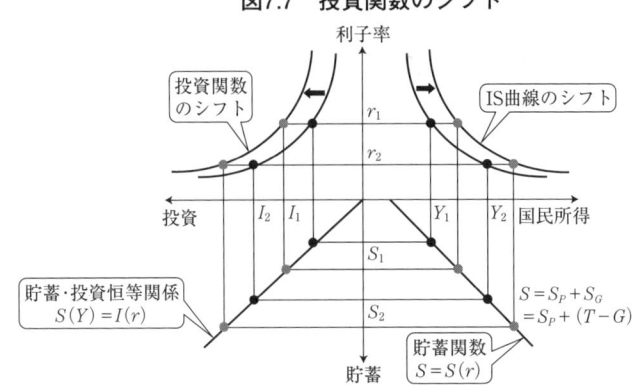

図7.7 投資関数のシフト

第8章

貨幣市場の均衡条件

1 流動性選好の理論

　資産の保有形態としては，現金（貨幣保有）の他に高い収益性をもつ株式や債券，証券，定期性預金などがある。現金はそれ自体なんら収益を生まないものであるのになぜ人々は現金を保有するのだろうか。この問いに対してJ.M.ケインズは，利子はその流動性を手放すことに対する代償であると説明する。すなわち，貨幣は高い流動性故に保有されるのである。ここで，流動性とは「損失なしに短期間の通告によって換金できる性質の資産」をいう[1]。

　ケインズの流動性選好の理論においては，利子率は貨幣の需給状態によって決定されると説明される。この利子率の水準が投資の大きさに影響を及ぼし，この投資規模が有効需要の大きさを決定することを通じて，貨幣量の変動が経済の実物面に影響を及ぼすことを説明しているのである。

1.1 貨幣需要と流動性選好理論

　ケインズは貨幣保有の動機を次の3つに分類した。①「取引的動機に基づく貨幣需要」（transaction motive）と，②「予備的動機に基づく貨幣需要」（precautionary motive），また，③「投機的動機に基づく貨幣需要」（speculative motive）である。

---

[1] いま，Pを物価水準とすると，貨幣の実質収益率は$-\pi$（マイナス・インフレ率）であり，貨幣を保有することの機会費用は預金金利などの利子率である。

《取引的動機に基づく貨幣需要》

「取引的動機に基づく貨幣需要」とは，家計や企業の経常的な取引のための貨幣需要である。この貨幣需要は収入と支出のタイミングのズレによって生ずると説明することができる。企業は日常的な生産・販売活動に伴って売り上げ代金を回収し収入を得るが，同時に原材料の仕入れや代金の支払いや賃金俸給の支払い，銀行への利子や元本の支払い，借入元本の一部返済のために，常に一定額の貨幣を保有することが必要である。このように企業の日常的な取引においては収入の時期と支払いの時期が常に一致するとは限らない。このタイミングのズレを埋めるために常に一定の額の貨幣が必要である。このような貨幣需要額は取引量・取引額，すなわち，経済活動の水準に比例すると考えることができる。

同様に家計においては，賃金・俸給等の所得を稼得して，次の収入を得るまでの期間にわたって経済活動に伴う支出が必要である。その期間に保有する貨幣が家計の貨幣保有である。家計の貨幣需要は家計の所得，すなわち，経済活動の水準に比例すると考えることができるであろう。

《予備的動機に基づく貨幣需要》

予備的動機に基づく貨幣需要とは，将来の予想しない支払いに備えて保有する貨幣需要である。この大きさは取引的動機に基づく貨幣需要と同様に経済活動の水準に比例すると考えることができる。

《所得動機に基づく貨幣需要》

この「取引的動機に基づく貨幣需要」と「予備的動機に基づく貨幣需要」の合計は，所得動機に基づく貨幣需要と呼ばれ，その大きさはL_1と表す。この貨幣需要は，国民所得Yの増加関数として定義される。

$$L_1 = L_1(Y) \quad L_1'(Y) > 0 \tag{8.1}$$

日常の経済活動を円滑に行うためには，一定の貨幣を手元にもつ必要があることを説明している。また，経済活動水準が高まれば，より多くの貨幣が必要であることを説明しているのである。

《投機的動機に基づく貨幣需要》

投機的動機に基づく貨幣需要は資産としての貨幣保有動機である。この貨幣需要は債券価格が将来下落すると予想されるときは、この債券を保有し続けると損害が発生するために、将来の債券購入を目的として貨幣を保有しようとする貨幣の需要動機を説明するものである。債券価格が下落したときに債券を購入するならば将来債権価格の上昇によって利益を得ることができると予想するために、現在時点では債券を購入する。

いま、簡単化のために毎期1円の利子を生む確定利付き永久債券（コンソル債券）を考える。このコンソル債券の市場価格P_Bは市場利子率rの逆数に等しくなることが次の式によって説明される。

$$P_B = \frac{1}{1+r} + \frac{1}{(1+r)^2} + \frac{1}{(1+r)^3} + \cdots + \frac{1}{(1+r)^n} = \frac{1}{r} \tag{8.2}$$

すなわち、現行の利子率rの上昇は債券価格P_Bを下落させ、利子率rの下落は債券価格P_Bを上昇させることが説明される。

同様に債券の将来期待価格P_B^Eは、期待利子率r^Eの逆数とし表される。

$$P_B^E = \frac{1}{r^E} \tag{8.3}$$

市場は本来安定的に正常状態にあると考えるという意味で、「静学的期待」を前提に考えるならば、現行の市場利子率rの上昇（下落）は、同時に人々に将来の市場利子率の復元を前提に予想市場利子率r^Eの低下（上昇）を期待させると考えることができる。その結果、キャピタル・ゲイン（キャピタル・ロス）が発生すると考えるために債券需要が増加（減少）して、投機的動機に基づく貨幣需要が減少（増加）するのである。

すなわち、「投機的動機に基づく貨幣需要」の大きさをL_2で表し、市場利子率をrとすると、L_2はrの減少関数として次の(8.4)式のように定義されるのである。

$$L_2 = L_2(r), \quad L_2'(r) < 0 \tag{8.4}$$

ここで、市場利子率が非常に低い水準では貨幣需要は無限大となる。これは、この利子率の水準では債券価格が上限に達していると考えられるために、債券価格はやがて暴落するであろうという期待から、債券保有からの収益がマイナ

スになることを恐れて，投機的動機に基づく貨幣需要が無限大になることを意味しているのである。この関係は次の(8.4′)式のように説明される。

$$\frac{dL_2}{dr}\bigg|_{r=r_0} \to \infty \tag{8.4′}$$

このように貨幣需要の利子率に関する感応度が無限大になる状態は「ケインズの罠」とか「流動性・トラップ」（liquidity trap）と呼ばれる。

1.2 ボーモル・トービン・モデル

所得動機に基づく貨幣需要L_1は国民所得yの増加関数であると説明された。しかし，利子を生まない状態で貨幣を保有する期間を長くすることは，経済学的には合理的行動ではないことが説明される。保有額を節約して銀行に預けるならば利子を生むという貨幣を保有するということは，機会費用としての利子収入を考慮すべきであるという考え方が，ボーモルとトービンの「取引的動機仮説」である。

貨幣保有の収益性とはその利便性である。すなわち，財・サービスの購入の際に銀行に行って貨幣を引き出す不便を避けるために貨幣を保有すると説明されるのである。この利便性の費用は銀行の預金口座に残しておけば得られる利子収入である。

いま，ある個人の1年間の収入が年に一度銀行に振り込まれ，そのうちのYの額を引き出して支出すると考える。彼は1年間に銀行にN回行って貨幣を口座から引き落とすと考える。このときの彼の貨幣についての現金保有額は$\frac{Y}{2N}$である。利子率をiとすると，失われた利子収入は$\frac{iY}{2N}$になる。ここで，Fを銀行から一定額の貨幣を引き出す時の費用とすると，総費用は引き出す回数×費用であるから，FNである。ここで，彼の総費用Cは，失われた利子費用と銀行から引き出すための費用の合計である。この関係は次の式で表すことができる。

$$C = \frac{iY}{2N} + FN \tag{8.5}$$

この式を彼が1年間に銀行に行く回数N回について微分してゼロとおくことによって，最適回数N_Eを導出することができる。

$$\frac{dC}{dN} = -\frac{iY}{2N^2} + F = 0 \tag{8.5-1}$$

$$N_E = \sqrt{\frac{iY}{2F}} \tag{8.5-2}$$

また，貨幣の最適保有額は次のように計算することができる。

$$\frac{Y}{2N_E} = \frac{Y}{2\sqrt{\frac{iY}{2F}}} = \sqrt{\frac{FY}{2i}} \tag{8.5-3}$$

このことから，銀行からの引き出し費用Fが大きいほど，総支出額Yが大きい程，利子率iが低いほど，彼の貨幣保有額が大きくなることが説明されるのである[2]。

2 貨幣市場の均衡条件

貨幣市場の均衡条件式は，貨幣供給量Mが一定のもとで，ケインズの「流動性選好仮説」によって，右上がりの曲線として表される（流動性の罠の状態では水平である）。

【貨幣市場均衡条件】　　　　$\dfrac{M}{P} = L$ 　　　　　　　　　　　　　　(8.6)

【貨幣需要】　　　　　　　　$L = L_1 + L_2$ 　　　　　　　　　　　　　(8.7)

【所得動機に基づく貨幣需要】　$L_1 = L_1(Y),\ L_1'(Y) > 0$ 　　　　　　　(8.1)

【投機的動機に基づく貨幣需要】$L_2 = L_2(r),\ L_2'(r) < 0$ 　　　　　　　(8.4)

【名目貨幣供給量】　　　　　　$M = M_0$ 　　　　　　　　　　　　　　(8.8)

【物価水準】　　　　　　　　　$P = P_0$ 　　　　　　　　　　　　　　(8.9)

---

[2] このモデルは，貨幣的資産（現金と当座預金）と非貨幣的資産（株式と債券）との間の資産選択の理論として説明することもできる。この場合，iは貨幣的資産の収益率と非貨幣的資産の収益率との差異であり，Fは非貨幣的資産を貨幣的資産に返還するときの費用である。

いま，物価水準を(8.9)式のように一定所与として，(8.7)式と予備的動機と取引的動機に基づく貨幣需要を表す(8.1)式，投機的動機に基づく貨幣需要を表す(8.4)式，名目貨幣供給量を表す(8.8)式を貨幣市場の均衡条件を表す(8.6)式に代入すると，貨幣市場の均衡条件を実現するための国民所得Yと市場利子率rの関係は，次の(8.10)式のように説明することができる。

$$\frac{M}{P} = L_1(Y) + L_2(r) = L(Y, r) \tag{8.10}$$

この(8.10)式の関係は，貨幣供給量（実質残高）Mが一定不変のもとで貨幣市場が均衡するためには，「所得動機に基づく貨幣需要」L_1の増加（減少）に対しては「投機的動機に基づく貨幣需要」L_2が同額だけ減少（増加）することが必要であることを示しているのである。

《LM曲線の導出》

上の(8.7)式を全微分することによって，貨幣市場の均衡条件について市場利子率と国民所得との関係を説明することができる。

いま，名目貨幣供給量が一定であり，物価水準が一定であるとすると，実質貨幣供給量は一定であるから，微分すると0である。予備的動機と取引的動機に基づく貨幣需要L_1を国民所得で偏微分した値をL_{1Y}，投機的動機に基づく貨幣需要L_2を市場利子率に関して微分した値をL_{2r}とすると(8.10)式は，次のように計算することができる。

$$0 = L_{1Y}dY + L_{2r}dr$$

この式を整理すると，次の(8.11)式が導出される。

$$\frac{dY}{dr} = -\frac{L_{2r}}{L_{1Y}} \geq 0 \tag{8.11}$$

貨幣市場の均衡条件においては，市場利子率が上昇すると国民所得が増加する関係であることが説明される。

《LM曲線》

貨幣市場と証券市場の均衡条件を表すLM曲線は，図8.1のようにして導出される。すなわち，縦軸を市場利子率r，横軸を国民所得Yとして，第2象限に

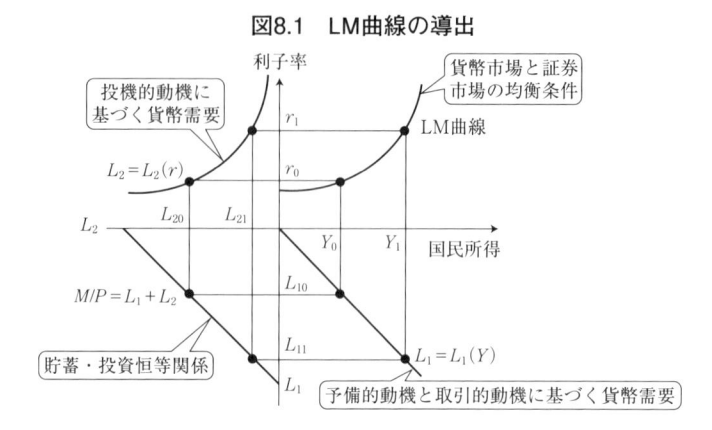

図8.1 LM曲線の導出

（図：第1象限にLM曲線、第2象限に投機的動機に基づく貨幣需要 $L_2 = L_2(r)$、第3象限に貨幣市場と証券市場の均衡条件 $M/P = L_1 + L_2$（貯蓄・投資恒等関係）、第4象限に予備的動機と取引的動機に基づく貨幣需要 $L_1 = L_1(Y)$ を示す。軸は利子率、国民所得。点 $r_0, r_1, Y_0, Y_1, L_{20}, L_{21}, L_{10}, L_{11}$ がプロットされている。）

投機的動機に基づく貨幣需要関数 $L_2 = L_2(r)$ をとり，第3象限に貨幣市場の需給均衡条件式 $\dfrac{M}{P} = L_1 + L_2$ をとる。そして，第4象限に予備的動機と取引的動機に基づく貨幣需要を表す $L_1 = L_1(Y)$ をとると，この3つの線の関係から第1象限に右上がりのLM曲線を導出することができるのである。

いま，国民所得が Y_0 のとき，予備的動機と取引的動機に基づく貨幣需要の大きさは L_{10} であり，投機的動機に基づく貨幣需要の大きさは L_{20} であるとき，市場利子率が r_0 のときに貨幣市場と証券市場の2つの市場が同時に均衡することが説明される。

国民所得が Y_0 よりも大きな Y_1 であるとき，予備的動機と取引的動機に基づく貨幣需要の大きさは L_{11} であり，投機的動機に基づく貨幣需要の大きさは L_{21} であるとき，市場利子率は r_0 よりも高い水準の r_1 であるときに2つの市場均衡が実現される。すなわち，LM曲線は右上がりの曲線として導出されるのである。

《貨幣供給量の増加》

いま中央銀行（日本銀行）の金融緩和政策によって，貨幣供給量が増加（ΔM）するとき，図8.2において，第3象限の貨幣需要と貨幣供給の均衡条件を表す線 $\dfrac{M}{P} = L_1 + L_2$ が ΔM の幅だけ外側にシフトする。

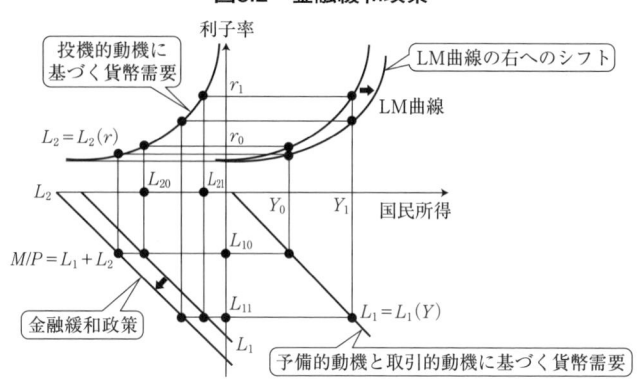

図8.2　金融緩和政策

　一定の所得水準Yのもとでは，予備的動機と取引的動機に基づく貨幣需要量L_1は一定であるから，貨幣市場の均衡条件を維持するためには，貨幣供給量の増加分ΔMは，投機的動機に基づく貨幣需要L_2の増加分ΔL_2とならなければならない。そのためには，証券価格の上昇$\left(\Delta \frac{1}{r}>0\right)$によって投機的動機に基づく貨幣需要が増加する必要がある。この証券価格の上昇のためには市場利子率rの下落（$\Delta r<0$）が必要である。このようにして，貨幣供給量の増加ΔMは市場利子率が下落すること（$\Delta r<0$）によって，貨幣市場と証券市場の同時均衡が達成されることが説明されるのである。

3 金融政策の方法

　中央銀行が貨幣供給量をコントロールするための金融政策の手段には，①公開市場操作，②公定歩合操作，③預金準備率操作の3つの政策手段がある。

3.1 公開市場操作

　公開市場操作（open market operation）とは，中央銀行が有価証券（主と

して，国債，債券や手形）を直接的または間接的に公開市場で売買することによって市中の貨幣量（マネタリー・ベース，ハイパワード・マネー）を増減させ，市中の流動性（ΔM）の大きさに影響を与えようとするものである。

手形や国債の売買による「公開市場操作」には，金融緩和政策のための「買いオペレーション」と金融引き締め政策のための「売りオペレーション」がある。

《買いオペレーション》

「買いオペレーション」とは，中央銀行が国債や証券・手形を市中銀行から購入して，国債や証券・手形の購入代金を市中銀行の中央銀行にある口座に振り込むことによって，民間銀行の中央銀行預け金が増加して，市中のマネタリー・ベースを増加させて金融緩和を図る政策である。

《売りオペレーション》

「売りオペレーション」とは，中央銀行が国債や証券・手形を市中銀行に売却することによって，国債や証券・手形の売却代金を市中銀行の中央銀行にある口座から引き落とすことにより，民間銀行の中央銀行預け金が減少して，市中のマネタリー・ベースが減少させて金融引き締めを図る政策である。

3.2 公定歩合操作

公定歩合操作（official discount rate control）とは，中央銀行が市中銀行に対して貸し出しを行う際の割引率（discount rate；利子率，公定歩合）を変更することによって，市中における資金の供給量を調整しようとする政策である。具体的には市中銀行が企業の手形を割り引いて保有している手形を中央銀行が再び割り引くという意味での手形の再割引率（公定歩合）を変更することによって，市中銀行の資金の借り入れ費用を変化させて，市中銀行の貸し出しや証券投資に影響を与えようとする政策である。

貨幣供給量の制限を目的として行われる金融引き締め政策の場合は，公定歩合を引き上げて中央銀行の貸出を減少させ，これに伴って市中銀行の民間に対

する資金供給の制限を余儀なくさせる政策である。逆に金融緩和政策の場合には公定歩合を引き下げて中央銀行貸し出しの増加を通じて，市中銀行による民間貸出の増加を促す政策である。

3.3 預金準備率操作

　預金準備率操作（reserve requirement control）は支払い準備率操作ともいわれる。市中銀行が預金額に対して一定の額を中央銀行の口座に保有するべきであるという最低支払準備率を変更することによって，市中銀行の貸し出し規制をしようとするものである。すなわち，法定準備率を変更することによって市中銀行の信用創造を量的に調整し，市中の貨幣供給量に影響を与えようとするものである。金融緩和政策の場合には，預金準備率を下げて市中銀行の民間への貸し出しを増加させる政策である。また，金融引き締め政策の場合には，預金準備率を上げて市中銀行の民間への貸し出しを制限しようとする政策である。

　しかし，中央銀行が設定する預金勘定に対する一定率の預金準備を要求しても，実際の準備率がそれを超えることは自由であるから，預金準備率政策は，事実上は，金融引き締め時に公定歩合政策を補助する一手段とみなされているといわれている。なぜならば，中央銀行が一方において貸出を制限しながら，他方において，準備率を引き上げる政策を採用するならば，市中銀行の対民間貸出しをそれだけ抑制する効果が強められるからである。

第9章
IS・LMモデルと財政金融政策

1 一般均衡体系としてのマクロ・モデル

　新古典派経済学体系としてのマクロ・モデルにおいては，経済全体を生産物市場と貨幣市場，債券市場，労働市場の4つの市場からなる一般均衡体系として考える。

　最初に，新古典派経済学の前提に従って各経済主体の予算制約条件について考える。

1.1 予算制約条件とワルラス法則

《家計の予算制約》

　労働供給計画量をN_S，貨幣賃金率をW，企業からの利潤分配受け取り額をΠ，生産物の市場価格をP，実質消費計画量をC，家計の実質貨幣残高需要をL，家計の租税支払額をT_H，公債の保有計画量をB_G，民間が発行する証券の保有計画量をB_F，貨幣の保有計画額をMとすると，家計の予算制約式は，次の(9.1)式のように表される。

$$WN_S + \Pi + M_0 + B_{G0} + B_{F0} = PC + L + \frac{1}{r}(\varDelta B_G + \varDelta B_F) + PT_H \tag{9.1}$$

　ここで，B_{G0}とB_{F0}は，それぞれの債権を保有していることから得られる利子収入であり，各証券は利子が1円となるように単位が設定されているとする。また，$\varDelta B_G = B_{GD} - B_{G0}$，$\varDelta B_F = B_{FD} - B_{F0}$であり，それぞれの値が正の場合には，それぞれ公債・民間の証券の需要（購入計画）を，負の場合には供給（販売計

画）を表している。また，r は市場利子率であり，その逆数は債券価格である。

《企業の予算制約》

Y は生産量，I は企業の投資計画量，B_{FS} は企業による証券の新規発行計画量，N_D は労働需要計画量，T_F は企業の税支払額とすると，企業の予算制約式は次の(9.2)式のように表される。

$$PY + \frac{1}{r}\Delta B_{FS} = WN_D + PI + \Pi + B_{F0} + PT_F \tag{9.2}$$

《政府の予算制約条件》

また，政府支出を G，貨幣供給増加量を ΔM とすると，政府の予算制約式は，次の(9.3)式のように表される。

$$P(T_H + T_F) + \frac{1}{r}\Delta B_{GS} + \Delta M = PG + B_{G0} \tag{9.3}$$

ここで，$\Delta M = M - M_0$ であり，その値が正であれば貨幣供給量の増加，負であれば貨幣供給量の減少を表している。

《ワルラス法則》

政府が発行する公債と民間が発行する証券との間の完全代替性を仮定して，$B = B_{GD} + B_{FD}$，$B = B_{GS} + B_{FS}$ とし，また，政府の租税収入を T とすると，$T = T_H + T_F$ を考慮して，以上の各経済主体の予算制約式(9.1)式，と(9.2)式，(9.3)式の各辺を合計すると，次の(9.4)式のように表される。

$$P(C + I + G - Y) + (L - M) + \frac{1}{r}(B_D - B) + W(N_D - N_S) \tag{9.4}$$

　　　　（生産物市場）　（貨幣市場）（債券市場）　（労働市場）

この(9.4)式は，経済全体の取引状態を表す4つの市場の超過需要額の合計はゼロに等しいという意味で「ワルラス法則」を示している。すなわち，4つの市場の中で，任意の3つの市場の均衡状態が説明されれば，残りの1つの市場も均衡状態であることから，独立的な方程式は3本であることが説明されるのである。

1.2 ケインズ的マクロ・モデルとワルラス法則

ケインズ的マクロ経済学においては，労働市場において賃金率による価格調整は機能しないと説明されている。なぜならば，雇用量は有効需要の大きさによって決定されることが説明されているからである。従ってケインズ的な非自発的失業の存在を前提としたマクロ経済学的な一般均衡体系においては，他の3つの市場が均衡状態であれば，労働市場は従属的に決定されることになり，生産物市場と貨幣市場，債券市場からなる一般均衡体系を考えなければならないのである。このとき「ワルラス法則」は次のように書き改められる。

$$P(C+I+G-Y)+(L-M)+\frac{1}{r}(B_D-B) \tag{9.5}$$

　（生産物市場）　（貨幣市場）（債券市場）

この場合の「ワルラス法則」とは，これら3つの市場の中で，任意の2つの市場の均衡状態が説明されれば，残りの市場も均衡状態であることから，独立的な方程式は2本であることが説明される。以下においては，生産物価格Pは一定不変であると仮定して，債券市場を貨幣市場の裏側の関係として生産物市場と貨幣市場の2市場の一般均衡体系について，国民所得Yと利子率rの決定について考えることにする。

2 IS・LMモデル

ヒックス=ハンセン流のIS・LMモデルは，ケインズの有効需要の原理から労働市場の実質賃金率の調整メカニズムが機能しないことを前提とした分析であるから，生産物市場と債券市場・貨幣市場の3市場同時均衡モデルとして説明される。「ワルラス法則」によって，1つの市場は非独立であるから，2市場の同時均衡分析に見えるのである。

すなわち，労働市場に失業が存在していても，他の市場へは影響を与えないと考えられるのである。

2.1 生産物市場の均衡条件式

生産物市場の均衡条件式は，次の(9.6)式から(9.9)式のように定義される。

【生産物市場均衡条件】　$Y = C + I + G$　　　　　　　　　　　　　　　(9.6)

【消費関数】　　　　　　$C = C(Y - T)$, $0 < C_Y < 1$　　　　　　　　(9.7)

【投資関数】　　　　　　$I = I(r)$, $I_r < 0$　　　　　　　　　　　　(9.8)

【政府支出】　　　　　　$G = G_0$　　　　　　　　　　　　　　　　　(9.9)

(9.7)式と(9.8)式，(9.9)式を(9.6)式に代入すると，国民所得は(9.6′)式を満たす値として決定される。

$$Y = C(Y - T) + I(r) + G \tag{9.6′}$$

家計の貯蓄定義式より，$S_P = Y - T - C$である。ここで，政府貯蓄S_Gは租税収入－政府支出（$= T - G$）であるから，経済全体の貯蓄Sは民間貯蓄と政府貯蓄の合計として次のように計算することができる。

$$S = S_P + S_G = (Y - T - C) + (T - G) = Y - C - G = I \tag{9.10}$$

すなわち，生産物市場の均衡条件式(9.6)式と消費関数(9.7)式との関係から導出されるのである。この式は，生産物市場の均衡条件(9.5)式と貯蓄Sと投資Iの均衡条件式(9.10)式が同じ式であることを説明しているのである[1]。

《IS曲線の導出》

生産物市場の均衡条件を説明するIS曲線は，貯蓄Sと投資Iの均衡式から，図9.1の4つの図を利用して導出することができる。すなわち，任意の利子率rのもとで投資規模Iが決定され，生産物市場の均衡条件（$I = S$）を満たすように，その投資額Iに対応する貯蓄額Sが決定されるような実質国民所得の大きさYが導かれるのである。

このIS曲線が右下がりの曲線として描かれることは，次のように説明される。いま，図9.1の左上の投資関数の図において，市場利子率がr_0からr_1へ低下して投資Iが増加するならば，左下の生産物市場の均衡条件を示す図において，投資がI_0からI_1へ増加するのと等しいだけ貯蓄がS_0からS_1へ増加することが必要

---

[1] ケインズは，本来，貯蓄と投資の恒等式を説明しているのであるが，新古典派経済学においては，このように生産物市場の均衡条件を説明している。

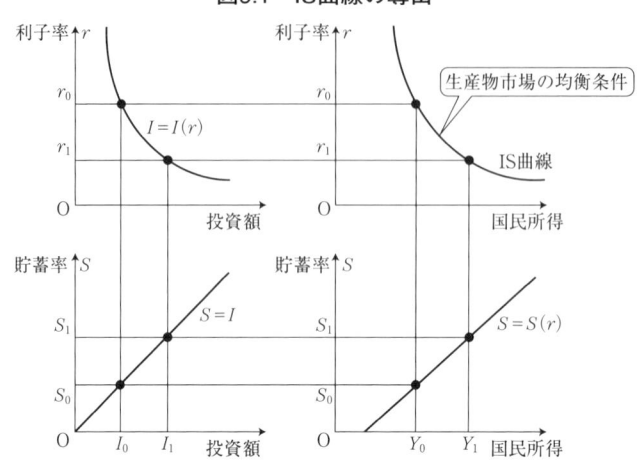

図9.1 IS曲線の導出

である。そのためには，右下の貯蓄関数の図において，国民所得はY_0からY_1に増加することが必要である。このようにして，市場利子率rと国民所得Yとの関係が右上の図のように右下がりの曲線として導出されるのである。

あるいは，市場利子率が上昇して投資が減少するならば，生産物市場の均衡のためには投資の減少と等しいだけの貯蓄が減少するために所得Yが減少することが必要である。すなわち，IS曲線は右下がりの曲線として描かれるのである。

(9.10)式を変形すると，次の(9.10′)式が得られる。

$$S_P(Y-T) + T = I(r) + G \tag{9.10′}$$

この(9.10′)式を国民所得Yと市場利子率rとに関して微分して整理すると，次の(9.10″)式が導出される。

$$\left.\frac{dr}{dY}\right|_{IS} = \frac{S_{PY}}{I_r} < 0 \tag{9.10″}$$

生産物市場の均衡条件を維持するためには，国民所得Yの増加に対しては利子率の下落が必要であることを意味している。すなわち，横軸に国民所得Y，縦軸に市場利子率rをとると，生産物市場の均衡条件（貯蓄と投資の均等式）を表すIS曲線は右下がりであることが説明されるのである。

2.2 貨幣市場の均衡条件

貨幣市場の均衡条件式は，貨幣供給量Mが一定のもとで，ケインズの「流動性選好仮説」によって，右上がりの曲線として表される（流動性の罠の状態では水平である）。

【貨幣市場均衡条件】　　　　　$\dfrac{M}{P} = L$ 　　　　　　　　　　　　　　　(9.11)

【貨幣需要】　　　　　　　　　$L = L_1 + L_2$ 　　　　　　　　　　　　　　(9.12)

【所得動機に基づく貨幣需要】　$L_1 = L_1(Y),\ L_{1Y}(Y) > 0$ 　　　　　　　(9.13)

【投機的動機に基づく貨幣需要】$L_2 = L_2(r),\ L_{2r}(r) < 0$ 　　　　　　　(9.14)

【名目貨幣供給量】　　　　　　$M = M_0$ 　　　　　　　　　　　　　　　　(9.15)

【物価水準】　　　　　　　　　$P = P_0$ 　　　　　　　　　　　　　　　　(9.16)

「流動性選好仮説」に基づく貨幣需要には，所得動機に基づく貨幣需要L_1（「予備的動機に基づく貨幣需要」と「取引的動機に基づく貨幣需要」の合計）は国民所得Yの増加関数として定義される。また，「投機的動機に基づく貨幣需要」L_2は利子率rの減少関数として定義される。

いま，(9.12)式と(9.13)式，(9.14)式，(9.15)式，(9.16)式を(9.11)式に代入すると，貨幣市場の均衡を実現するための国民所得と利子率の関係を次の(9.17)式のように導出することができる。

$\dfrac{M}{P} = L(Y,\ r)$ 　　　　　　　　　　　　　　　　　　　　　　　　(9.17)

この(9.17)式の関係は，貨幣供給量（実質残高）が一定不変のもとで貨幣市場が均衡するためには，「所得動機に基づく貨幣需要」の増加（減少）に対しては「投機的動機に基づく貨幣需要」が同額だけ減少（増加）することが必要であることを示している。

《LM曲線の導出》

貨幣市場の均衡条件を説明するLM曲線は，次のように導出される。すなわち，任意の国民所得水準Yに対応して，予備的動機と取引的動機に基づく貨幣

需要の大きさL_1が決定される。貨幣供給量が一定所与$\frac{M}{P}$のもとで，貨幣市場の均衡条件を満たすために必要な投機的動機に基づく貨幣需要の大きさL_2が決まると，その大きさに対応する市場利子率rが決定されるのである。

このLM曲線が右上がりの曲線として描かれることは，図9.2を用いて次のように説明される。いま，右下（第4象限）の予備的動機と取引的動機に基づく貨幣需要の図において，国民所得ががY_0からY_2へ低下して予備的動機と取引的動機に基づく貨幣需要がL_{10}からL_{12}へ減少するならば，左下（第3象限）の貨幣市場の均衡条件を示す図において，L_{20}からL_{22}へ増加することが必要である。そのためには，左上（第2象限）の投機的動機に基づく貨幣需要の図において，市場利子率はr_0からr_2に下落することが必要である。このようにして，市場利子率rと国民所得Yとの関係は右上（第1象限）の図のように右上がりの曲線として導出されるのである。

すなわち，国民所得水準が上昇して予備的動機と取引的動機に基づく貨幣需要が増加するならば，貨幣市場の均衡のためには投機的動機に基づく貨幣需要の減少が生じるために市場利子率の上昇が必要である。すなわち，LM曲線は右上がりの曲線として描かれるのである。

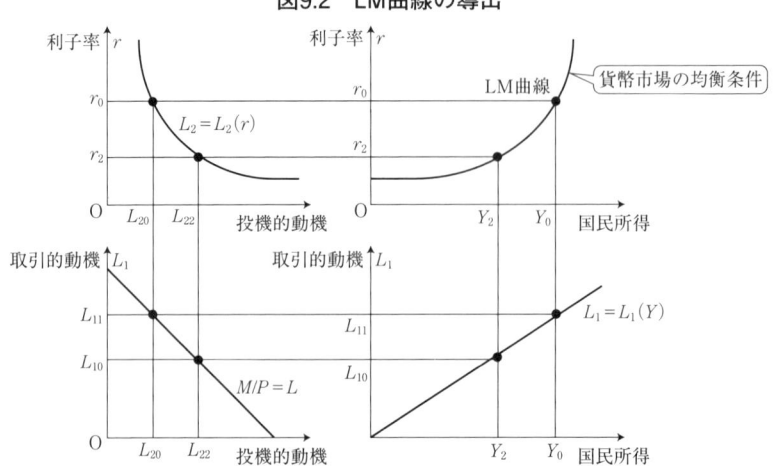

図9.2 LM曲線の導出

貨幣市場の均衡条件を表す(9.17)式を国民所得Yと市場利子率rとに関して微分して整理すると，次の(9.18)式が導出される。

$$\left.\frac{dr}{dY}\right|_{LM} = -\frac{L_Y}{L_r} \geq 0 \tag{9.18}$$

横軸に国民所得Y，縦軸に市場利子率rをとると，貨幣市場の均衡条件を表すLM曲線は右上がりであることが説明されるのである。また，「流動性の罠」（ケインズ・トラップ）の状態では，投機的動機に基づく貨幣需要が無限になることが説明されるために，このLM曲線は利子率の下限の位置において水平に描かれるのである。

2.3 生産物市場と貨幣市場の同時均衡

IS＝LMモデルは，生産物市場と貨幣市場（債券市場との関係で定義）の3市場の同時均衡条件として，次の(9.10-1)式と(9.17-1)式の2つの連立方程式の解として説明されるのである。すなわち，均衡所得水準Y_Eと均衡市場利子率r_Eが決定されるのである。

$$S(Y_E) = I(r_E) \tag{9.10-1}$$

$$\frac{M}{P} = L(Y_E, \ r_E) \tag{9.17-1}$$

いま，図9.3のように，横軸に国民所得水準Y，縦軸に市場利子率rをとると，(9.10-1)式はIS曲線を，(9.17-1)式はLM曲線を描くことができる。両曲線が第1象限内に描かれることから，この2つの曲線の交点においてマクロ経済の均衡点(Y_E, r_E)が非負の値の存在として説明されるのである。

また，同時に，生産物市場の均衡条件を表すIS曲線と貨幣市場の均衡条件を表すLM曲線によって，4つの不均衡状態の領域が発生しているのである。

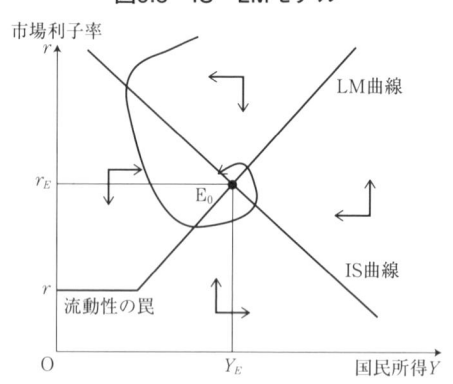

図9.3 IS・LMモデル

3 財政政策と金融政策の効果

　上の節までで，マクロ経済均衡の存在条件が説明された。このマクロ経済均衡状態を政策によって変更するためにはマクロ経済均衡の存在条件と安定条件が必要であり，その前提で外政変数としての政策変数の変化がマクロ経済均衡にどのような影響を与えるかを説明しなければならない。このような分析方法は，新古典派経済学においては「比較静学分析」と呼ばれている。

　この節においては，この「比較静学分析」手法を用いて，財政金融政策の効果について説明する。

3.1 比較静学分析

　マクロ経済の均衡状態は(9.10-1)式と(9.17-1)式の連立方程式を解くことによって得られた。ここで，マクロ経済均衡点が第1象限内に存在することは非負条件を満たすこと（$r≧0$，$Y≧0$）である。この非負条件とは，国民所得水準が非負である，市場利子率が非負であるという意味であり，それぞれのマクロ経済均衡解の値が経済的に意味のある値であることを保証するという意味である。この非負条件はIS曲線とLM曲線が第1象限内に存在するために，その

両曲線の交点であるマクロ経済均衡解も第1象限内に存在することから，既に証明済みである．

次に，マクロ経済政策の有効性について議論するためには，財政政策のパラメータ G と租税政策のパラメータ T, 金融政策のパラメータ M が必要である．このため，(9.10-1)および(9.17-1)式を変形して，次の(9.10-2)および(9.17-1)式のように表現する．

$$S(Y_E - T) + T = I(r_E) + G \tag{9.10-2}$$

$$\frac{M}{P} = L(Y_E,\ r_E) \tag{9.17-1}$$

(1) 安定条件

このマクロ・モデルにおいて経済的に意味がある均衡解が存在することは保証されているので，次にこの体系の安定条件について考える．いま，(9.10-2)式と(9.17-1)式で表されるこの経済モデルの体系を，所得水準 Y と利子率 r との調整モデルとして，次の(9.19)および(9.20)式のような微分方程式体系で表されると考える．ここで，各市場の調整速度は1であると仮定する．

$$\dot{Y} = [I(r) + G - S(Y - T) - T] \tag{9.19}$$

$$\dot{r} = [L(Y,\ r) - M] \tag{9.20}$$

この微分方程式体系を均衡近傍において線形化することによって，次のような線形の微分方程式体系として表される．

$$\dot{Y} = -\mathrm{s}(Y - Y_E) + I_r(r - r_E) \tag{9.19-1}$$

$$\dot{r} = L_Y(Y - Y_E) + L_r(r - r_E) \tag{9.20-1}$$

この微分方程式の特性方程式は，次のように求められることから，均衡解が安定条件を満たすためには λ の係数と行列式が正であれば保証される．

$$\begin{vmatrix} -\mathrm{s}-\lambda & I_r \\ L_Y & L_r - \lambda \end{vmatrix} = 0 \tag{9.21}$$

$$\lambda^2 + (\mathrm{s} - L_r)\lambda - \mathrm{s}L_r - I_r L_Y = 0$$

すなわち，限界貯蓄性向 s と投資の利子弾力性 L_r と，流動性選好 $(L_r,\ L_Y)$ についてのこれまでの仮定から，この体系から導出される均衡解は安定条件を満たすことが証明されるのである．

$$\lambda_1 + \lambda_2 = -(s - L_r) < 0 \tag{9.22}$$

$$\lambda_1 \lambda_2 = -sL_r - I_r L_Y > 0 \tag{9.23}$$

$$\lambda_1 < 0, \quad \lambda_2 < 0$$

以上の結論から，マクロ・モデルの均衡解 (Y_E, r_E) は均衡近傍において「第1種の安定条件」を満たすことが証明されるのである。

このような安定条件については，国民所得と市場利子率の調整過程について，図9.3の矢印のように表される。すなわち，任意の経済状態から出発して，経済はやがて均衡点に収れんすることが説明されるのである。

以上で説明したように，マクロ経済の解の存在条件と，安定条件が満たされることから，各マクロ経済政策の効果について分析を行うことができるのである。

(2) 比較静学分析

この(9.6)式と(9.11)式を連立方程式として国民所得 Y と市場利子率 r とに関して，微分して整理すると次の(9.24)式のように表される。

$$\begin{bmatrix} S_Y & -I_r \\ L_Y & L_r \end{bmatrix} \begin{bmatrix} dY \\ dr \end{bmatrix} = \begin{bmatrix} dG - cdT \\ dM - dP \end{bmatrix} \tag{9.24}$$

この(9.24)式を解くことによって，(9.25)式を導出することができる。この式によって政策変数の変化に応じて，国民所得 Y と市場利子率 r がどのように影響を受けるかをみることができる。

$$\begin{bmatrix} dY \\ dr \end{bmatrix} = \begin{bmatrix} S_Y & -I_r \\ L_Y & L_r \end{bmatrix}^{-1} \begin{bmatrix} dG - cdT \\ dM - dP \end{bmatrix} = \frac{1}{D} \begin{bmatrix} L_r & I_r \\ -L_Y & S_Y \end{bmatrix} \begin{bmatrix} dG - cdT \\ dM - dP \end{bmatrix} \tag{9.25}$$

ここで，$D = L_r S_Y + I_r L_Y < 0$ である。なぜならば，マクロ・モデルの性質から，$L_r < 0$，$0 < S_Y < 1$，$I_r < 0$，$L_Y > 0$ であるからである[2]。

3.2 財政政策

政府支出の増大による財政政策 $(\varDelta G > 0)$ は，生産物市場において要素を

---

[2] これは，先の安定条件で説明された $\lambda_1 \lambda_2 = -(L_r S_Y + I_r L_Y) > 0$ と同値であり，安定条件を満たしている。

増大させて有効需要を拡大し，IS曲線をIS_0からIS_1へ右上にシフトさせることによって，国民所得水準はY_0からY_1へと増加する．このため，財政政策は有効需要拡大政策として有効である．市場利子率はr_0からr_1へ上昇する．このため，市場利子率がr_0からr_1へ上昇することによって民間投資が減少するという「クラウディング・アウト効果」（財政支出が民間投資を押し出す効果）がY_1Y_{01}の幅の大きさで生じるのである．

(9.25)式を財政支出の変化ΔGの効果としてまとめると，次の(9.25-1)式のように表される．

$$\begin{bmatrix} \dfrac{dY}{dG} \\ \dfrac{dr}{dG} \end{bmatrix} = \dfrac{1}{D} \begin{bmatrix} L_r \\ -L_Y \end{bmatrix} \begin{matrix} >0 \\ >0 \end{matrix} \tag{9.25-1}$$

《マクロ均衡が流動性の罠の状態のときの財政政策》

マクロ経済均衡点が「流動性の罠（ケインズ・トラップ）」上にある点Aであるときに，財政政策を行うとIS曲線が右にシフトすることによって，市場利子率r_Lは不変のままで均衡点は点Bまで移動して，国民所得水準はY_AからY_Bに上昇する．

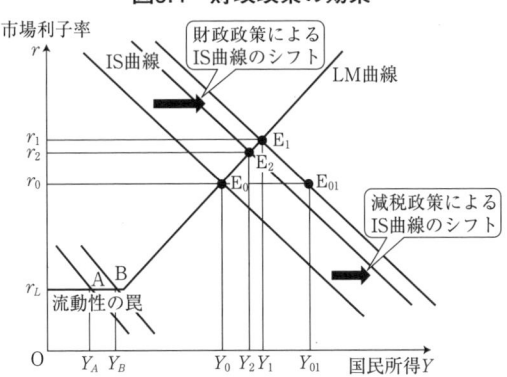

図9.4　財政政策の効果

3.3 増税政策の効果

消費の過熱を抑えて有効需要を縮小させようとする増税政策（$\Delta T>0$）は，増税の効果によって，国民の可処分所得を減少させ，消費を減少させて，有効需要を縮小させる効果がある。この政策は図9.5において，IS曲線を財政政策とは逆の方向に左下にシフトさせるので，国民所得水準はY_0からY_3へと低下させ，市場利子率はr_0からr_3へと低下させるのである。このため増税政策は有効需要縮小政策として有効である。

(9.25)式を租税の変化ΔTの効果としてまとめると，次の(9.25-2)式のように表される。

$$\begin{bmatrix} \dfrac{dY}{dT} \\ \dfrac{dr}{dT} \end{bmatrix} = \frac{1}{D} \begin{bmatrix} -cL_r < 0 \\ cL_Y < 0 \end{bmatrix} \tag{9.25-2}$$

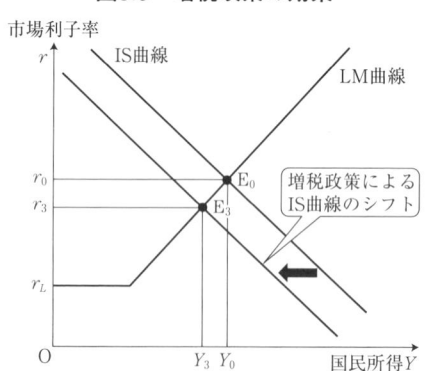

図9.5　増税政策の効果

《均衡財政政策の効果》

均衡財政政策が国民所得と市場利子率に与える影響は，財政政策の効果と租税政策の効果を同時に行ったときの効果として説明することができる。すなわち，(9.25-1)式と(9.25-2)式より，次のように導出される。

$$\frac{dY}{dG} + \frac{dY}{dT} = \frac{1}{D}L_r - \frac{1}{D}cL_r = \frac{(1-c)L_r}{L_r S_Y + I_r L_Y} > 0$$

ここで，利子率が一定不変であると仮定すると，$I_r=0$より，上の式は1となり，利子率が所与のときは，「均衡予算は1」であることが説明されるのである。

3.4 減税政策の効果

消費を増大させて有効需要を拡大するための減税政策（$\varDelta T<0$）は，減税の効果によって，国民の可処分所得を増加させ，消費を増加させて，有効需要を拡大させる効果がある。この政策は図9.4において，IS曲線を財政政策と同様に右上にシフトさせるので，国民所得水準はY_0からY_2へと上昇し，市場利子率はr_0からr_2へと上昇するのである。このため減税政策は有効需要拡大政策として有効である。

財政政策の効果と比較すると，国民所得水準についての経済政策効果は小さいと（$Y_1>Y_2$）考えられる。また，財政政策と同様に市場利子率の上昇を反映して，民間企業の投資行動においては「クラウディング・アウト効果」が発生する。

ここで，$\dfrac{dY}{dT}=-\dfrac{1}{D}cL_r<0$は増税政策の効果を説明するものである。減税政策の場合は，$\varDelta T<0$であることを考慮して，$-\dfrac{dY}{dT}=\dfrac{1}{D}cL_r>0$として表される。

市場利子率が変化する場合の減税政策の効果についても同様に説明することができる。すなわち，$-\dfrac{dr}{dT}=-\dfrac{1}{D}cL_Y>0$である。

3.5 金融政策

(1) 金融緩和政策

金融緩和政策は，貨幣供給量を増加（$\Delta M>0$）させて，利子率を低下（$\Delta r<0$）させ，投資を増大させることによって景気を刺激する政策である。この金融緩和政策は，図9.6において，LM曲線をLM_0からLM_2へと右方へシフトさせるためにマクロ経済均衡は点E_4へ移動し，国民所得はY_0からY_4に増加するので金融政策は有効である。このとき市場利子率はr_0からr_4へ低下する。

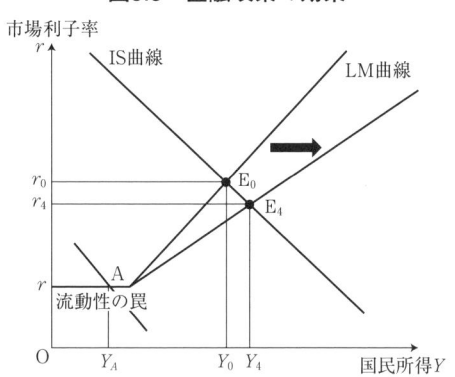

図9.6 金融政策の効果

しかし，マクロ経済が点Aのように「ケインズ・トラップ（流動性の罠）」上にある場合には，貨幣供給量の増加によっては国民所得水準には影響がないため，国民所得はY_Aのままで不変であることから金融政策は無効である。

(9.25)式を金融緩和政策のための貨幣供給量の増加ΔMの効果としてまとめると，次の(9.25-3)式のように表される。

$$\begin{bmatrix} \dfrac{dY}{dM} \\ \dfrac{dr}{dM} \end{bmatrix} = \dfrac{1}{D} \begin{bmatrix} I_r \\ S_Y \end{bmatrix} \begin{matrix} >0 \\ <0 \end{matrix} \tag{9.25-3}$$

(2) 金融引き締め政策

　金融引き締め政策は，貨幣供給量を減少（$\Delta M<0$）させて，利子率を上昇（$\Delta r>0$）させて投資を減少させることによって景気の過熱を抑える政策である。この金融引き締め政策は，LM曲線を左下へシフトさせるために国民所得水準は低下し，市場利子率は上昇する。

　この金融引き締め政策の効果は，次のように導出することができる。

　(9.25)式を金融引き締め政策のための貨幣供給量の減少ΔMの効果としてまとめると，(9.25-3)式の$dM<0$として表すことができる。

$$\begin{bmatrix} -\dfrac{dY}{dM} \\ -\dfrac{dr}{dM} \end{bmatrix} = -\dfrac{1}{D} \begin{bmatrix} I_r \\ S_Y \end{bmatrix} \begin{matrix} <0 \\ >0 \end{matrix} \qquad (9.25\text{-}3')$$

　すなわち，国民所得の減少と市場利子率の上昇が導かれるのである。

4 財政金融政策の効果と政策効果の遅れ

　以上で説明した財政金融政策等のマクロ経済政策が有効であるためには，それぞれの政策が適切な時期に正しい方法によって速やかに採用され実施されなければならない。しかし，実際の経済運営において経済政策の実施を必要とする事態が発生してから，①政策当局によって経済政策の必要性が認識されるまで，また，②実際にその政策が実施されるまで，そして，③その政策が実施されて政策効果が実際の経済に現れるまでには，かなりの「遅れ」(lag) が存在するのである。

　第1の遅れは，「認知ラグ」と呼ばれ，政策の実施あるいは変更が必要であるような事態が生じてから，この状態を政策当局によって認識されるまでの遅れである。これは，政策当局の情報収集能力や分析能力・判断能力などによる遅れであり，政策当局のもつ予想の不確実性にも依存するものである。

　第2の遅れは，「実施ラグ」と呼ばれ，政策の実施や変更の必要性が認識されてからその政策が実際に実施あるいは変更されるまでの遅れである。この遅

れは金融政策の場合は相対的に短いと考えられているが，財政政策の場合には，予算とその決定に議会による承認と議決が必要であるために，政治過程に依存する不確実な遅れと官僚制度や政策当局による固有の遅れなどがある。

　第3の遅れは，「効果ラグ」と呼ばれ，政策が実施あるいは変更されてから実際の経済に効果が現れるまでの遅れである。財政政策の場合には家計の可処分所得を変更させて消費に直接的に影響を与えたり，民間企業の投資水準に直接影響を与えたりするので，この遅れは比較的短いと考えられている。金融政策の場合には市場の金利体系に影響を与えて，その金利体系が家計のポートフォーリオや民間企業の投資支出に影響を与えるために金融政策の「効果ラグ」は比較的大きく，その程度不確実であると考えられている。この「効果ラグ」はそれぞれの経済体系にとって固有の遅れをもつものである。

　財政政策と金融政策の効果について，どちらの政策効果の遅れが短いか長いかを一般論として判断するのは容易ではない。経済状態の予測の誤りは政策効果を反対にすることもあり，また，政策効果の「ラグ」に対する政策当局の予測や判断が誤っていれば，政策実施のタイミングを逸することもあるのである。また，このような政策実施を必要としない場合や，あるいは，そのような経済政策の実施は経済状態を不安定化する場合もあるのである。

第10章
ポリシィー・ミックス

1 政府の予算制約式

政府の均衡予算は歳入額 T と歳出額 G が等しいことであり，次の(10.1)式のように表される。

$$T = G \tag{10.1}$$

いま，政府が財政支出を増加させること（ΔG）によって，あるいは，減税すること（$-\Delta T$）によって赤字財政政策を行う場合には，次のように財政バランスが崩れることになる。

① 政府支出の増加　　$T < G + \Delta G$　　財政赤字
② 減税政策　　　　　$T - \Delta T < G$　　財政赤字

この赤字資金の調達方法としては，国債発行によるケースが考えられる。

$$G + iB = T + \Delta B / i$$

ここで，i は市場利子率として，$\dfrac{1}{i}$ は国債価格である。国債の累積債務がある場合には政府の国債利子支払い負担である国債費 iB が存在することを考慮すると，次の(10.2)式が成立する。

$$G + iB = T + \Delta B / i \tag{10.2}$$

政府がマクロ経済政策を運営するにあたっては，財政の予算制約を常に考慮しなければならない。いま，P を物価水準，G を政府支出額，B を国債の利子支払額[1]，T を租税収入額，ΔM を貨幣供給増加量，ΔB を国債の増発量，i を市場利子率とすると，政府の予算制約式は，次の(10.3)式のように表される。

---
1) ここで，国債の単位は毎期の国債費1円当たりの額面として定義している。

$$P(G+B-T) = \Delta M + \frac{1}{i}\Delta B \tag{10.3}$$

この政府の予算制約式は，政府が財政政策あるいは金融政策を行うためには，その財源上の制約があることを示している。すなわち，政府は財政支出 G の財源を租税収入 T か国債の新規発行 ΔB か，国債の日銀引き受けという形での貨幣供給量の増発 ΔM によって調達するか，あるいはそれらの組合せ（ポリシー・ミックス）を行うことによって調達しなければならないのである。

この政策の組合せについて，図10.1を利用して考える。いま，横軸に財政支出 G と国債費 B の合計の値をとり，縦軸に租税収入 T の大きさをとる。

《予算均衡条件線》

右上がりの直線は，財政支出 G と国債の利子支払額 B の合計が等しいという意味で予算均衡条件を表している。この直線 $G+B=T$ 線の右下の領域（$G+B>T$）においては，政府の財政赤字であり，左上の領域（$G+B<T$）においては政府の財政黒字の状態を表している。

《完全雇用水準線》

いま，C を消費額として，物価水準と市場利子率が一定不変であり，それ故に民間投資 I が一定であるとする。生産物市場が完全雇用所得水準 Y_F で一定不変に維持されるための財政支出 G と租税収入 T の大きさの組合せを考えると，生産物市場の国民所得決定式から次の(10.4)式のように表される。

$$Y_F = C(Y_F + B - T) + I(r) + G \tag{10.4}$$

ここで，Y_F+B-T は完全雇用所得水準での可処分所得を表しており，B は国債の利子受取額を示している。この(10.4)式を政府支出額 G と租税収入額 B で微分して整理すると，次の(10.5)式が得られる。

$$\frac{dT}{dG} = \frac{1}{C_Y} > 1 \tag{10.5}$$

ここで，C_Y は限界消費性向であり，1より小さい数値であるから，完全雇用水準を維持するための政府支出 G と租税収入 T との関係を示す Y_F 線の傾きは1よりも大きいことが説明される。この線の意味は，一定額の財政支出の増

大$\varDelta G$によってもたらされる有効需要の拡大効果$\varDelta Y\left(=\dfrac{1}{1-c}\varDelta G\right)$を相殺するために必要な増税額$\varDelta T\left(\varDelta Y=\dfrac{-c}{1-c}\varDelta T\right)$の大きさを表しているのである。

図10.1のように，このY_F線の上の領域は，経済がデフレ・ギャップの状態にあり，失業が発生していることを説明しており，下の領域は経済がインフレ・ギャップの状態にあることを説明している。

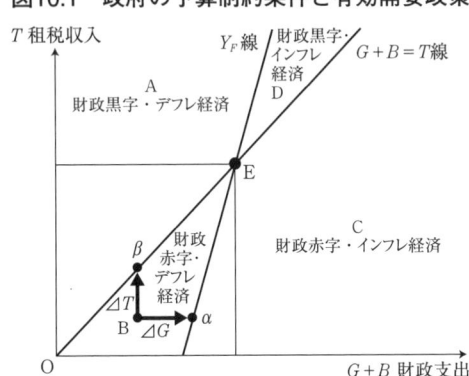

図10.1　政府の予算制約条件と有効需要政策

2　4つの領域の分析

完全雇用水準を表すY_F線と予算均衡条件を表す$G+B=T$線との交点Eは，完全雇用と政府の予算均衡が同時に達成されている状態であり，マクロ経済政策の最終目標点である。この2つの線によって，図10.1のように経済状態は次の4つの領域に分けて考えることができる。

①領域Aの領域

この状態は，政府の財政状態は黒字であり，経済にはデフレ・ギャップがあり失業が発生している状態である。このような状態においては，政府は財政黒字を利用して財政支出の増大と減税政策によって完全雇用を達成することが可

②領域Bの領域

この状態は，政府の財政状態は赤字であり，経済にはデフレ・ギャップがあり失業が発生している状態である。今日の日本経済の状態を物語っている。このような状態においては，政府がこれ以上の財政赤字を望まないならば，失業の解消は不可能である。

③領域Cの領域

この状態は，政府の財政状態は赤字であり，経済にはインフレ・ギャップがある状態である。このような状態においては，財政支出の削減と増税政策によってインフレ・ギャップを解消し，完全雇用を達成することが可能である。

④領域Dの領域

この状態は，政府の財政状態は黒字であり，経済にはインフレ・ギャップがある状態である。このような状態においては，減税政策と財政支出削減政策によって，完全雇用状態と均衡財政を達成することが可能である。

3 日本経済の状態とマクロ経済政策の可能性

先の②の領域で説明したように，点Bの領域が今日の日本経済を表している状態である。すなわち，財政赤字とデフレ経済の状態である。この状態における望ましいマクロ経済政策は，有効需要拡大政策である。すなわち，デフレ・ギャップを解消して雇用量を増加し失業率を低下させるためには，財政支出を増大させて有効需要を拡大しなければならないのである。そして，同時に増税によって財政均衡を回復しなければならないのである。

しかし，日本経済は長年デフレ経済が続いており，さらに財政赤字と膨大な政府累積債務問題を抱えている。このような三重の経済問題を解消するためには，租税政策と財政政策という2つの短期的なマクロ経済政策の手段だけでは解決できない問題なのである[2]。もし，デフレ対策と財政赤字対策を同時に行っても，累積債務問題は解決しないからである。なぜならば，累積債務が年々

---

2) 短期マクロ経済政策の連続的実施だけではその効果に限界があるのである。

増加している経済状態においては，図10.2のように，Y_F線は次第に右にシフトするからである．すなわち，政府のマクロ政策の目標は夏のドライブの際に現れる「逃げ水」[3]のように，近づけば次第に遠くなるからである．すなわち，増税はさらなる増税を必要とし，財政支出による公共事業の拡大はさらなる公共事業の拡大を必要とすることになるのである．

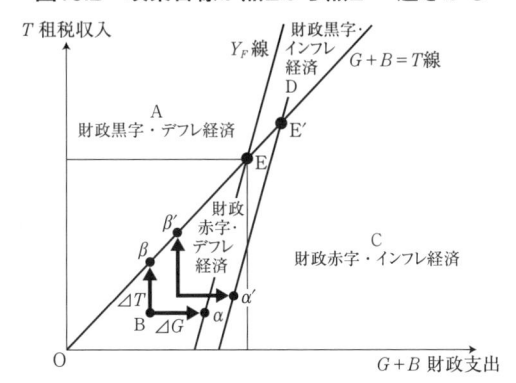

図10.2 政策目標が点Eから点E′へ遠ざかる

　長年のデフレ経済の中で，政府の累積債務が膨大となっている日本経済においては，財政金融政策による一時的なマクロ経済政策を連続的に実施することでは，その経済政策の効果はほとんど発揮することができないままで終わる可能性が高いのである．

　今日の日本経済の長期停滞の原因を真摯に見つめ直し，世界経済の中での日本経済の位置付けを再確認してから日本経済の再生を図らなければならないのである．そのためには，これまでの日本企業の海外流出状態を受け入れ，日本企業の多国籍化と外国企業の国内進出に対応するように，国内の産業構造と経済システムを改造しなければならないのである．そのためには，省エネルギー対応の経済システムやモーダルシフトによる低費用の物流システムを構築して，種々の経済慣習を改革することが必要なのである．

3）逃げ水（road mirage）とは，晴れた暑い風のない日に，アスファルト道路などで，水があるように見える現象のことであり，「地鏡」ともいう．

第Ⅲ部

現代マクロ経済学の発展

第11章

消費関数論争

1 ケインズの消費関数

1.1 ケインズの消費関数

　ケインズは有効需要の原理において,「雇用量は総供給関数が総需要関数と交わる点において決定される」と説明した。ここで,「総需要関数は,任意の雇用水準をその雇用水準から実現すると期待される「売上金額」に関係付けるものである」(J.M.ケインズ著『雇用・利子および貨幣の一般理論』ケインズ全集7巻,東洋経済新報社,1994年,p.89)。この「売上金額」を決定するものは,消費のために向けられる支出(消費関数)と投資のために向けられる支出(投資関数)の合計からなっているのである。

　この消費のために向けられる支出について説明するために,ケインズは消費関数について論ずるのである。すなわち,「雇用が一定水準にあるとき,どれだけの額が消費のために支出されるかを決定することがわれわれの問題であるから,・・・消費の大きさCを雇用量Nに関係付ける関数関係を観察しなければならない」(前掲書,p.90)のである。しかし,「それとはやや異なる関数,すなわち賃金単位の消費(C_W)を,雇用水準(N)に対応する賃金単位表示の所得(Y_W)に関係付ける関数によって議論する方が一層便利である」(前掲書,p.90)。

　すなわち,「賃金単位表示の任意の所得水準Y_W,その所得水準からの消費支出C_Wとの間の関数関係χとして」,ケインズは消費関数を次のように定義する。すなわち,賃金単位の消費は賃金財で測った所得の増加関数であり,次の(11.1)

式のように説明される。

$$C_W = \chi(Y_W), \text{ または, } C = W\chi(Y_W) \tag{11.1}$$

ここで，賃金財とは「貨幣賃金の効用がその価値に依存している諸財」である。すなわち，労働者が受け取って支出する諸財の効用で測られる価値である。社会が消費のために支出する額は，「(1)一部はその所得に，(2)一部は他の客観的な付随的諸条件に，(3)一部は社会を構成する個々人の主観的な必要，心理的な性向，習慣，及び所得が個々人の間に分配される仕方を支配する原理に依存する。」(前掲書，p.90)とケインズは説明している。ケインズの経済変数はすべて，賃金財価格Wで評価された実質単位である。また，この関数において限界消費性向は$\dfrac{C_W}{Y_W}$と表される。

ここで，Y_Wは実質国民所得であり，一定の雇用量Nから生み出される経済全体の付加価値額の総計であるから次の(11.2)式のように表される。

$$Y_W = Y_W(N) \tag{11.2}$$

ケインズは，マクロ生産関数は存在しないという立場であり，「有効需要の原理」から説明すると，有効需要の大きさが生産額Y_Wを決定し，その生産額に必要な労働者Nが雇用されるという意味では，この(11.2)式は次の(11.3)式のように考える方が説得的である。

$$N = N(Y_W) \tag{11.3}$$

(11.2)式を(11.1)式に代入すると，実質消費額C_Wは雇用量Nの増加関数であることが次の(11.4)式のようにして説明される。

$$C_W = X(Y_W) = X(Y_W(N)), \ X'(Y_W) > 0, \ Y_W'(N) > 0 \tag{11.4}$$

すなわち，ケインズの消費関数においては，雇用量Nの増加が実質国民所得Y_Wの増加を通じて実質消費額C_Wを増加させるのである。

《ケインズ経済学からの警告》

このような雇用量Nと実質消費額C_Wとの安定的な関係を説明するケインズの消費関数は，この章で概観する消費関数論争を通じて，やがて，消えていくことに注意しなければならない。すなわち，雇用量Nの増加が伴わない消費額Cの増加が国民所得Yの増加によってもたらされる消費関数が議論され始める

のである。このような扱いは所得分配の大きな偏りとなって現れる戦後の資本主義経済の分析において種々の問題を残すのである。

1.2 ケインズ的消費関数

次の，新古典派経済学的な解釈によるケインズ的消費関数の導出について説明する。ここで，実質国民所得は，名目所得額Yを賃金財価格Wで割って実質化した価値であるから，消費額を名目価格で評価すると(11.1)式のケインズの消費関数は，次の(11.5)式のようにケインズ的な消費関数として表されるのである。

$$C = WX(Y_W) = C(Y), \quad C(0) > 0, \quad 0 < C'(Y) < 1 \tag{11.5}$$

新古典派経済学においては，(11.5)式の変数を物価水準（GNPデフレータ）で除することによって，実質変数間の消費関数として考察するのである[1]。

$C(0) > 0$は基礎消費が正であることを示しており，$0 < C'(Y) < 1$は限界消費性向が正で1より小さいことを示している。

ここで，ケインズ的消費関数として重要な要素は，限界消費性向，つまり追加的な所得のうち消費される金額はゼロと1の間であることを消費関数の1つの性質として残すことであった。これは，人は所得を余分に稼ぐと，そのいくらかを消費して，残りを貯蓄するというものである。

ケインズ的消費関数の第2の性質として，所得は消費の第1の決定要因であり，利子率は重要な役割を果たさないことであるから[2]，(11.15)式には利子率は登場しないのである。

1.3 経験的事実

上の説明より，ケインズ的消費関数について，ケインズ以後の経済学者たち

---

1) しかし，ケインズの賃金財単位と新古典派の単位の相違は雇用量と労働者の生活水準に関する値にその想いが異なるのである。
2) ケインズは「利子率は，理論的には，消費に影響を及ぼすこと」を認めていた。しかし，「私が考える，経験によって導き出された主たる結論は，所与所得からの個々人の支出における利子率の短期における影響は二次的であり，相対的に重要ではない」としたのである。

はいろいろな検証を行った。

その結果，ケインズの消費関数はミクロ経済学的な意味で消費者行動の良い接近法であることが説明された。そして，限界消費性向と平均消費性向については正しい推論であることが実証された。

家計調査の結果，高い所得の家計がより多く消費すること，つまり限界消費性向がゼロより大きいこと，また高い所得の家計がより多く貯蓄すること，そして限界消費性向が1よりも小さいことを発見した。すなわち，所得の上昇は平均消費性向を下落させることが説明されたのである。

また，経済全体のマクロ経済学的な意味では，2つの世界大戦の間の時代における消費と所得の集計されたデータが検証された。大恐慌の時代のように，所得が低かった年には，消費と貯蓄の両方は低く，限界消費性向はゼロと1の間であることを示していた。低所得の不況の期間，所得に対する消費の率は高かった。すなわち，所得と消費の間の関係は非常に強く，消費を説明するために所得以外には重要な他の変数は現れなかったのである。

2 観察された事実

2.1 サイモン・クズネッツの発見

サイモン・クズネッツ（Simon Smith Kuznets；1901〜1985年）によって，ケインズの消費関数について2つの例外が発見された。所得が上昇すると平均消費性向は下落するという事実についてである。次の表11.1はS.クズネッツが発表した数値である。

また，次の図11.1はS.クズネッツの表11.1を横軸国民所得，縦軸消費水準として，図示したものである。

第2次世界大戦の間の予測について，ケインズの消費関数に基づいて予測すると，国民所得が増加すると，家計の国民所得に対する消費額の割合が低下し，消費が減少し貯蓄が増大するはずである。第2次世界大戦後の経済復興期において，国民所得の増大とともに貯蓄の増大が予測されたのである。この貯蓄の

表11.1　10年間移動平均にみられる平均消費性向の趨勢
アメリカ合衆国，1869～1938年

	国民所得	消費支出	平均消費性向	1人当たり国民所得
1969～75年	9.3	8.1	0.9	215.0
1974～83年	13.6	11.6	0.9	278.0
1979～88年	17.9	15.3	0.9	326.0
1984～93年	21.0	17.7	0.8	344.0
1989～98年	24.2	20.2	0.8	357.0
1894～03年	29.8	25.4	0.9	401.0
1899～08年	37.3	32.3	0.9	458.0
1904～13年	45.0	39.1	0.9	502.0
1909～18年	50.6	44.0	0.9	517.0
1914～23年	57.3	50.7	0.9	546.0
1919～28年	69.0	62.0	0.9	612.0
1924～33年	73.3	68.9	0.9	607.0
1929～38年	72.0	71.0	1.0	572.0

（出所）Simon Kuznets, National Product Since 1869, New Tork ; NBER, 1946.

増大を吸収するのに十分な投資計画がないことを恐れた経済学者は，消費の低迷を招き経済は景気後退し，長期停滞になると予言したのである。しかし，第2次世界大戦後，経済は不況に突入せず，国民所得は以前よりも増大したのである。国民所得水準が高くなったにもかかわらず，貯蓄率は上昇せず，平均消費性向の下落も生じなかったのである。

S.クズネッツが1869年にまで遡って消費と所得の新しい集計データを調べたときに，所得に対する消費率は，所得の大幅な上昇にもかかわらず，10年間単位で極めて安定していたのである。すなわち，ケインズ的消費関数で説明される，国民所得が上昇すると平均消費性向が下落するという関係は当てはまらないことが説明されたのである。

長期停滞仮説の失敗とこのクズネッツの発見は，平均消費性向は長期間の一定の状態であることを説明したのである。

このようにして，S.クズネッツは，長期消費関数の平均消費性向がほぼ一定

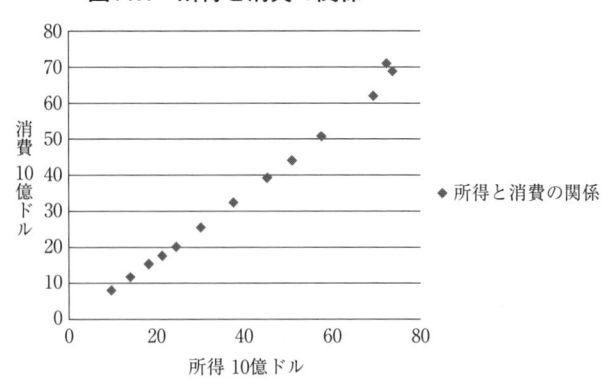

図11.1 所得と消費の関係

であること（消費関数がほぼ原点を通過する），すなわち，長期消費関数の傾き（限界消費性向）の方が，短期消費関数の傾きよりも大きくなることを発見したのである。

すなわち，ケインズ的な消費関数について，家計のデータと短期の研究においては充分に説明力があるにもかかわらず，長期においてはなぜ説明力がないのかという問題が発生したのである。

（1）消費関数についての3つの性質

以上説明したように，第2次世界大戦後のアメリカ経済において，ケインズ的な消費関数は説明力を失ったかのような現象が生じたのである。

戦後の消費関数の論争を通じて，消費関数については，次の3つの性質を備えるべきことが明確になった。

① 消費に関する所得概念は，消費者の所得から租税や社会保険料を差し引いた「可処分所得」でなければならないこと。
② 消費や可処分所得は名目値ではなく，適当なデフレータでデフレートした実質消費や実質所得でなければならないこと。
③ 集計的消費や集計的所得は，価格変動に対して修正されるだけではなく，人口や世帯数に対しても修正された，1人当たり消費や所得でなければならないこと。

(2) 消費関数についての3つの事実

また，消費関数論争においては，次の3つの事実を満たしていることが重要となった。

① クズネッツの1869〜1929年の時系列やゴールドスミスの資料によると，平均貯蓄（消費）性向は長期的には不変あるいは安定していたという事実。

② 家計調査等のクロス・セクションデータによって，貯蓄性向を異時点間で比較すると経済が成長して社会全体の実質所得水準が高くなるにつれてそれが下方にシフトし，同一の実質所得水準に対応する平均貯蓄性向が時点によって異なる事実。

③ 国民所得統計の比較的短期の時系列データによるとケインズ型消費関数は比較的よく当てはまり，平均貯蓄性向は実質所得水準の上昇とともに上昇するという事実。

2.2 ケインズ的消費関数の問題；絶対所得仮説

ケインズ的な消費関数は絶対所得仮説（absolute income hypothesis）に基づく消費関数である。すなわち，①経常消費Cと経常所得Yとの間の安定的な関数である。そして，②このケインズ的な短期消費関数の特徴は，独立消費（基礎消費）が正であるので原点を通らないこと，③限界消費性向は1より小さいので，平均消費性向は所得が増えるにつれて逓減することである。

すなわち，景気回復期には，消費性向が低下し，景気後退期には，消費性向が上昇すると説明されるのである。

しかし，先に説明したクズネッツの発見以来，景気の変動によって消費性向はケインズ的短期消費関数の説明は満たすものの，長期消費関数においては消費性向が一定で安定的であることが示されたのである。

次の図11.2は，クズネッツの発見を説明する図である。いま，経済がY_1の位置にあるとする。経済が成長するときには，長期消費関数上を移動するが，景気後退期には短期消費関数上を移動するのである。

すなわち，国民所得がY_1からY_0へ減少するときは短期消費関数上を点1か

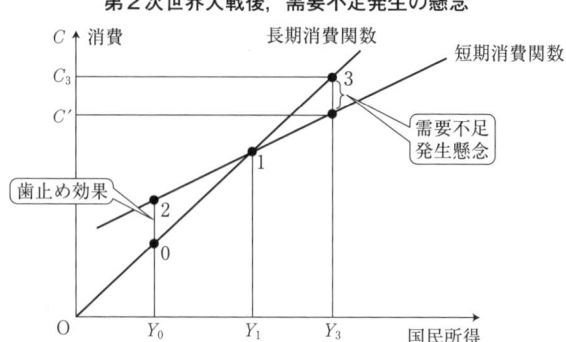

図11.2　長期停滞論と消費関数
第2次世界大戦後，需要不足発生の懸念

ら点2に向かって移動するのである（歯止め効果[3]）。景気が良くなったときには，長期消費関数上を移動するために，点1から点3へ向かって移動するのである。第2次世界大戦後の経済復興期には，国民所得が増加してY_3になった時には，消費量は短期消費関数上のC'ではなく，長期消費関数上のC_3に増加したので「需要不足の懸念」は無駄となったのである。

3 相対所得仮説

3.1 モディリアーニの平均貯蓄性向関数[4]

　相対所得仮説（relative income hypothesis）[5]は，消費あるいは貯蓄は絶対所得に依存するのではなく，時間的には過去の最高所得水準と他の家計や社会全体の消費水準に依存して決定されると説明するのである。

---

3) 本章の3.2節で説明される。
4) この相対所得仮説は，F.モディリアーニの下記の論文によって展開された。Franco Modigliani, "Fluctuation in the Saving-Income Ratio: A Problem in Economic Forecasting", Studies Income and Wealth, Vol.NBER, 1949.
5) この相対所得仮説は，時間的相対性と空間的相対性，そして個人間の相対性を同時に論じているのである。

モディリアーニ（Franco Modigliani；1918〜2003年）は，長期的貯蓄性向と短期的貯蓄性向を区別するために循環的所得の指標として，$\dfrac{Y-Y^{MAX}}{Y}$を定義した。ここで，Y^{MAX}は過去における最高所得水準を示している。モディリアーニの平均貯蓄性向関数は次の(11.6)式のように表される。

$$\frac{S}{Y} = \alpha_0 + \alpha_1 \frac{Y - Y^{MAX}}{Y} \tag{11.6}$$

(11.6)式の平均貯蓄性向関数から(11.6′)式のように平均消費性向関数も導出することができる。

$$\frac{C}{Y} = 1 - \frac{S}{Y} = (1 - \alpha_0 - \alpha_1) + \alpha_1 \frac{Y^{MAX}}{Y} \tag{11.6′}$$

この平均貯蓄性向関数と平均消費性向関数から，次のようなことが分析される。

① 所得が定常状態である場合には，第2項はゼロになり，平均貯蓄性向はα_0の定常状態である。
② 好況局面では，$Y - Y^{MAX}$は正となるから，貯蓄性向が上昇し，消費性向が低下する。
③ 不況の局面では，$Y - Y^{MAX}$は負になるから，貯蓄性向が低下し，消費性向が上昇する。

3.2 デュゼンベリーの相対所得仮説

デュゼンベリー（J.S.Duesenberry；1918〜2009年）[6]もまた，貯蓄は経常所得だけではなく，過去の最高所得水準に依存することを次の(11.7)式の形で説明した。

$$\frac{S}{Y} = a \frac{Y}{Y^{MAX}} + b \tag{11.7}$$

短期的消費関数は緩やかな勾配となり，長期的消費関数は原点を通る急な勾

---

6) デュゼンベリーの相対所得仮説は以下の論文によって展開された。J.S.Duesenberry, "Income Saving, and the Theory of Consumer Behavior", Harvard Univ. Press 1959.

配になることが矛盾なく説明されるのである。すなわち，好況期には消費が急激に増加するが，景気後退期には消費の下落に歯止めがかかり所得の減少よりは小さいことが説明されるのである。この消費の下落に歯止めがかかることをデュゼンベリーは「歯止め効果」(ratchet effect) と呼んだ。

3.3 デモンストレーション効果

デュゼンベリーの消費関数を家計レベルで定式化すると，デモンストレーション効果を説明することができる。

いま，Y_i を i 番目の家計の所得とし，Y_{MEAN} を彼の周囲の平均所得とすると，i 番目の家計の消費関数は，次の(11.8)式のように表される。

$$\frac{C_i}{Y_i} = a \frac{Y_i}{Y_{MEAN}} + b \tag{11.8}$$

i 番目の個人の所得が上昇すれば，平均消費性向も上昇する。もしも，個人の所得と周囲の平均所得がともに高くなれば，平均の消費性向は不変である。このように周囲の消費水準も考慮に入れて消費を決定するということは，他の家計からデモンストレーション効果をこうむるということを説明しているのである。

4 流動資産仮説

J.トービン (J.Tobin；1918〜2002年)[7)] は，相対所得仮説に反対して絶対所得仮説を支持するために，家計の保有する流動資産（現金と預金）の実質残高 $m = \dfrac{M_H}{P}$ を説明変数として付け加えて，次のような流動資産仮説 (liquid assets hypothesis) に基づく消費関数を，次の(11.9)式のように提示した。

---

7) トービンの流動資産仮説は以下の論文において展開された。J.Tobin, "Relative INCOME, Absolute Income, and Saving", Money and Economic Growth, Essays in Honor of John Henry Williamsons, Macmillan, 1951.

$$C = a + bY + cM \tag{11.9}$$

$$\frac{C}{Y} = b + a\frac{1}{Y} + c\frac{M}{Y} \tag{11.9'}$$

ここで，bは長期的に安定的な消費性向であり長期平均消費性向である。aは景気回復期に国民所得の増加によって消費性向が低下し，景気後退期に国民所得の減少によって消費性向が上昇する短期消費関数を説明する項である。cは流動資産の割合$\frac{M}{Y}$の変化に依存する係数である。これは家計について計算されたマーシャルのkであり，長期的に上昇することが知られているため，この項によって消費性向は長期的に上昇すること説明しているのである。

5 異時点間の消費計画と貯蓄計画

ここでは，アービング・フィッシャー（Irving Fisher；1867〜1947年）の異時点間の消費理論が消費関数論争に与えた影響について簡単に説明する[8]。

家計が消費Cと貯蓄Sの組合せを決定するとき，家計は現在と将来の経済状態について考慮するはずである。彼らが現在の消費C_tを増加させれば，将来の消費C_{t+1}は減少するであろう。この現在消費と将来消費とのトレード・オフの形成において，家計は彼らが将来受け取ることを期待する所得と，彼らが望む財とサービスの消費の組合せを考えなければならないのである。

フィッシャーのモデルは消費者が直面する制約，彼らがもつ選好，そしていかにしてこれらの制約と選好が一緒に消費と貯蓄についての彼らの選択を決定するのかを描いているのである。

5.1 異時点間の消費計画

家計は現在と将来にわたる消費の組合せを最適にすることによって得られる

---

[8] モディリアーニのライフ・サイクル仮説とフリードマンの恒常所得仮説の両方は，アービング・フィッシャーによって先に提案された消費者行動の理論に依存している。

効用を最大にするように行動すると考える。すなわち，家計の所得を一定として，異時点間における最適な消費・貯蓄計画問題について考えるのである。

今期の消費計画額C_t，来期の消費計画額C_{t+1}として効用関数を(11.10)式のように表す。

$$U = U(C_t, C_{t+1}), \quad U_1 > 0, \quad U_2 > 0 \tag{11.10}$$

U_1とU_2はC_t，C_{t+1}に関する限界効用を示す。効用水準がU_0において一定不変であるような異時点間の無差別曲線U_0を次の(11.11)式のように表す。

$$U_0 = U(C_t, C_{t+1}) \tag{11.11}$$

異時点間の消費計画間の限界代替率は，次の(11.12)式のように求められる。

$$-\frac{dC_{t+1}}{dC_t} = \frac{U_1(C_t, C_{t+1})}{U_2(C_t, C_{t+1})} \tag{11.12}$$

この異時点間の限界代替率から1を引いた値は，今期の消費計画額C_tと来期の消費計画額C_{t+1}との間の**「時間選好率」**（異時点間の消費の代替性）を示している。傾きが大きいほど将来財に対する割引率が高く，現在財に対する時間選好率が高いことを表している。

この2期間における異時点間の予算制約条件は，次の(11.13)式によって説明される。

$$Y_t + \frac{Y_{t+1}}{1+r} = C_t + \frac{C_{t+1}}{1+r} \tag{11.13}$$

左辺が2期間の所得総額であり，右辺が2期間の総支出額である。

《異時点間の消費者均衡》

図11.3は横軸に現在の所得の大きさY_t^0と消費量C_t^0をとり，縦軸に来期の所得の大きさY_{t+1}^0と消費量C_{t+1}^0をとった図である。点$E(C_t^0, C_{t+1}^0)$は，与えられた所得の組合せ点$F(Y_t^0, Y_{t+1}^0)$のもとで，異時点間の無差別曲線の限界代替率（時間選好率）と予算制約式の傾きである2財間の相対価格（＝1＋利子率）が等しい「異時点間の消費者均衡点」である。

このとき，この家計はIF（＝CD＝$Y_t - C_t = S_t$）の額を貯蓄し，来期にIE（＝HG＝$r \times S_t$）の額を利子として受け取る。

「異時点間の消費者均衡点」においては，「時間選好率」と市場利子率が等し

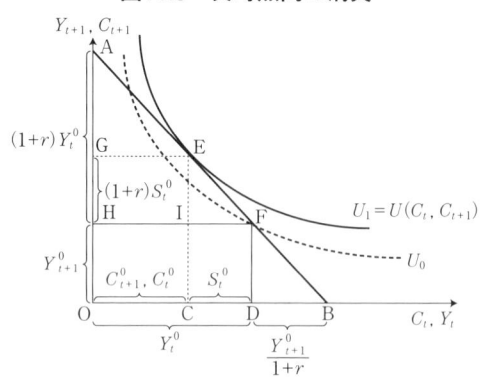

図11.3 異時点間の消費

いことが説明されるのである．すなわち，「異時点間の消費者均衡点」においては，次の(11.14)式が成立する．

$$-\frac{dC_{t+1}}{dC_t} = 1 + r \tag{11.14}$$

5.2 利子率の変化と貯蓄関数の導出

今期の所得と来期の所得の組合せが所与のままで市場利子率が変化すると，図11.4の家計における異時点間の消費者均衡点の軌跡から貯蓄曲線が市場利子率に反応するかたちで導出されるのである．

消費の最近の功績はこのアービング・フィッシャーの2期間の消費モデルの影響を受けている．このモデルでは，消費者は異時点間の予算制約に直面し，生涯の満足の最高水準を達成するために現在の消費と将来の消費の選択を行うのである．消費者が貯蓄をしたり，貸し出したりできる限りにおいては，消費は消費者の生涯所得に依存することを説明するのである．

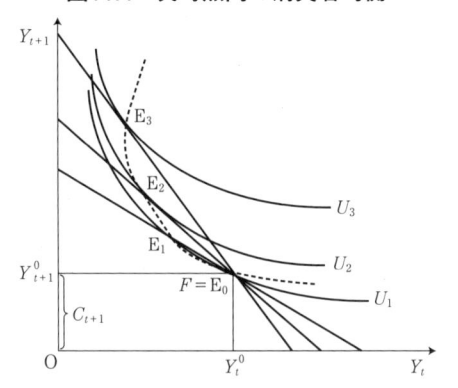

図11.4 異時点間の消費者均衡

6 ライフ・サイクル仮説

　フランコ・モディリアーニ（Franco Modigliani）[9]とアルバート・アンドォとリチャード・ベルムベルグは，人が人生のどの段階にあるのかによって消費の様式が異なることを考慮して，ライフ・サイクル仮説（Life‒Cycle Hypothesis）[10]を提唱した。すなわち，人生設計という異時点間の視座を消費関数に導入したのである。
　いま，消費を C，この消費者にとって残った生涯を通じて利用可能な資力を W とすると，ライフ・サイクル仮説に基づく消費関数は次のように表される。

$$C = cW \tag{11.15}$$

$$W = A_0 + \sum_{n=0}^{T} \frac{Y_{t+n}}{(1+r)^n} \tag{11.16}$$

---

9) ライフ・サイクル仮説は，以下の論文によって展開された。A. Ando and F.Modigliani, "the 'Life Cycle' Hypothesis of Saving: Aggregate Implication and Tests", American Economic Review, March, 1963.
10) 消費関数を研究するためにフィッシャーの消費行動モデルを利用した。フィッシャー・モデルによれば，消費は生涯所得に依存する。消費は構造的に人々の生涯を変化させることと貯蓄は所得が高いときから，所得が低いときまで所得を移動させることを消費者に容認させることを強調した。この消費者行動の解釈は彼のライフ・サイクル仮説の基礎を形成した。

ここで，A_0は前期末から今期に持ち越された資産価値総額，Y_{t+n}は今期以後の生涯に残された期間に受け取ると期待される非資産所得，rは将来時点での所得を現在時点の価値に割り引くための利率，Wはその現在価値の合計である。

家計にとって経済状態を変化させる1つの重要な出来事は退職である。退職後の消費を維持するためには働いている期間に貯蓄しなければならないのである。

いまからL年間働き，R年間の老後の生活を見込む家計が，現在W_0の富を所有し，毎期所得をY稼ぐと見込んでいるとする。もしこの家計が生涯にわたって消費の水準を一定に保ちたいと望むならば消費水準は次のように決定される。ここで，簡単化のために利子率ゼロであると仮定すると消費額は次の(11.17)式のように決定されるのである。

$$C = \frac{W_0 + LY}{L+R} = \frac{1}{L+R}W_0 + \frac{1}{L+R}Y \tag{11.17}$$

いま，この家計が85年生きることを見込み，20歳から45年間働き，退職後の期間が20年間と予定しているならば，そのとき$L=45$，$R=20$，$L+R=65$となり，消費関数は次の(11.18)式のように表される。

$$C = 0.015W + 0.308Y \tag{11.18}$$

この(11.18)式は，消費は所得と資産の両方に依存していることを説明している。所得の追加的な1万円は3,080円消費を増加させることを，そして資産の追加1万円は年に150円消費を増加させることが説明されるのである。

図11.5は，この関係を図示したものである。

経済全体においてすべての人がこのような消費計画を実行するならば，経済全体の消費関数は次の(11.19)式の経済全体の資産と所得の両方に依存することが説明されるのである。

$$C = \alpha W + \beta Y \tag{11.19}$$

ここで，パラメーターαは資産からの限界消費性向であり，パラメーターβは所得からの限界消費性向である。

モディリアーニのライフ・サイクル仮説は，所得がある人の人生において予測可能な何かで変化して，そして消費者が彼らの生涯で消費を平準化するために貯蓄したり，貸し出したりすることを行うことを強調した。この仮説によれ

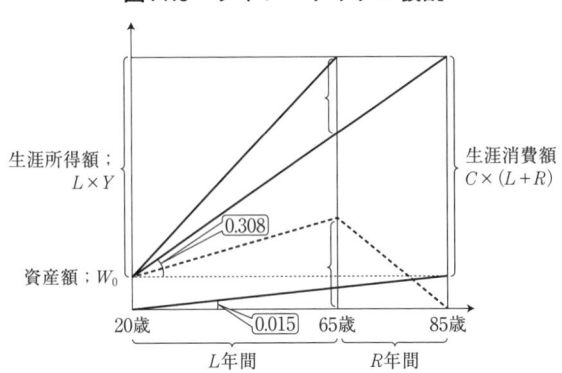

図11.5 ライフ・サイクル仮説

ば，消費は所得と富の両方に依存することになるのである。

7 恒常所得仮説

　ミルトン・フリードマン（Milton Friedman）は，恒常所得仮説（Permanent Income Hypothesis）を提案した[11]。恒常所得仮説とは，「実際に測られた所得；Measured Income」Yは「恒常所得；Permanent Income」Y_Pと「変動所得；Transitory Income」Y_Tの2つの部分に分けられ，消費Cも「恒常消費；Permanent Consumption」C_Pと「変動消費；Transitory Consumption」C_Tの2つの部分に分けられると説明するものである。

$$Y = Y_P + Y_T \tag{11.20}$$
$$C = C_P + C_T \tag{11.21}$$

　恒常所得Y_Pは期首の資産ストックをA_0とt期からT期までの将来予想所得の現在価値の合計をWとして，次の式を満たすような値として定義される。

---

[11] このフリードマンの恒常所得仮説は，以下の著書によって展開された。Milton Friedman, "A Theory of the Consumption Function", Princeton, 1957. この恒常所得仮説はモディリアーニのライフ・サイクル仮説を補足するものである。

$$W = A_0 + Y_0 + \sum_{j=1}^{T} \frac{Y_j}{(1+r)^j} = Y_P + \sum_{j=1}^{T} \frac{Y_P}{(1+r)^j} \tag{11.22}$$

すなわち，恒常所得とは家計の物的資産と金融資産や人的資産などの資力Wから将来予想される平均的収益を意味するのである。あるいは，恒常所得とは人々が将来にわたって継続的であると考える所得の一部分であり，変動所得は人々が継続的であると考えない所得の一部分である。恒常所得は平均所得であり，変動所得は平均から乖離した不規則な所得の部分である。

人々が長期的視点に立って消費計画を考える限りは，今期の消費は恒常所得Y_Pにのみに依存し，それ故に，恒常消費C_Pと変動消費C_Tの相関はゼロとなるとM.フリードマンは説明するのである。

フリードマンの恒常消費を表す恒常消費関数は，次の(11.23)式のように表される。

$$C_P = c(i, w, u) Y_P \tag{11.23}$$

ここで，消費性向cは利子率iや資産所得比率w，その他の効用関数の形を決める変数uの関数であり，長期的に一定である。

$$C_P = C - C_T = c(i, w, u) Y_P = c(i, w, u)(Y - Y_T)$$

この式を平均消費性向の形に変形すると，次の(11.24)式のようになる。

$$\frac{C}{Y} = c\left(1 - \frac{Y_T}{Y}\right) + \frac{C_T}{Y} = c\frac{Y_P}{Y} + \frac{C_T}{Y} \tag{11.24}$$

フリードマンは「消費は恒常所得と変動所得に依存する」と説明した。なぜならば，消費者は所得の不規則な変動に対する反応で消費を平準化するために貯蓄と借り入れを使うからである。変動消費の大きさが無視できる長期においては，消費性向はcであり，長期消費関数の消費性向が安定的であることが説明されるのである。また，変動消費の大きさが変化する短期においては，変動所得の増加によって平均消費性向は低下し，変動所得の減少によって平均消費性向は上昇することが説明されるのである。

フリードマンの恒常所得仮説は，個々人の所得において恒常的変動と不規則な変動を体験することを強調している。消費者は貯蓄と貸し出しが可能な状況であるから，彼らは消費を平準化することができるので，消費は変動所得に余り依存しないのであり，それ故に，消費は第1番目に恒常所得に依存すると説

明されるのである。

8 消費関数論争とケインズの消費関数

　ケインズは「消費は現在所得に大いに依存する」ことを提案した。それ以来，経済学者たちは消費者たちが異時点間の意思決定に直面していることを主張した。しかし，ケインズは「限界消費性向はゼロと１の間であること，平均消費性向は所得が増加すると下落すること，そして現在の所得が消費の第１番目の決定要因であること」を説明した。家計のデータと短期時系列の研究はケインズの推論を成立させた。また長期の時系列の研究は所得が時間を通じて上昇しても平均消費性向が下落する傾向がないことを発見した。消費者は彼らの将来の所得を見通して，ケインズが提案したよりももっと複雑な消費関数を適用することが必要となったのである。すなわち，現在所得の他に，富や予測される将来所得，そして，利子率等である。ここでは現在所得は総消費のたった１つの決定要因に過ぎないと強調しているのである。

　経済学者がそれぞれの政策について議論が一致しない理由の１つは異なった消費関数を想定しているからである。

　アービング・フィッシャーの異時点間の消費理論は，消費は現在の所得のみ依存するのではないことを主張しており，ライフ・サイクル仮説は，一生涯の所得を通常のパターンに従って消費することを説明しているのである。これに対して，恒常所得仮説は年々の所得の不規則で一時的な変化を強調しているのである。

《ケインズの消費関数》

　ケインズは『一般理論』の第８章の消費性向において，「もし財政政策が所得のより公平な分配のための裁量的手段として用いられるなら，それが消費性向を増大させる効果はもちろんそれだけいっそう大きい。」（前掲書，p.95）と説明している。

　戦争が終わって，帰還兵たちが本国に帰り，非軍事産業を中心に経済が復興

し，拡大し始めると，若者を中心に雇用が増加し，所得の労働分配率が改善したと考えられるのである。すなわち，総需要関数は上方にシフトし，消費性向が上昇するのである。この消費性向の上昇効果と国民所得の増加による消費性向の低下が相殺しあって，消費性向はほぼ不変のまま推移したことが，S.クズネッツの「平均消費性向は長期的には不変である」という説明につながったと考えられるのである。戦後の経済復興期においては，このような消費性向の上昇効果が雇用の増大と労働分配率の改善の結果として続いたと考えるならば，ケインズの絶対所得仮説に基づく消費関数は最初から正しかったのである。

第12章
古典派経済学と「貨幣数量説」

1 古典派経済学

1.1 古典派経済学と貨幣数量説

　古典派経済学においては，資本主義経済は市場原理によって機能する理想的な経済システムであると説明する。それ故に，生産物市場や労働市場，貨幣市場においては，財・サービス間の相対価格や実質賃金率，実質利子率の調整によってそれぞれの市場において需要量と供給量が均衡するように調整され決定されると説明する。

　また，物価水準に関しては，貨幣供給量の大きさに基づいてその水準が決定されると説明されるのである。すなわち，実物経済は貨幣市場とは独立した現象として説明できるという「古典派の二分法」(Classical Dichotomy) である。この古典派経済学の世界では貨幣は経済の実物的な側面を覆うベールであるとする「貨幣ベール観」の立場であった。経済に流通する貨幣数量が変化しても，経済の実物的側面である生産量や取引量，そして，諸財間の相対価格には何ら影響を与えないという「貨幣の中立性」を前提とした議論が中心であった。

　このような古典派経済学の貨幣論を説明するのが「貨幣数量説」(Quantity Theory of Money) である。この貨幣数量説には，「フィッシャー型の交換方程式」とマーシャル型の「ケンブリッジ現金残高方程式」の2つの説明方式がある。

1.2 フィッシャー型の交換方程式

アービング・フィッシャー（Irving Fisher；1867〜1947年）は，1911年に出版した『貨幣の購買力』において「交換方程式」型の貨幣数量説を提示した。すなわち，一定期間に経済全体で流通している貨幣残高（通貨供給量）をMとし，貨幣の流通速度をV，一定期間における財・サービスの総取引量をT，その諸物価の平均価格をPとすると，フィッシャー型の交換方程式は次の(12.1)式のような関係式（恒等式）が成立する。この貨幣数量説は，古典派経済学の理論体系の中核となる学説である。

$$MV \equiv PT \tag{12.1}$$

一定期間の間に取引される財・サービスはすべて貨幣的交換であるとすると，取引される財・サービスを購入するために支出される貨幣額MVは，その財・サービスを販売して受け取られる貨幣額PTに等しいことが説明される。すなわち，実物取引額と貨幣的取引額は恒等的に等しいことを説明しているのである。

この恒等関係についてどの変数が先に決定される変数であり，どの変数が定数であるかを考察することによって，この式を貨幣理論としての方程式と解釈するのである。

いま，①貨幣残高Mは中央銀行が決定する外政変数（＝政策変数）であるから政策的に一定所与の大きさである。また，②貨幣の流通速度Vは，社会の支払い決済制度や慣習に依存して決定されていると考えられるために短期的には容易に変化しないと考えることができる。すなわち，貨幣残高の変化ΔMは貨幣の流通速度を変化させない（$\Delta V = 0$）と考えられるのである。③一定期間の経済全体の総取引量は自然資源の状況や技術的条件に依存して決定されるために，貨幣残高の変化ΔMは，総取引量を変化させない（$\Delta T = 0$）と考えられる。次に，④貨幣残高が一定（$M = M_0$）のときの貨幣の流通速度は所与（$V = V_0$）であり，総取引量は実物経済における市場原理によって完全雇用経済の水準において貨幣量とは独立の一定の値に決定されるのである。

以上の議論によって，短期的には社会の支払制度や慣習から決まると考えられる貨幣の流通速度Vは一定であり，自然的資源や技術によって決まると考え

られる総取引量Tも一定であるので，唯一の独立変数である貨幣供給量Mの変化は，諸物価の平均価格Pを変化させるという関係が成立する。

この貨幣数量説の考え方に基づくと，物価の安定のためには通貨供給量（マネーサプライ）をコントロールすることが重要であると説明される。

1.3 マーシャル型のケンブリッジ残高方程式

マーシャル型の「ケンブリッジ現金残高方程式」は，各経済主体は貨幣の保有からもたらされる便宜と安全の効用とその現金を投資または消費に向ければ得られたであろう利益との比較から貨幣保有量を決定するとA.マーシャル（Alfred Marshall：1842～1924年）は説明する。それ故に一時点において経済全体で保有される実質貨幣残高Lは実質所得yの一定割合k（マーシャルのk）に相当する。「マーシャルのk」とは，ある一定時点において人々が貨幣の形態で国民所得のある一定割合を保有したいと考える程度を示しており，貨幣保有の欲求の程度を表している。貨幣需要Lは次の(12.3)式のように定義される。

$M = kpy$ (12.2)

$L = ky$ (12.3)

貨幣市場における需給均衡条件は，貨幣の実質残高$\frac{M}{P}$と貨幣需要Lとの間に次の(12.4)式の関係が成立することである。

$\frac{M}{P} = ky$ (12.4)

ここで，pは，実質国民所得yに対応する物価水準（GNPデフレーター）である。このマーシャルの「ケンブリッジ現金残高方程式」は，貨幣市場に関する需要と供給という市場分析の枠組みで説明されており，物価水準は人々が保有したいと考える財・サービスの量とそれを反映した貨幣量に対する貨幣需要の程度と貨幣供給量との関係から決定されることを説明している。

また，「マーシャルのk」は先の「フィッシャーの交換方程式」における貨幣の流通速度の逆数に対応し，kが一定であるということは，貨幣数量と物価水準は比例関係にあることを示している。

1.4 2つの理論は本質的に同じ理論；貨幣数量説と物価決定

　古典派経済学は，実物経済は「市場原理」の調整メカニズムによって経済は自動的に市場均衡に導かれること，それ故に完全雇用は自動的に達成されることを前提にしていると考えることができる。

　古典派経済学の貨幣数量説においては，貨幣の流通速度Vや「マーシャルのk」は制度的に決定され，短期的には一定不変であり安定的であると想定されていることから，経済全体の取引量T，あるいは実質所得水準yは，貨幣流通量とは独立に完全雇用水準に決定されると考えられる。

　一定期間の実質国民所得yとは，総取引量Tから生み出される付加価値の合計額であるから，yとTとの間には所与の産業構造や経済構造より以下の(12.5)式のような一定の関係が成立すると仮定する。

$$y = \beta T \tag{12.5}$$

　また，物価水準pとは実質国民所得を導出するためのデフレーターである。すなわち，総取引量の平均価格PとこのGNPデフレーターとの間には，以下の(12.6)式のような一定の関係が成立すると考えることができる。

$$p = \alpha P \tag{12.6}$$

　この関係をマーシャル型の残高方程式を説明する(12.2)式に代入すると，次のような関係が成立する。

$$M = kpy = k\alpha P\beta T = \frac{1}{V}PT$$

　ここで，貨幣の流通速度Vと「マーシャルのk」との間には，$V = \dfrac{1}{\alpha\beta k}$という関係が成立すると考えると，上の式は，「フィッシャー型の交換方程式」(12.1)式となるのである。

　すなわち，貨幣の流通仮定を描写している「フィッシャー型の交換方程式」と貨幣市場の需給関係式として考える「マーシャル型のケンブリッジ残高方程式」とは，同一の議論であることが説明されるのである。

1.5 図による「フィッシャー型の交換方程式」と「マーシャル型の残高方程式」の説明

図12.1aは，縦軸に平均価格P，横軸に貨幣供給量Mをとった図であり，「フィッシャー型の交換方程式」を説明している。図12.1bは，縦軸にGNPデフレーター，横軸に実質国民所得をとった図であり，「マーシャル型のケンブリッジ残高方程式」を説明している。

図12.1a　フィッシャー型の交換方程式　　図12.1b　マーシャル型の残高方程式

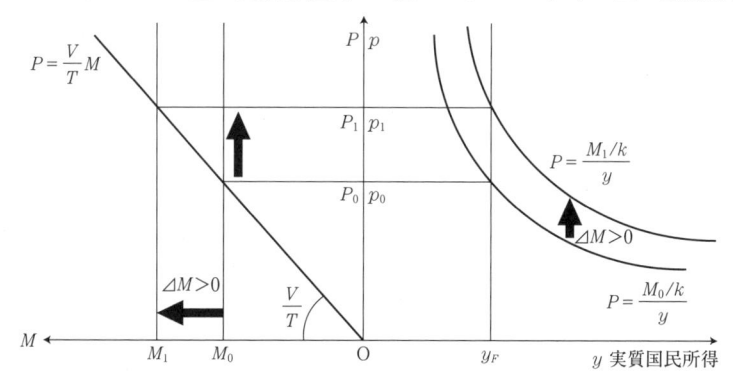

1.6 貨幣数量説とインフレーション

いま，xをある経済変数として，tを時間として，Gを増加率を表す演算子であるとすると次のような関係が成立する。

$$G(x) = \frac{1}{x}\frac{dx}{dt}$$

この演算子を利用すると，変数xと変数yとの間での積と除の関係については，次のような関係が成立する。

$$G(xy) = \frac{1}{xy}\frac{dxy}{dt} = \frac{1}{xy}\left(y\frac{dx}{dt} + x\frac{dy}{dt}\right) = \frac{1}{x}\frac{dx}{dt} + \frac{1}{y}\frac{dy}{dt} = G(x) + G(y)$$

$$G\left(\frac{y}{x}\right) = \frac{1}{y/x}\frac{d(y/x)}{dt} = \frac{1}{y/x}\left(-y\frac{1}{x^2}\frac{dx}{dt} + \frac{1}{x}\frac{dy}{dt}\right) = \frac{1}{y}\frac{dy}{dt} - \frac{1}{x}\frac{dx}{dt} = G(y) - G(x)$$

この関係から，貨幣数量説の(12.1)式の両辺を対数微分すると，以下の(12.7)式が成立する。

$$G(P) = G(M) + G(V) - G(T) \tag{12.7}$$

短期的に制度は所与であるから貨幣の流通速度Vは一定である。経済全体の取引量Tは貨幣量とは中立であるから一定所与である。この関係を代入すると，次の(12.8)式が成立する。

$$G(V) = G(T) = 0$$
$$G(P) = G(M) \tag{12.8}$$

すなわち，貨幣量Mの増加は物価水準Pを上昇させることが説明される。すなわち，インフレーションの原因は，貨幣量の増加であることが説明されるのである。

今日の新々古典派的なマクロ経済学者は物価の上昇をインフレーション，物価の下落をデフレーションと定義している。しかし，ケインズ的な経済学では，インフレーションとは，単なる物価の上昇ではなく，「貨幣価値の持続的下落」と定義するのである。

2 新貨幣数量説

ケインズ革命を経た今日，現実の経済データの観察結果からの素朴な貨幣数量説についての問題点は2つある。1つは，マーシャルのk，あるいは，その逆数である貨幣の流通速度Vは一定ではないこと，2つ目は，貨幣供給量の変化ΔMが実物経済に影響を与えることが観察されるようになったことである。

M.フリードマンは貨幣数量説についてのこの問題点を解決しようとして「新貨幣数量説」を発表した。ここでは，貨幣を資産保有の一形態として捉えた。すなわち，各経済主体が資産を保有する形態を①貨幣，②債券，③株式，④実物資本，⑤人的資本の5つに分類した。次に，貨幣の流通速度Vは，実質国民所得と利子率の関数であるとしたのである。

すなわち，M.フリードマンら，マネタリストは，単純な貨幣数量説ではなく，ケインズの流動性選好の理論をも包含するような「新貨幣数量説」を提唱したのである。

　「新貨幣数量説」においては，yを恒常所得，ωを富の中の物的資本の割合，r_mを貨幣の名目収益率，r_bを債券の名目収益率，r_eを持分券の名目収益率，π^eを期待インフレ率，uをその他の変数からの影響，とすると，次の(12.9)式のように表される。

$$M = f(y, \omega, r_m, r_b, r_e, \pi^e; u) \tag{12.9}$$

　マネタリストは，ケインズ的な裁量的財政・金融政策は長期的には効果がないと批判して，「x%ルール」に基づくマクロ経済政策の有効性を主張するのである。すなわち，景気の状態とは無関係な貨幣供給量（マネーサプライ）を一定の増加率x%に保てば，実物経済に悪い影響を与えないで，経済は健全に（完全雇用状態を）推移するという政策である。このような政策は「x%ルール」と呼ばれる。

3 インフレ需要曲線とインフレ供給曲線

　インフレーションという現象は，本来動学的な現象である。すなわち，新古典派経済学的の比較静学マクロ・モデルであるIS・LM分析では，インフレーションの分析はできないと考えることから，インフレ率を1つの変数として実物経済との関係を基本としたマクロ分析が求められたのである。

　いま，πを今期のインフレ率，π^Eを期待インフレ率，yを実質国民所得水準，y_nを完全雇用に対応する実質国民所得水準，αを実質国民所得が完全雇用実質国民所得を超える分が価格上昇に与える程度を表す係数とすると，今期のインフレ率は次の(12.10)式のように表される。

$$\pi = \pi^E + \alpha(y - y_n) \tag{12.10}$$

　この式は，産出量が完全雇用水準よりも大きい場合には，労働市場において超過需要が発生するため貨幣賃金率が上昇し，この曲線は上方にシフトして物価上昇率も上昇する。このような曲線はインフレ供給曲線と呼ばれる。

168 第Ⅲ部 現代マクロ経済学の発展

次に，総需要と物価上昇率との関係を表すインフレ需要曲線について説明する。いま，yを総需要，πをインフレ率，mを名目貨幣供給増加率，βを通貨乗数，gを政府支出増加率，γを政府支出乗数とすると，インフレ需要曲線は，次の(12.11)式のように与えられる。

$$y = y_{-1} + \beta(m - \pi) + \gamma g \tag{12.11}$$

この式は貨幣供給量増加率がインフレ率と等しく，政府の支出増加率がゼロであれば，今期の実質国民所得は前期の実質国民所得と等しいことを説明している。また，貨幣供給量がインフレ率以上に増加するときは通過乗数を通して，政府支出が増大すると政府支出乗数を通して総需要が増加することを表している。

図12.2において，横軸に実質国民所得をとり，縦軸にインフレ率をとると，(12.10)式は，右上がりの曲線として描かれ，(12.11)式は，右下がりの曲線として描かれる。このインフレ供給曲線IASとインフレ需要曲線IADから，長期マクロ経済均衡への調整過程が説明されるのである。

当初マクロ経済均衡点は点Aであるとする。政府が財政支出の増加率（$g = 0$）をゼロとして，貨幣供給増加率を一定（$m = m_0$）に保つとする。(12.11)式よりインフレ率が低下して，インフレ供給曲線が右下にシフトして，均衡点が点Bに移動して，実質国民所得水準が上昇する。実質国民所得水準の上昇を反映して，インフレ需要曲線が右側にシフトして均衡点が点Cに移動する。このよ

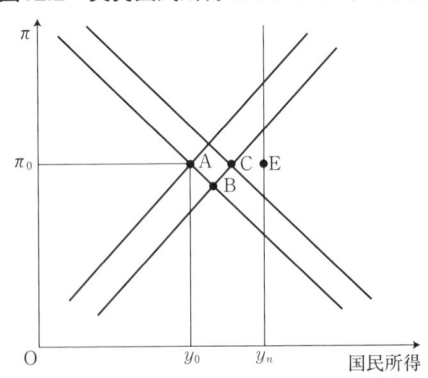

図12.2 実質国民所得とインフレ率の決定

うな調整過程を通じて、マクロ経済均衡点はやがて長期均衡点Eに到達すると説明されるのである。

しかし、長期均衡点の定義は、現実のインフレ率πと期待インフレ率π^Eは等しくなることである。この関係を(12.10)式に代入すると、完全雇用（$y = y_n$）が実現する。つまり、完全雇用の実現は、長期均衡点の仮定から導出されるのである。

インフレ率πは貨幣供給増加率mに等しいと仮定して(12.11)式に代入すると、$y = y_{-1} + \gamma g$が成立し、政府支出の増加gは実質国民所得yを増加させるが、その効果は一時的であり、やがて政府支出の増加がなくなったときに本来の実質国民所得水準y_nに戻ることが説明されるのである。

4 オークン法則

4.1 オークン法則；実質生産と失業との関係

アメリカ経済において、実質生産と失業との間には明確な関係が存在すると説明される。いま、実質GNPをy、y_Fを潜在的GNP（現在の技術や所条件のもとで達成可能な最大限の生産量である）、uを失業率とすると、1960年ごろのアメリカ経済においては、「オークン法則」（Okun's law）と呼ばれる次の(12.12)式のような関係式が成立した。

$$\frac{y_F - y}{y_F} = 3.2(u - 0.04) \tag{12.12}$$

ここで、$(y_F - y)$は潜在的GNPと実質GNPとの差であり、GNPギャップと呼ばれる。$\frac{y_F - y}{y_F}$はGNPギャップ率と呼ばれる。また、0.04は完全雇用が達成されたときの失業率であり、ケインズ経済学の「摩擦的失業」に対応する部分であり、自然失業率と呼ばれる。係数の3.2は失業率が1％増えると、GNPギャップが3.2％増加することを表している。

4.2 オークン法則とインフレ供給曲線

　GNPギャップ率と失業率との安定的な関係を表すこの「オークン法則」と失業率 u とインフレ率 π とのトレード・オフ関係を表す「フィリップス・カーブ」[1]とから前節で説明したインフレ供給曲線を導出することができる。

　いま、フィリップス・カーブが次の(12.13)式で表され、「オークン法則」を表す(12.12)式を一般形で表すと(12.12′)式のように表されるから、この2つの式から、(12.10)式のインフレ供給曲線が導出されることが説明できる。

$$\pi = -\lambda(u - u_n) + \pi^E \tag{12.13}$$

$$\frac{y_F - y}{y_F} = \lambda(u - u_n) \tag{12.12′}$$

　いま、(12.12′)式を(12.13)式に代入すると、次のように変形することができる。

$$\pi = -\lambda(u - u_n) + \pi^E = -\lambda(u - u_n) + \pi^E$$

$$= \pi^E - \frac{\lambda}{\mu}\frac{y_F - y}{y_F} = \pi^E + \alpha(y - y_n) \tag{12.10}$$

　ここで、完全雇用所得水準と自然失業率に対応する国民所得水準は同一である（$y_F = y_n$）。そして、$\alpha = -\dfrac{\lambda}{\mu y_F}$ である。

《インフレ供給曲線の要約》

　このインフレ供給曲線とは、デフレ・ギャップ率の大きさがインフレ率を決定するという意味であり、ミクロ経済学的な企業行動の合理的行動理論も市場の調整原理も無視した、経験法則だけからなる、「少し奇異な経済理論」なのである。

---

[1] フィリップス・カーブの詳細は、次の第Ⅲ部第13章において説明される。

第13章 インフレーションとフィリップス・カーブ

1 インフレーション

インフレーションとは，一般物価水準がかなりの長期間にわたって持続的に上昇し続けることによって生ずる「貨幣価値の持続的下落」と定義することができる。具体的には，消費者物価水準，卸売物価水準，GNPデフレーターなどによって表される物価水準が長期的に上昇する過程である。

インフレーションは，「貨幣価値の持続的下落」であるから，インフレーションの原因は，実物経済における財・サービスの取引量と比較して経済全体に流通している貨幣供給量が過剰であることである。

《インフレーションのスピードによる分類》

インフレーションには，物価上昇の速度によって，クリーピング・インフレーション（忍び足のインフレ）や，ギャロッピング・インフレーション（駆け足のインフレ），ストローキング・インフレーション（そぞろ歩きのインフレ），ブリスクリーウォーキィー・インフレーション（速足のインフレ）というように呼び分けられることがある。また，ケインズは，完全雇用所得水準以上の有効需要の増大があるときに貨幣数量の増加と同じ率の物価の上昇が続く段階を「真正インフレーション」と名付けた。

1.1 インフレーションの弊害

インフレーションは貨幣価値の持続的下落による一般物価水準の上昇であり，

個別価格の変化や相対価格の変化とは区別しなければならない。通常，個々の財・サービスの需要の価格弾力性とその市場における調整スピードは異なっており，このために一般的な物価水準の上昇の過程においては相対価格の変化が伴うのが普通である。

緩慢なインフレーションは，経済活動が活発になり，雇用水準を高く維持する過程では必然的に生ずると考えられている。しかし，インフレーションには以下に説明するように様々な問題があるのである。

① インフレーションは貨幣経済の安定性を損なうこと。特に，企業の投資意欲や家計の貯蓄意欲を減退させて経済全体の有効需要を減少させるような影響を与え，ひいては経済を停滞させることになること。

② インフレーションによって，相対価格の攪乱的な変化が生じることによって，資源の最適配分が損なわれ，生産物の最適な生産量決定が損なわれること。

③ 資源配分において最適な相対価格の実現を妨げることによって，あるいは資産の相対価格の変動を通じて，生産活動や所得分配，あるいは富の分配に様々な攪乱効果をもたらし，資源の効率的な配分や所得の最適分配が損なわれること。

④ インフレーションが生じた場合には，次のような「所得再分配効果」があること。すなわち，インフレーションによって，債権者や利潤所得者は不利になり，不動産や株式のかたちで資産を保有する人は比較的被害を受けない。しかし，利子や地代，俸給のかたちで所得を受け取っている人々にとっては不利になる傾向があること。

⑤ 国内のインフレーションは国際的には輸出財産業価格の上昇によって国際競争力を低下させ，輸出を減少させ，貿易収支を悪化させる傾向があること。また，交易条件の変化（改善）あるいは為替相場への影響を通じて国際収支にも悪い影響を与えること。

1.2 マクロ・モデルによる説明

インフレーションの原因は，「貨幣価値の持続的下落」である。それ故にイ

ンフレーションの原因は，総供給額を超過する総需要額を生み出すような貨幣供給量の過剰な増加である。このような貨幣供給の過剰な増加を導く原因には，次の2つがある。①総需要の過度の増加による需要圧力がインフレーションの原因であるとするディマンド・プル・インフレーションと，②財・サービスの供給価格上昇要因にインフレーションの原因があるとするコスト・プッシュ・インフレーションがある。

（1）ディマンド・プル・インフレーション

ディマンド・プル・インフレーションとは，超過需要インフレーションである。すなわち，生産能力を超える総需要の過度の増大によって生ずるインフレーションである。総需要が完全雇用所得水準を上回っているためにインフレ・ギャップが発生している状態であり，これ以上の生産物供給量の増大が困難な状態であるために発生するインフレーションである。このようなディマンド・プル・インフレーションが発生する原因は，一般的には経済状態が自然に加熱して経済全体の有効需要が過度に増加するために発生すると考えられる。

戦後の先進工業諸国の経験としては，景気停滞期，あるいは不景気においてそれぞれの生産要素や技術的な側面でボトル・ネックが発生しているにもかかわらず，政府の景気刺激政策や有効需要拡大政策によって完全雇用水準以上の活動水準で国民経済を運営しようとして，貨幣供給量の増加が貨幣供給量の増加が持続的に続いた結果であるということができる。

ディマンド・プル・インフレーションの図による説明は，横軸に国民所得をとり，縦軸に物価をとると，図13.1aで説明することができる。

すなわち，AS曲線が総供給曲線であり，AD曲線は総需要曲線である。当初のマクロ経済の均衡点が点Aであり実質国民所得水準はY_0，物価水準はP_0である。総需要の増大によって，総需要曲線がAD_1のように右上にシフトして，マクロ経済均衡は一時的には点Bに移動し，国民所得もY_1に一時的に増加するが，やがて労働者不足や他の諸資源の不足によって発生する賃金や諸価格の上昇を反映して，総供給曲線がAS_1線のように左上にシフトするために，最終的なマクロ経済の均衡点は点Cのようにより上の位置に移動し，完全雇用国民所得Y_0のもとで物価だけがP_2に上昇するのである。このような過程が持続する

図13.1a ディマンド・プル・インフレーション

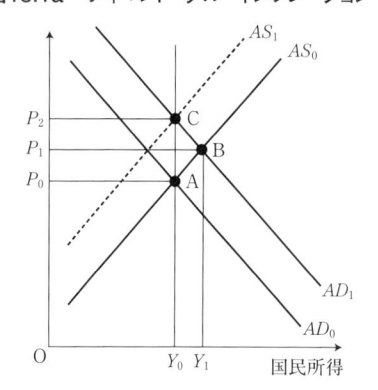

図13.1b コスト・プッシュ・インフレーション

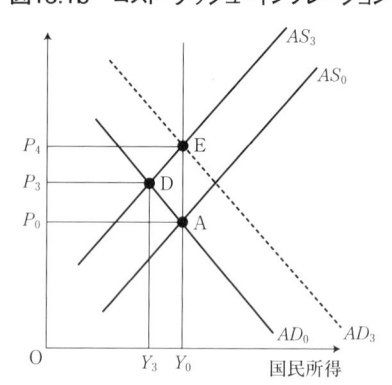

ことがディマンド・プル・インフレーションである。

(2) コスト・プッシュ・インフレーション

コスト・プッシュ・インフレーションとは，費用インフレーションである。生産のための諸費用の上昇によって総供給曲線が上昇し，その費用の増加を支えるだけの貨幣供給量が伴うために発生する物価上昇によるインフレーションである。

コスト・プッシュ・インフレーションの図による説明は，横軸に国民所得をとり，縦軸に物価をとると，図13.1bで説明することができる。

AS曲線が総供給曲線であり，AD曲線は総需要曲線である。当初のマクロ経済の均衡点が点A，実質国民所得水準はY_0，物価水準はP_0である。諸費用価格の上昇によって，総供給曲線がAS_3のように左上にシフトして，マクロ経済均衡は一時的には点D方向に移動し，国民所得もY_3に一時的に減少する可能性があるが，諸価格の上昇を反映して名目所得が増加し需要が増大する結果として，通貨当局が景気停滞に対する対策として貨幣供給量を増加させるとして，総需要曲線がAD_3線のように右上にシフトするために，最終的なマクロ経済の均衡点は点Eより上の位置に移動し，完全雇用国民所得Y_0のもとで物価だけがP_4に上昇するのである。このような過程が持続することがコスト・プッシュ・インフレーションである。

コスト・プッシュ・インフレーションの原因は，総供給関数の費用増加による上方シフトとそれを支える貨幣供給量の増加による総需要曲線の上方シフトがもたらすインフレーションである。

1.3 その他のインフレーション

上で説明したインフレーションの他に，①輸入インフレーションや②社会派型インフレーション，③需要構造変化型インフレーション，④部門間生産性上昇率格差インフレーション，⑤スカンジナビアン・インフレーション・モデルなどがある。

（1）輸入インフレーション

輸入インフレーションとは，一般に輸入製品の価格の上昇が原因となって生ずるインフレーションであると説明される。しかし，輸入価格の上昇は交易条件の変化とその影響による国内相対価格の変化であって，これだけではインフレーションの原因であるということにはならないのである。

「固定相場制度」や「調整可能な釘付け制度；アジャスタブル・ペッグ」あるいは「カレンシィー・ボード制度」などによって外国為替相場の調整が不十分のままに長い年月の間，輸出超過が続き「不胎化政策」が不十分なままに国内の貨幣供給量の増加が持続的に続くことによって，国内経済のインフレーションが発生する場合も「輸入インフレーション」と説明すべきなのである。

（2）社会派型インフレーション

社会派型インフレーションとは，社会的あるいは政治的要因などの非経済的な要因を重視するインフレーションの説明である。例えば，労働者の所得分配率が高く，また，労働組合の経済に対する影響力が大きい社会では，賃金や俸給の上昇率が生産性上昇率を上回り，物価上昇の主要な原因となると考えられるのである。

(3) 需要構造変化型インフレーション

需要構造変化型インフレーションとは，貨幣賃金率や諸価格の下方硬直的であるときに，経済全体の総需要の攻勢が変化することによって，需要が増大した部門にディマンド・プル型のインフレーションが生じ，一方では賃金率の下方硬直性のために需要減少部門の賃金コストが低下せずに，一般物価が上昇するインフレーションであり，需要シフトインフレーションとも呼ばれる。

(4) 部門間生産性格差インフレーション

部門間生産性格差インフレーションとは，生産性格差インフレーションとも呼ばれ，産業間の生産性上昇率が異なっているために高い生産性上昇率をもつ産業の賃金率が労働市場において賃金率上昇の圧力となり，これが低生産部門にとってコストプッシュ要因となって生じるインフレーションである。

(5) スカンジナビアン型インフレーション

スカンジナビアン型インフレーションとは，インフレーションの国際間波及過程を1つのモデルとして展開したものである。

為替相場切り下げ国においては，輸入物価が上昇し，為替相場切り上げ国にとっては，価格の下方硬直性によって輸入価格の下落が国内の賃金率や原材料価格に十分には反映しないために一般物価水準に対するディス・インフレーション効果が小さくなるのである。このような場合には，為替相場切り上げ国は輸入品の価格下落効果を享受することなく，輸出国の為替相場切り下げによる物価上昇効果だけをこうむることになるのである。さらに為替相場切り上げ国の物価が相対的に下がったとしても，超過輸出型のインフレーションによって世界経済全体のインフレーションが促進されることになるのである。

2 フィリップス・カーブ

1950年代後半のイギリスやアメリカにおいて，あるいは，1960年代には他の先進工業諸国においても，不況期あるいは景気後退期に消費者物価が上昇する

第13章 インフレーションとフィリップス・カーブ 177

「スタグフレーション」現象がみられるようになった。日本においても，世界経済と同時に1973年と1979年に2回の石油危機において「スタグフレーション」を経験した。

「スタグフレーション」(stagflation；停滞) とは「スタグネーション」(stagnation) と「インフレーション」(inflation) の合成語であり，「景気後退期のインフレーション」である。この「スタグフレーション」の原因は，前節で説明したようなディマンド・プル・インフレーションやコスト・プッシュ・インフレーションでは説明できない新しい形のインフレーションである。

本節においては，フィリップス・カーブの説明とマネタリストの「期待によって調整されたフィリップス・カーブ」を説明して「スタグフレーション」の原因とその政策について考える。

2.1 A.W.フィリップスのフィリップス・カーブ

A.W.フィリップス (Alban William Phillips；1914～75年) は，1861年から1957年のイギリスにおける失業率と貨幣賃金変化率との関係について統計調査を行い，失業率と貨幣賃金率との間には図13.2に示されるような逆相関関係（トレード・オフ関係）があることを説明した。すなわち，貨幣賃金の上昇率が高い（低い）ほど失業率は低い（高い）という関係が1つの曲線（図13.2）で示され，その位置や形状がこの期間に関する限りほぼ安定していることを明らかにした。

それ以後，この曲線は「フィリップス・カーブ」(Phillips Curve) と呼ばれ，現代のインフレーション分析にとって経験法則を提示することになった。

いま，失業率をu，貨幣賃金変化率をWとすると，フィリップス・カーブは，貨幣賃金変化率Wは失業率uの減少関数として，次の(13.1)式のように定式化される。

$$W = f(u) \qquad f'(u) < 0 \qquad f''(u) < 0 \tag{13.1}$$

しかし，この関係はあくまで貨幣賃金変化率Wと失業率uとの間のトレード・オフ関係を表すものであり，決して因果関係を説明しているのではないことに注意しなければならない。

図13.2は，横軸に失業率u，縦軸に貨幣賃金変化率Wをとっている。

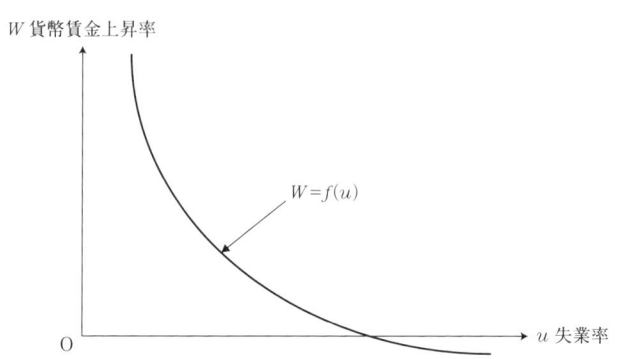

図13.2 フィリップス・カーブ

W 貨幣賃金上昇率

$W=f(u)$

u 失業率

2.2 R.G.リプシィーによる説明

R.G.リプシィーは，長期においては，貨幣賃金の変化率は労働市場の超過需要の程度によって決定される。また，短期においては輸入物価の変動と生産性の上昇がこの超過需要とともにインフレ率の決定に影響すると分析し，フィリップス・カーブの概念を経済理論的に精緻化した。すなわち，インフレ率と失業率の短期的な相関関係を示す曲線として説明した。

いま，N_Sを家計の労働供給量，N_Dを企業の労働需要量，wを実質賃金率とすると，家計全体の労働供給関数は実質賃金率の増加関数として次の(13.2)式のように定義される。

$$N_S = N_S(w), \quad N_S'(w) > 0 \tag{13.2}$$

企業全体の労働需要関数は実質賃金率の減少関数として，次の(13.3)式のように定義される。

$$N_D = N_D(w), \quad N_D'(w) < 0 \tag{13.3}$$

実質賃金率の下落は，労働市場において超過供給率を下落させるが，同時に失業率も減少させる。いま，N_Fを完全雇用とすると，労働市場の超過供給率と失業率との間には次の(13.4)式のような関係がある。

$$\frac{N_S - N_D}{N_F} = \phi(u), \quad \phi'(u) > 0 \tag{13.4}$$

労働市場の超過需要の程度（超過需要率）に応じて貨幣賃金率が変化すると仮定すれば，(13.5)式のような賃金反応関数 g を想定することができる。

$$W = g\left(\frac{N_D - N_S}{N_F}\right), \quad g(0) = 0, \quad g\left(\frac{N_D - N_S}{N_F}\right) > 0 \tag{13.5}$$

この賃金反応関数は，横軸に労働の超過需要度，縦軸に貨幣賃金上昇率をとると，図13.3のように右上がりの曲線として描かれる。超過需要が大きくなるに従って貨幣賃金の上昇率がより大きくなることを示している。

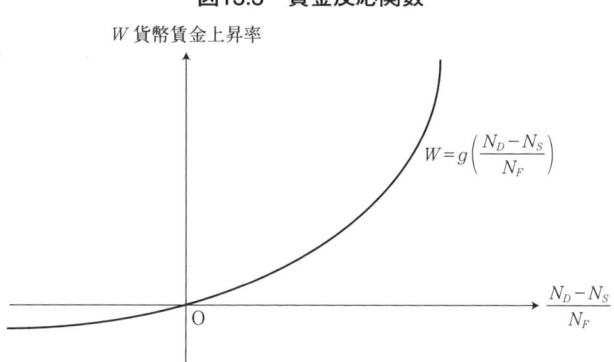

図13.3 賃金反応関数

(13.4)式を(13.5)式に代入すると，(13.6)式が導出される。

$$W = g\left(\frac{N_D - N_S}{N_F}\right) = g(-\phi(u)) = f(u), \quad f(u_n) = 0, \quad f(u) < 0 \tag{13.6}$$

ここで，$f(u_n) = 0$ は，失業率が自然失業率 u_n のとき貨幣賃金上昇率は変化しないでゼロであることを説明している。すなわち，自然失業率とは金融緩和政策等の有効需要拡大政策等では減少させることができない失業率を表しているのである。

この(13.6)式は労働市場が超過需要であるときには，貨幣賃金率が上昇するという意味で「フィリップス・カーブ」に理論的な説明を与えたものである。

《生産性上昇率と物価上昇率との関係》

いま、生産物価格Pは経済全体の平均的賃金費用$\frac{W_M N}{Y}$に一定のマーク・アップ・レシオmを掛けた値として決定されるとする。すなわち、管理価格によって物価水準が決定されるとする。実質生産量をY、貨幣賃金率をW_M、労働投入量をNとすると、物価Pは次の(13.7)式のように決定される。

$$P = m\frac{W_M N}{Y} = z\frac{W_M}{q} \tag{13.7}$$

この(13.7)式を対数微分して整理すると、次の(13.8)式が導出される。

$$\pi = G(P) = G(m) + G(W_M) + G\left(\frac{Y}{N}\right) = W - q \tag{13.8}$$

ここで、マーク・アップ・レシオmは一定であるから、$g(m) = 0$である。また、労働生産性の変化率を$q = G\left(\frac{Y}{N}\right)$として、貨幣賃金$W_M$の増加率は$W = G(W_M)$で表している。

この(13.8)式に(13.6)式を考慮すると、次の(13.9)式が得られる。

$$\pi = f(u) - q \tag{13.9}$$

《フィリップス・カーブの導出》

いま、図13.4のように、横軸に失業率uをとり、縦軸にインフレ率πをして、労働生産性上昇率が一定であるとすると、「フィリップス曲線」は右下がりの曲線として描かれるのである。

すなわち、「貨幣賃金変化率と失業率との間のトレード・オフ関係」を示す「フィリップス曲線」が「物価上昇率と失業率との間のトレード・オフ関係」を示す曲線として説明されるのである。短期的に失業率を低下させようとすればインフレが発生し、インフレを抑制しようとすれば失業率が高くなるという曲線として説明されるのである。

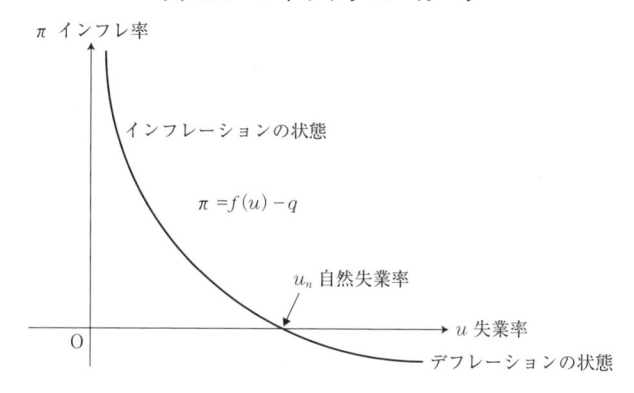

図13.4 フィリップス・カーブ

インフレーションの状態

$\pi = f(u) - q$

u_n 自然失業率

u 失業率

デフレーションの状態

　図13.4から明白なように，インフレーションの状態は，物価の持続的上昇であるが，デフレーションの状態は物価の下落というよりは，実物経済の停滞による雇用の減少・失業の増加の状態であり，両者は対照的な事象ではないのである。

2.3 長期フィリップス・カーブとマクロ経済政策

　1960年代までの経験によれば，経済全体の失業率を減少させるためにはある程度のインフレーションの発生は不可避であり，また，インフレーションを低い水準に維持するためには，どれだけかの失業率の上昇が不可避であると考えられていた。すなわち，インフレーションと失業率との間には「トレード・オフの関係」にあると考えられていた。

　しかし，1960年代には多くの先進工業諸国において，物価上昇とかなりの水準での失業が発生した。1973年の第1次石油危機と1979年の第2次石油危機によってこの傾向は一層顕著となり，失業率は上昇し，インフレーションも加速して，「スタグフレーション」の状態になった。このスタグフレーションの状態は，フィリップス・カーブの「トレード・オフ関係」の存在を否定するものであり，マクロ経済政策の理論的前提の一部が覆されることになったのである。M.フリードマンやE.S.フェルプスによって代表されるマネタリストたちは，

短期のフィリップス・カーブが右下がりになるのは人々の「貨幣錯覚」や「市場の不完全性」などにより公衆の予想物価上昇率の調整が実際の物価上昇に遅れるためであると説明した。すなわち，貨幣賃金の上昇に対して雇用量が増大するのは，貨幣賃金率の上昇を上回る物価上昇が発生し実質賃金率が下落しているにもかかわらず，労働者が現実の物価上昇率を正確に認識するのに時間がかかり賃金率が実質的にも上昇したものと錯覚して雇用量が増大するからであり，予想物価上昇率が実際の物価上昇率に一致する長期においては，フィリップス・カーブは垂直になると主張したのである。

(1) インフレ期待によって修正されたフィリップス・カーブ

1960年代から1970年代にわたって貨幣賃金上昇率と失業率との間のトレード・オフ関係が否定され，両者の間に正の相関関係が存在するようになった。この関係は長期的に安定したフィリップス・カーブが「インフレ期待」によって，上方にシフトしたことによるものであるとマネタリストによって説明された。

マネタリストがインフレ期待を導入する根拠は次の2つである。

① 本来，労働力の需要と供給は，古典派の2つの公準が示すように実質賃金率を目安とする。失業率を労働市場の需給ギャップを表す代理変数としてみれば，失業率とインフレ率との間にトレード・オフ関係は貨幣賃金率ではなく，実質賃金率の変化率と失業率との間に成立する関係である。

② その際に，実質賃金を算定するためのデフレーターは現在の物価水準ではなく，期待物価すなわち予測される将来の物価水準でなければならないのである。なぜならば，賃金契約は将来の一定期間における貨幣賃金の実質購買力が基準とされるからであり，契約期間内に予想されるインフレ率が高ければ要求貨幣賃金率はそれだけ高くなるのである。

マネタリストは以上の議論から，トレード・オフ関係を失業率と期待実質賃金率との間の関係と考え，(13.9)式を(13.10)式のように修正したのである。ここで，π^Eは期待物価上昇率である。

$$\pi = f(u) + \pi^E - q \tag{13.10}$$

このようにインフレ期待を考慮して修正されたフィリップス・カーブを「期待によって修正されたフィリップス・カーブ」(Expectation Augmented

Phillips Curve) と呼ばれている。

いま，α を期待係数として，期待インフレ率は1期前のインフレ率に対して α の割合で形成されるとする簡単なインフレ期待形成仮説を採用すると，期待形成は，次の(13.11)式のように表される。

$$\pi^E = \alpha \pi_{-1} \tag{13.11}$$

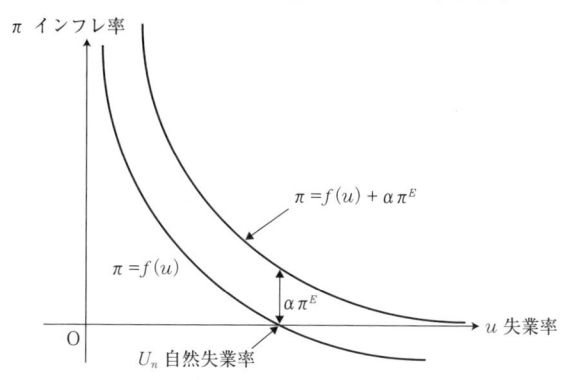

図13.5 フィリップス・カーブと修正されたフィリップス・カーブ

この(13.11)式を(13.10)式に代入すると次の(13.12)式が得られる。

$$\pi = f(u) + \alpha \pi_{-1} - q \tag{13.12}$$

この関係式は「短期フィリップス・カーブ」と呼ばれ，経済全体のインフレ率 π が労働市場の需要と供給の状態を表す失業率 u と1期前のインフレ率 π_{-1}，および期待インフレ率 π^E が前期のインフレ率に対する感応度 α，そして，労働生産性上昇率 q に依存することを説明しているのである。

(2) 長期フィリップス・カーブ

M.フリードマンは，1968年，フィリップス曲線は長期的には一定の失業率に落ち着くという「自然失業率仮説」を唱え，長期的にはフィリップス曲線は垂直になると主張した。

長期的にはインフレ率は一定値に収束し，インフレ率と1期前のインフレ率とは一致する。従って長期均衡条件は次の(13.13)式のように表される。

$$\pi = \pi_{-1} \tag{13.13}$$

この(13.13)式を(13.12)式に代入すると，次の(13.14)式のように「長期フィリップス・カーブ」が導出される。

$$\pi = \frac{1}{1-\alpha}(f(u) - q) \tag{13.14}$$

(13.14)式が示すように，長期のフィリップス曲線は垂直になるのである。M.フリードマンはこのように長期的にはインフレ率πと失業率uとの間には相関関係は存在せず，インフレ率を決定するのは貨幣供給量の増加率であると主張したのである。ということは，現実の失業率はインフレ率に関係なく，自然失業率に引き寄せられると説明したのである。

自然失業の状態にある失業者は，より良い職を求めて自発的に失業している失業者であり，この状態は一種の完全雇用状態である。

2.4 自然失業率とマクロ経済政策

A.W.フィリップスの研究（1958年）以来，多くの国でフィリップス曲線，すなわちインフレーションと失業率とのトレード・オフ関係の存在が確認されてきた。しかしE.S.フェルプスとM.フリードマンらは1960年代末に，フィリップス曲線は予想物価上昇率とともにシフトし，予想物価上昇率と現実のそれとが一致する長期において失業率は自然率に落ち着き，インフレーションと失業率のトレード・オフ関係がなくなると主張したのである。

ここで，マネタリストの長期フィリップス・カーブとM.フリードマンの自然な失業率仮説の示唆する総需要政策の効果について考える。

いま，雇用水準を高めるために総需要拡大政策を採用して，インフレ率がπ_1へと上昇したとする。この際，労働者の期待インフレ率は$\pi^E = 0$に留まっているとする。企業は実質賃金の低下によって，超過利潤が発生するために労働需要を増加させるが，その結果貨幣賃金の上昇率が加速されることになる。他方，労働者のインフレ期待は旧水準に留まるため貨幣賃金率の上昇によって期待実質賃金率が上昇したと錯覚して労働供給量が増大する。このようにして失業率はu_1に低下して，経済は点Aに移動する。

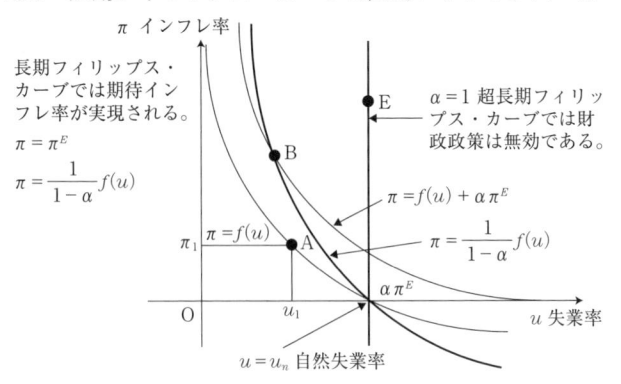

図13.6　短期フィリップス・カーブと長期フィリップス・カーブ

やがて時間の経過とともに労働者のインフレ期待が修正されることによって，労働者は実質賃金率の低下を理解して労働供給を減少させ，企業も貨幣賃金の上昇によって賃金率が旧水準まで上昇するため労働需要を減少させることになるのである。このとき，経済は点Aから点Eに移動し，失業率は自然失業率に復帰するのである。マネタリストはこの点Aから点Eへの過程をスタグフレーションと考えているのである。

しかし，この点Aから点B，点Eまでの過程は，過剰雇用の状態の範囲であり，本来のスタグフレーションの状態とは異なった領域の議論であると考えられる。

2.5 スタグフレーション

以上のフィリップス・カーブによる分析から，「スタグフレーション」についてマネタリストは，次のような過程を通して発生すると説明する。

機械的な金融政策の結果として，景気の拡大が続くと，やがて労働市場においては労働力不足が発生するために貨幣賃金率が上昇し続けることになる。物価の上昇率よりも貨幣賃金率の上昇率の方が高い限り自発的失業者が減少し，労働供給量が増加することによって生産量が拡大するのである。

しかし，総需要の増大が総供給の増大よりも大きいために物価が上昇し，イ

ンフレ率が上昇し始める。やがて労働者は貨幣賃金の上昇よりもインフレ率が高いことから，実質賃金率が低下していることに気がつく。このため労働組合は将来のインフレ率を織り込んだ賃金率の引き上げを要求することになる。企業も物価上昇期においては賃金率の上昇を製品価格に転嫁しやすいために貨幣賃金の上昇を受け入れることになる。このようにして，貨幣賃金率の上昇とインフレーションの悪循環が生じるのである。労働供給が拡大している状態においてはインフレ率が貨幣賃金の上昇率よりも高くなると実質賃金率が低下しているために失業率は上昇することになるのである。このような貨幣賃金率とインフレ率との悪循環の過程が，失業率が上昇しているのにインフレ率も上昇するという「スタグフレーションの状態」であると説明するのである。

　このマネタリスト的な説明によるスタグフレーションの議論は，自然失業率よりも低い水準の失業率の範囲における説明であり，完全雇用水準に対応する自然失業率以下の状態である過剰雇用状態を前提とした議論であることに注意しなければならない。ケインズが想定する非自発的失業の存在の範囲はマネタリストが説明する過剰雇用の状態であるからである。

第14章
社会資本と公共事業

1 政府の機能としての社会資本建設

1.1 社会資本

　資本主義経済は自由企業制度を建前とした経済である。しかし，あらゆる種類の財・サービスの供給が民間企業の経済活動によって有効に行われるとは限らないのである。アダム・スミス（Adam Smith；1723～1790年）は「ある種の公共事業および公共施設の設立と維持」は，政府の不可欠な機能の1つであるとして，次のように説明している。「ある種の公共事業および公共施設の設立と維持するという義務がある。これらを設立し維持することは，1個人もしくは少数の個人の利益には決してなり得ない，というのは，それは社会全体にとってはしばしば費用を償うに足りないからである」。

　ある種の資本施設が社会全般に広く便益を及ぼし，しかもこの便益提供の一部もしくは全部に対して，貨幣的収益のかたちで供給者が報酬を得ることができないとき，この種の施設に対する投資の「社会的利益」（social benefits）は「個人的利益」（private benefits）を超過する。こうした性質の投資は「外部経済効果」（external-economic effects）をもつものであり，民間企業の営利採算を基礎としては適切な規模で形成されることは不可能であり，公共的投資によって行われなければならない。

　このように公共投資によって建設される資本は一般に「社会的共通資本」（social overhead capital）あるいは「社会資本」と呼ばれている。この社会資本の分類は，道路，鉄道，港湾，空港などの輸送施設と郵便，電信，電話など

の通信施設，水道および工業用水，生活用水，電力，ガスなどとそのエネルギー供給施設，官公庁の建物，消防や警察などの「経済的共通資本」(economic overhead capital) と，学校その他の教育施設や生活環境および病院や保険所等の公衆衛生のための施設等の「狭義の社会的共通資本」(strictly social overhead capital) とに分けられている。これら社会的共通資本の多くは，その便益が広く社会全般に及び，サービス価格の形でその資金を回収することは困難である。これらの資本施設はすべてについて必ずしも国有国営の形で採用されなければならないということではなく，国家が資本の調達について特別の便宜を与え，施設の運営について公的規制を加えることが必要になると考えられているのである。

1.2 公共財

公共財とは，その便益を多くの個人が同時に享受でき，しかもその利益は費用負担者だけに限定できないような財である。このような公共財は市場原理の価格メカニズムによる資源配分の調整力が機能しない財である。それは国防，警察，消防などをはじめ橋，道路，港湾などの産業基盤あるいは，公園，図書館，下水道などの生活環境施設の便益の大部分を包括している。

一般の私的財については各経済主体がそれぞれ個別的に購入し，これを排他的に消費するのに対して，公共財の利用はその社会のすべての人々によって「共同的」に行われ，その便益を多くの個人が同時に享受でき，しかも対価の支払者だけに限定できない財・サービスである。

2 公共事業の経済効果

2.1 公共事業

公共事業とは，一般に国または地方公共団体の予算で行う社会公共の利益を図るための公共的な事業をいい，道路，港湾の整備，河川の改修などがその例

としてあげられる。

　日本経済の歴史を顧みると，公共事業はある意味では地方経済発展の原動力であり，同時に地方の政治・経済における一極集中の元凶でもあった。それは，政治的にも経済的にも地域間競争・地域開発の戦略として利用されてきたのである[1]。

　公共財の生産・供給については，その便益を多くの個人が同時に享受でき，その利用を対価の支払い者にだけに限定できないという性質があることから「フリー・ライダーの矛盾」が発生することになるのである。それ故に，公共財の供給を市場原理に委ねることには種々の問題が発生することになるのである。

　都市における混雑による効率低下を避けるために「受益者負担原則」と「受益者平等化」との都市内の内部における矛盾の問題を解決する議論と同様のレベルで，①「地方の高速道路の建設費用を東京が払うのは不平等である」とか，②「赤字ローカル線は都市部に生活する者にとっては無駄な負担である」とかという議論を「フリー・ライダーの矛盾」として議論することは理論の歪曲化であり，そのような議論を背景として，③選挙投票の格差問題について「効率性基準」のような格差基準を採用するべきであるといった議論は「視野狭窄の政策論」である。このような浅薄な考え方[2]には，資源配分・所得分配において「市場の失敗」を助長し「異時点間の問題」を生じさせる危険があるのである[3]。

2.2 ケインズ政策と公共事業

　ケインズは，資本主義経済の重要なシステムである市場原理による価格調整メカニズムだけでは，「有効需要」が不足すること，それ故に市場原理だけで

---

1) 戦後の日本経済においては，中央に強い首長と弱い首長の存在によって地域間格差を助長してきた要因でもあるということができる。
2) 地方の高速道路や鉄道の多くは，東京・大阪等の大都市圏に速やかに生鮮食料品を送るために建設されているのであり，決して地方のために建設されているのではないからである。
3) 例えば，かつて国土庁が提唱した「新しい全国総合開発計画」は「流域圏構想に基づいた全国総合開発計画」であり，今日の地球環境問題の諸課題を解決するためにも大事な経済政策の指針であった。

は完全雇用は自動的には達成できないという意味で「市場の失敗」を説明したのである。

ケインズはこの有効需要の不足を解消するために政府の赤字財政政策の必要性を説き，不況期に公共事業を実施することによって経済の安定を図るべきであると主張したのである。このようなケインズ政策を今日的なテーマで提案するならば，経済の安定的な発展のための諸政策や経済の国際化・金融の国際化・情報化を図るための政策が提案されることになるであろう。

有効需要を回復するために一時的に財政バランスを欠いても，ケインズ的な有効需要政策の成果として民間の投資が刺激され経済の拡張が実現されるならば，その政策の成果として政府の税収入の増加が期待され，やがて赤字財政問題は解消され得るというものである。

2.3 ケインズの有効需要政策の効果と限界

ケインズの有効需要政策の効果は，図14.1において説明される。すなわち，財政政策によって総需要曲線が上方へシフトし，経済の有効需要点が点E_0から点E_1へと移動することによって，雇用量がN_0からN_1へと増加すると説明される。

このような政府の赤字財政政策が続けられる期間は限られた期間であり，総

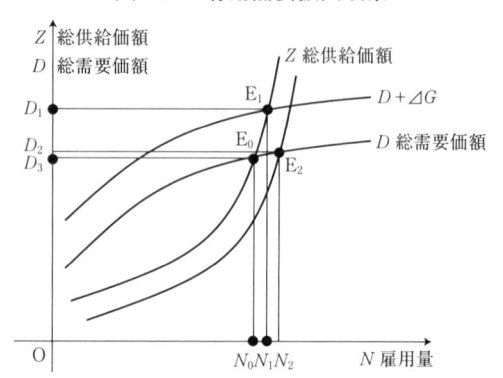

図14.1 有効需要拡大政策

需要曲線の上方へのシフトは一時的なものである。なぜならば，累積的な赤字財政政策は政府債務が累積するためにやがて政府の歳出の硬直化（財政硬直化）が発生することから，このような積極的財政政策を続けることは困難となり，有効需要点は点E_1から点E_0へと戻ってしまい，再び失業者が増大するのである。

しかし，このような財政赤字政策が実行されている間に，民間投資の回復が実現できれば，雇用水準の維持が可能である。しかし，民間投資の回復が実現しない場合には再び財政政策が必要となり，やがて政府の累積債務の問題が残ることになるのである。

2.4 良い公共事業と悪い公共事業

（1）悪い公共事業

政府の財政赤字政策によって実施された公共事業が社会的に不必要なものであり，「外部不経済効果」をおこすような無駄な公共事業であったならば，公共事業によって経済全体の社会的費用は増大するために，企業の生産費用は上昇し，総供給曲線は左上にシフトすることになるのである。すなわち，不況期において「誤った公共事業」が行われるならば，総需要曲線が所与のもとで，総供給曲線が左上方向にシフトすることによって雇用量はさらに減少するのである。このような無駄な公共事業が続くならば，有効需要点はE_0から点E_1，

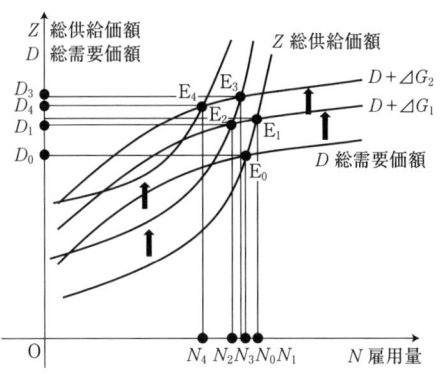

図14.2　無駄な公共事業の経済効果

点E_2，点E_3，点E_4へと移動し，縦軸の国民所得はD_0からD_1, D_2, D_3, D_4へと増加しているにもかかわらず，雇用量はN_0からN_1, N_2, N_3, N_4へと増減を繰り返しながらやがて減少していくということになるのである。

このような「無駄な公共事業」は，有効需要の拡大効果にもかかわらず，雇用の増加・失業の減少がないのである。さらには，国民の将来の税負担を増加させるものである。

ここで，縦軸の有効需要Z（国民所得Y）は経済全体の付加価値合計額であるが，この付加価値合計額（＝国民所得）が増加するということは必ずしも雇用の増加・失業の減少に繋がるわけではないこと，それ故に，経済全体の豊かさが増加することではないということが，上の例で理解されるであろう。すなわち，付加価値合計額（＝国民所得）とは，経済全体に参加する経済主体が一定期間の生活を守るために必要な費用の総計であることが説明されているのである。

(2) 正しい公共事業の経済効果

政府の財政赤字政策によって建設された社会資本が産業基盤資本を形成し「正の外部経済効果」を発揮するならば，経済全体の社会的費用は減少するために，企業の生産費用は低下し，総供給曲線は右下に低下することになる。すなわち，不況期において正しい公共事業が行われるならば，総需要曲線が所与のもとで，

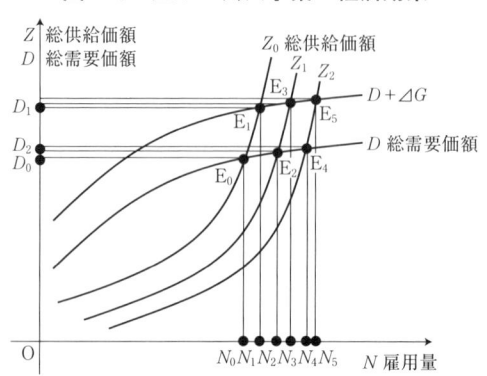

図14.3　正しい公共事業の経済効果

総供給曲線が右下方向にシフトすることによって経済の有効需要点はE_0から点E_1，点E_2，点E_3，点E_4へと移動する。国民所得は有効需要のアップ・ダウンを繰り返しながら次第に増加し，雇用量はN_0からN_1，N_2，N_3，N_4へと少しずつ増加するのである。

3 財政政策

　この節では，財政政策の一側面であるフィスカル・ポリシィーについて説明する。これは政府支出，および課税の操作を通じて有効需要に影響を与え，経済の安定に寄与する政策である。財政による有効需要調整の側面に力点が置かれているという意味で，補正財政（compensatory finance）とも呼ばれている。あるいは経済の総支出に対する財政支出の効果に着目しているという趣旨から「機能財政」（functional finance）とも名付けられている。

　ケインズの『一般理論』を背景としてこのような財政政策の新しい目標を与えたのは，アルヴィン・ハンセン（Alvin Harvey Hansen；1887年〜1975年）やその他のケインジアンによって開拓されたものである。それは財政支出を通じて経済の安定政策という目標を効果的に達成するためには単年度の均衡予算の原則に縛られることは得策ではないどころか，有害無益であるという認識である。なぜならば，好況期における租税の自然増収に見合ったかたちの均衡予算は明らかに拡張的であり，経済を不安定化させる効果をもつものである。また，不況期には政府支出の増加は減税の形で赤字支出の可能性が認められないならば，強力な経済安定化政策を期待することはできない。景気循環がある程度規則的に生起するものであるならば，不況期の財政赤字と好況期の財政黒字とは長期的にはおのずから相殺される可能性があり，またそれを意識的に計画することが可能であるというのが「フィスカル・ポリシィー」の立場である。

《ビルト・イン・スタビライザー機能》
　現在の所得税や社会保障制度のもとでは，控除制度と累進税率の制度によって，所得が高くなるにつれて限界税率（marginal tax rate）tが高くなるよう

に設定されている。図14.4において、横軸は個人の所得y_iであり、縦軸は個人が負担する所得税T_iを表している。所得税の控除制度を反映して、一定の所得水準以下では課税率はゼロであり、社会保障移転制度によって所得が一部移転されていることを示している。すなわち、マイナスの税金の状態である。また、累進税率の構造を反映して所得がy_Aからy_Bへ増加するに従って税率がt_Aからt_Bへと上昇しているために税負担はT_AからT_Bへと大きく増加している。

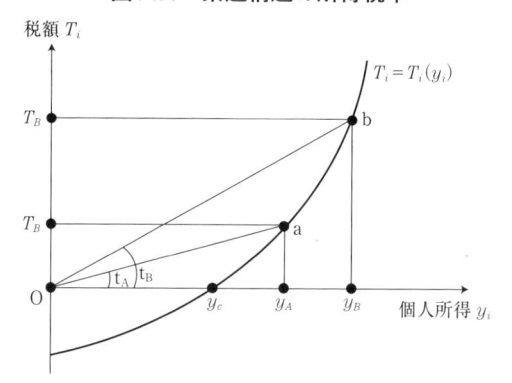

図14.4 累進構造の所得税率

図14.5は経済全体の所得水準Yと政府の租税収入Tとの関係を表した図である。横軸に経済全体の国民所得水準をとり、縦軸は国の所得税収入Tを表している。累進税率制度を反映して、景気が良くなって国民所得がY_AからY_Bへと増加すると政府の租税収入がT_AからT_Bへと増加することが示されている。不況期には、失業手当やその他の社会保障支出（マイナスの所得税）が増大するために、所得からの租税収入がマイナスになることがある。しかし、好況期には失業手当やその他の社会保障支出が減少し、所得からの租税収入は増加する。また、好況期には賃金所得よりも資本所得へのシフトが生ずると考えられるために、所得税の累進税率は高くなり、政府の租税収入を表すこの曲線の凸性が強まると考えられるのである。

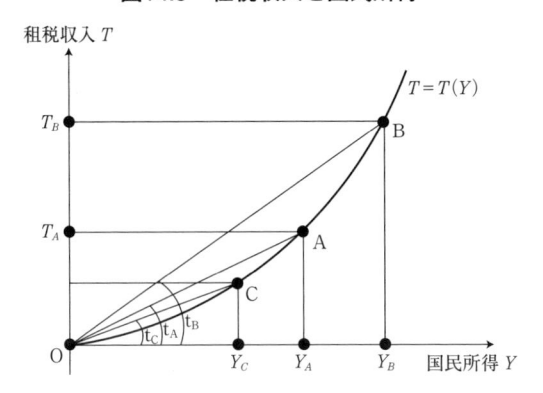

図14.5　租税収入と国民所得

このように所得税の累進構造は，好況期において国民所得が増大する時期には，税率の上昇と租税収入の増加が有効需要のそれ以上の拡大を抑制し，国民所得それ自体がさらに増大することを抑制する効果をもつのである。また，不況期において国民所得が減少する時期には，税率の低下と税収の減少によって有効需要がそれ以上に減退することを抑制し，国民所得がそれ以上に減少することを抑制する機能をもつのである。このように不変の租税体系，および移転支出制度のもとにおいて，政府の相対的な変化がなければ，有効需要の変動（景気の変動）をある程度自動的に抑制する要因として「自動安定化装置」（built in stabilizer）が財政システムにビルト・インされているのである。これは，財政の自動安定化装置（built in flexibility）とも呼ばれている。

第15章 開放体系下のIS・LMモデル

本書の第Ⅱ部第9章で説明したヒックス=ハンセン流のIS・LMモデルは，本来，封鎖経済モデルである。この章では，この封鎖経済のマクロ・モデルに国際貿易と国際資本移動を考慮して，開放体系モデル（オープン・マクロ・モデル）として再構築する。ここで，貿易収支は輸出と輸入との差額として定義される。また，資本収支については国際間の資本移動のネットの額として定義される。

1 オープン・マクロ・モデル

1.1 生産物市場の均衡条件

いま，Cを消費額，Iを投資額，Gを政府支出額，Xを輸出額，IMを輸入額とすると，オープン・マクロ・モデルにおける生産物市場の均衡条件式は，次の(15.1)式のように定式化される。

$$Y = C + I + G + X - IM \tag{15.1}$$

それぞれの支出項目については，国内財（Domestic Goods）の場合と輸入財（Imported Goods）の場合が混在しているので，それぞれ2つの項目について表記すると，次のように表される。$C = C_D + C_{IM}$，$I = I_D + I_{IM}$，$G = G_D + G_{IM}$，$X = X_D + X_{IM}$，$IM = IM_D + IM_{IM}$である。また，X_{IM}は再輸出額である[1]。この関係を(15.1)式に代入すると，次の(15.2)式が成立する。

$$Y = (C_D + C_{IM}) + (I_D + I_{IM}) + (G_D + G_{IM}) + (X_D + X_{IM}) - IM \tag{15.2}$$

---
1) ここでは，再輸入される財・サービスはない，あるいは輸出額と相殺されていると仮定する。

輸入額の定義から，次の(15.3)式が成立する。

$$M = C_{IM} + I_{IM} + G_{IM} + X_{IM} \tag{15.3}$$

この(15.3)式を(15.2)式に代入すると，次の(15.4)式が成立する。

$$Y = C_D + I_D + G_D + X_D \tag{15.4}$$

すなわち，開放体系における生産物市場の均衡条件式とは，国内財の生産額・供給額と需要額が等しいことを表しているのである。このとき，輸入額IMと輸出額Xの差額である貿易収支とは独立である。

以下では，(15.1)式は国内財の市場均衡条件であるという意味で使用する。

1.2 貿易収支（経常収支；T＝0線）

この経済の一定期間の貿易収支額をT，輸出額をX，輸入額をIMとする。輸出額Xと輸入額IMはそれぞれ独立した要因で決定される。また，一定期間の輸出額と輸入額の差額は貿易収支と呼ばれる。輸出額は海外の輸出相手国の国民所得Y^*の増加関数であり，邦貨建て為替相場eの増加関数であるとする。また，輸入額IMは国民所得水準Yの増加関数であり，邦貨建て為替相場eの減少関数であるとすると，この経済の一定期間の経常収支残高は，外貨建てT^*で表すと，次の(15.5)式のように定義される。

$$T^* = \frac{1}{e} X(Y^*, e) - P^* IM(Y, e) \tag{15.5}$$

ここで，経常収支とは，貿易収支とサービス収支，所得収支，経常移転収支の合計額である。

貿易収支とは，財貨の輸出入をFOB価格で計上したものである。貿易統計では輸出をFOB価格，輸入をCIF価格で計上するのに対し，国際収支統計は輸出・輸入ともFOB価格で計上する[2]。サービス収支[3]とは，国境を越えた（居住者と非居住者の間の）サービスの取引を計上するものである。所得収支とは，

---

2) 貿易統計が通関時点での取引を計算するのに対し，国際収支統計では所有権の移転時点で取引を計算するため，統計上の差異が生ずるのである。
3) サービスとは，輸送，旅行，通信，建設，保険，金融，情報（コンピュータ・データサービス，ニュースサービス等），特許権使用料，その他営利業務，文化・興行，公的その他サービスである。

国境を越えた雇用者報酬（外国への出稼ぎによる報酬の受取等）および投資収益（海外投資による利子・配当金収入等）の支払額を計上するものである。経常移転収支とは，政府間の無償資金援助，国際機関への拠出金などの資産の一方的支払い[4]を計上するものである。

ここで，サービス収支と所得収支，経常移転収支については，歴史的や制度的に決定されるものであり，マクロ経済活動とは別のレベルでの議論である。マクロ経済学との関係では，経常収支の変動は貿易収支の変動によって説明されると考えることができる。

この貿易収支の考え方には，単純に輸出マイナス輸入であるという生産物市場の取引について考えるケインジアン・マクロ・モデルのケースと，国と国との間の貨幣需給の問題であるとするマネタリスト・マクロ・モデルのケースがある。

（1）ケインジアン・マクロ・モデル

ケインジアンのオープン・マクロ・モデルによって定義される自国通貨建て（邦貨建て）の貿易収支は，次の(15.6)式のように表される。

$$B = X(Y^*, e) - eIM(Y, e) \tag{15.6}$$

ここで，e は邦貨建ての為替相場であり，国内財価格は邦貨建て価格で1であり，海外財価格は外貨建て価格で1であることを仮定して表している。

国際収支は，本来，経常収支と資本収支の合計額として定義される。しかし，ケインズ的なマクロ・モデルにおいては，貿易収支勘定を決定する主要な要因は輸出額と輸入額であり，国際間の長期的な資本移動は制度的要因等によって決定されること，また，短期的な資本移動は財・サービスの国際的取引の結果としてその決済や資金ポジションの計画のためのファイナンスとして行われると考えられることから，国際収支を決定する主要な要因とはみなされないのである。

固定相場制度のもとで各国の通貨当局が「平価の維持」のために為替管理が必要である場合には，そして，国際間の資本移動が為替管理等によって規制されている場合には，国際収支の決定要因は貿易収支だけであるということがで

4）出稼ぎ外国人の母国への送金。海外留学生への仕送り等がある。

きるのである。固定相場制度の場合には，邦貨建ての為替相場はモデルの分析全体を通して一定不変（$e = e_0$）であると仮定する。

いま，(15.6)式をYで微分すると(15.7)式が得られる。

$$\frac{dB}{dY} = -e_0 IM_Y = -e_0 m < 0 \tag{15.7}$$

ここで，mは輸入額を国民所得で微分した値であり，この経済の限界輸入性向（M_Y）である。自国の国民所得Yが増加した場合には，ケインジアンの場合は，輸入の増大を通して「貿易収支が悪化」することが説明される。

この自国の輸入の増加は貿易相手国にとっては輸出の増加であるから，この貿易相手国の輸出の増加によって国民所得水準が上昇（$\Delta Y^* > 0$）する場合には，わが国の輸出が相手国の限界輸入性向m^*と相手国の所得の増加分ΔY^*の積の値（$m^* \Delta Y^* > 0$）だけ増加することになる。この場合は，自国の貿易収支の悪化は，輸出の増加分だけ程度が少なくなるのである。

以上の議論から，ケインジアンのオープン・マクロ分析の結論の1つは，経済の拡大は貿易収支の赤字を導くということである。

ところが，R.A.マンデルは経済の拡大や経済成長によって貿易収支の黒字化が導かれることを主張したのである。

(2) マンデルの説明

R.A.マンデル（Robert Alexander Mundell）は国民所得の増大による貨幣需要の増加に着目して国民所得の増大は必ず国際収支に良い影響を与えると主張した。

いま，国民所得をY，総支出をEとすると，国民所得と総支出の差が貨幣需要の増加に吸収されると考える。貨幣需要の増加分は所得の増加分ΔYに比例すると仮定すると，次の(15.8)式が導出される。

$$E = Y - k\Delta Y = (1 - k\lambda)Y \tag{15.8}$$

ここで，kは貨幣の保蔵性向，λは経済成長率（$\Delta Y/Y$）であり，それぞれ正の常数である。この関係式より，λが大きいほどYに対してEが小さくなるのである。

いま，この経済の一定期間の輸入IMは総支出Eの増加関数であるとしてこ

れを線形の関数式で表すと,次の(15.9)式のように輸入関数を考えることができる。

$$IM = a + mE \tag{15.9}$$

貿易収支の定義式に上の(15.9)式に(15.8)式を代入して整理すると,次の(15.10)式とそれぞれの変数との関係が導出される。

$$T = X - IM = X - a - mE = X - m(1-k\lambda)Y - a \tag{15.10}$$

$$\frac{dT}{dm} = -(1-k\lambda)Y < 0$$

$$\frac{dT}{dk} = m\lambda Y > 0$$

$$\frac{dT}{d\lambda} = mkY > 0$$

この式から,経済全体の輸入性向が高いほど貿易収支が悪化する可能性が高いこと,そして,貨幣の保蔵性向 k が高いほど,経済成長率 λ が大きいほど貿易収支 B は黒字になることが説明されるのである。

ケインジアン対マンデルの貿易収支についての説明の差異は,ケインジアンが景気拡大 $\varDelta Y$ に伴って輸入が増大することによって貿易収支が悪化すると考えるのに対して,R.マンデルは経済成長 λY によって貨幣需要が増加することによって貿易収支が改善されると想定するところに本質的な差異があるのである。

いま,輸出は総支出の一定の割合 b であるとすると,次の(15.10′)式が成り立つ。

$$B = X - M = bE - mE = b(1-k\lambda)Y - m(1-k\lambda)Y \tag{15.10′}$$
$$= (b-m)(1-k^*)Y$$

$$\frac{dT}{d\lambda} = -(b-m)kY \gtreqless 0 \quad \text{as} \quad b-m \lesseqgtr 0$$

この(15.10′)式から経済成長に伴って輸入同様に輸出も増加する (b>0) と想定する場合において,輸出の増加の割合が貨幣需要の増加の割合よりも小さい場合 (b<m) には,前の説明と同様に貿易収支は改善されることが説明される。例えば,経済成長に伴って輸入代替が促進されるような経済においては,

輸入が減少する以上に輸出も減少するためにこのマンデルのケースが妥当することになるのである。

しかし，輸出増加の割合が貨幣需要の増加の割合よりも大きい場合（b＞m）には貿易収支は赤字化することが説明される。この場合，ケインジアンの立場が説明力をもつことになるのである。

ケインジアンとマンデルの相違は，実は，国民所得の増加や国際間の決済の問題などの「他の条件にして等しい限り」と捉えるか，諸変数の変化を伴う経済成長として捉えるかによる相違であるということができる。すなわち，ケインズ・モデルにおいては，国内財（非貿易財）と貿易財との間の代替関係が小さく，所得の増大による貿易構造の変化と貿易収支の変化は生産物市場の需給関係を反映した決済額の変化でしかないのに対して，マンデルにおいては国内財（非貿易財）と貿易財との間の代替関係が大きく，それ故に経済成長によって国民の貨幣需要の構造が変化することによって財や貨幣への需要構造が変化し，それ故に貿易収支への変化も生ずるとみなすという相違なのである。

(3) 弾力性アプローチ

為替相場eの変化に対する貿易収支T^*の変化との関係については，次の(15.11)式のような関係が成立する。

$$\frac{dT^*}{de} = -\frac{1}{e^2}X(Y^*, e) + \frac{1}{e}\frac{dX}{de} - P^*\frac{dIM}{de}$$

$$= -\frac{1}{e^2}X\left(1 + \frac{e}{X}\frac{dX}{de} - \frac{e^2}{X}P^*\frac{dIM}{de}\right)$$

$$= \frac{1}{e^2}X\left(-\frac{e}{X}\frac{dX}{de} + \frac{e}{IM}\frac{dIM}{de} - 1\right) \quad \text{as} \quad \frac{1}{e}X = P^*IM$$

$$= \frac{P_X}{e^2}X(\eta_X + \eta_{IM} - 1) > 0 \quad \text{as} \quad \eta_X + \eta_{IM} > 1 \tag{15.11}$$

ここで，η_Xは輸出の価格弾力性$\left(= -\frac{e}{X}\frac{dX}{de}\right)$であり，$\eta_{IM}$は輸入の価格弾力性$\left(= \frac{e}{IM}\frac{dIM}{de}\right)$である。以下では，この経済についての「マーシャル＝ラー

ナー条件」($\eta_X + \eta_{IM} > 1$) は満たされると仮定して分析を進める。

貿易収支の均衡条件は，一定期間内の輸入額と輸出額が等しいことであるから，貿易収支の均衡条件を導く，為替相場 $e = e_0$ のもとでの $X(Y^*, e_0) = e_0 M(Y, e_0)$ が成立すると考える。他の条件にして等しい限り，一定の輸出額 (X_0) に対して一定の所得水準 Y_0 が決定されるのである。例えば，図15.1の $T=0$ 線のように横軸の $Y = Y_0$ を通る垂直な直線として描かれる。

1.3 資本収支（長期資本収支；$K=0$ 線）

この経済の一定期間の資本収支残高を K（長期資本収支），国内利子率を r，世界利子率を r^* とすると，国際間の資本移動は，国内景気が良くなれば国内への投資が増えるという意味で国民所得水準 Y の増加関数である。利子率の上昇は国内への投資が増大するという意味で，資本収支は国際間の利子率格差（$r - r^*$）の増加関数として仮定することができる。以上の想定から，この経済の資本収支の定義式は，次の(15.12)式のように表される。

$$K = K(Y, r - r^*), \quad K_Y > 0, \quad K_r > 0 \tag{15.12}$$

ここで，$K_Y > 0$ は国内の景気の上昇によって海外からの資本流入が促進されることを表している。また，$r - r^*$ は国際間の利子率格差を示しており，$K_r > 0$ は国内の利子率が上昇し，世界利子率との格差が広がるほど，海外からの資本がより多く国内に流入することを表している。

資本収支の均衡条件式（$K=0$）は，上の(15.12)式の性質より，下記の(15.13)式が導出され，図15.1の $K=0$ 線のように，右下がりの曲線として表される。

$$\frac{dr}{dY} = -\frac{K_Y}{K_r} < 0 \tag{15.13}$$

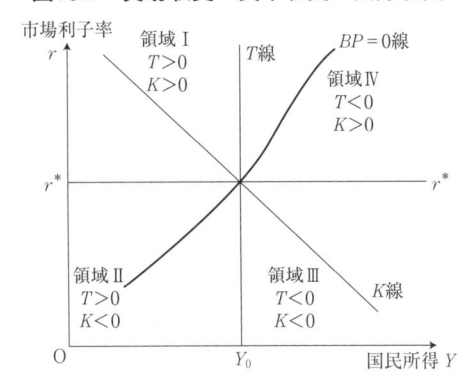

図15.1 貿易収支・資本収支・国際収支

1.4 国際収支

この経済の一定期間の国際収支残高（BP）は，貿易収支残高（T）と資本収支残高（K）の合計として，次の(15.14)式のように定義される。

$$BP = T + K = X(Y^*, e) - eIM(Y, e) + K(Y, r - r^*) \tag{15.14}$$

図15.1において，領域Ⅰは貿易収支と資本収支の両者が黒字である領域である。領域Ⅱは，貿易収支は黒字であり資本収支は赤字である領域である。領域Ⅲは貿易収支と資本収支が両者とも赤字である領域である。領域Ⅳは，貿易収支は赤字であり資本収支は黒字である領域である。

ここで，国際収支の均衡条件を表す$BP=0$線は，貿易収支の均衡条件を表す$T=0$線と資本収支の均衡条件を表す$K=0$線の合成から描かれる。すなわち，$BP=0$線は貿易収支が黒字（赤字）の場合は資本収支が赤字（黒字）である領域を通ることから，領域Ⅱと領域Ⅲを通る右上がりの曲線として表されるのである。

2 開放体系下のIS曲線

以上の議論から，生産物市場の均衡条件を表すIS曲線は，国内生産物市場

の均衡条件を表しながら，同時に貿易収支の状態を反映した曲線であることが，次の(15.15)式のように説明されるのである．

$$Y = C(Y) + I(r) + G + X(Y^*, e) - eM(Y, e) \tag{15.15}$$

ここで，C_Yは限界消費性向（$0 < C_Y < 1$），I_rは投資の弾力性（$I_r < 0$：$\rho = \frac{r}{I} I_r$），M_Yは限界輸入性向（$0 < M_Y < 1$）である．

縦軸に利子率，横軸に国民所得水準をとる一般的なIS・LM図表と同様に，貿易収支を考慮した右下がりのIS曲線として描かれる．開放経済のIS曲線は，閉鎖体系の場合のIS曲線と比較すると，所得の変化に対する総需要の変化が大きいので（$c < c + m$），傾きが緩やかに描かれている．

また，開放経済のIS曲線は，貿易相手国の景気との関係で輸出が増大（減少）して貿易収支が黒字化（赤字化）したときは右上（左下）にシフトすることが説明される．また為替相場の変化に対しては，自国通貨の減価（増価）によって，輸出が増加（減少）し，輸入が減少（増加）したときは，右上（左下）にシフトすることが説明される．

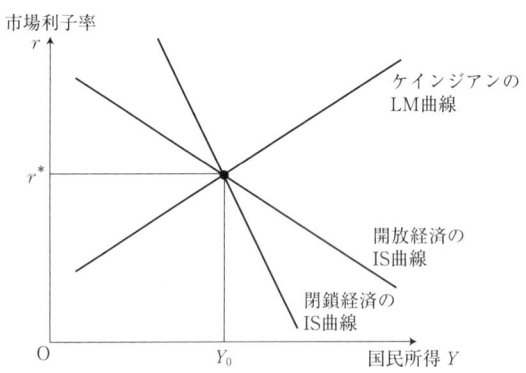

図15.2　開放経済モデルのIS曲線は緩やかに描かれる

3 ケインジアン・アプローチ対マネタリー・アプローチ

　以上の説明から国内の経済成長や海外の景気の動向の変化が，ある経済の国際収支に与える影響はケインジアン・アプローチのケースとマネタリー・アプローチのケースとでは全く異なることが説明された。このような分析結果の差異はなぜ生ずるのか，そしてそのような差異をどのように評価するべきなのかということについて少し考えてみる。

　ケインジアンの分析は，本来，マクロ経済変量や諸関数が変化しないという意味での短期のマクロ分析であるのに対して，マネタリー・アプローチとは貨幣・証券などの保有動向の変化が実物経済に与える影響を考慮するという意味においてはかなりの長期期間を前提にした分析であるということができる。

　すなわち，ケインジアンが分析対象とする期間は，乗数効果がゆきわたる程度には長期間であるが，投資の懐妊期間以内という意味ではある程度以上に短期間でなければならないのに対して，マネタリー・アプローチにおいては，貨幣や金融債券の需要構造や債券価格の変化や貨幣利子率等の変化が実物経済に影響を与える程度に長期的な期間が必要なのである。

　このような意味では両経済学は必ずしも同じ期間を前提にはしていないという意味では，それぞれの分析結果に相当の差異が生ずるものも仕方ないというのが実情である。それは，それぞれの経済学が前提とする変数の質とその動き，さらにはそれぞれの変数間の関数関係について，両経済学が同じ分析立場には立っていないからである。

　また，ケインジアンの分析が前提とする，旧IMF体制における為替管理のもとでのアジャスタブル・ペッグ制（固定相場制度）対マネタリー・アプローチが前提とする自由な資本移動を前提とした「純粋な変動相場制度」という意味でも，その分析の前提としての制度と分析手法との差異によって生ずるその結論は自ら異なってくるということができるのである。

　このような意味では，これからの国際金融の諸問題を分析しようとする分析の主体者にとってどちらの経済学が前提とする制度と分析方法がより現実的な意味をもつものであるのかという見極めの判断が大事になるといえる。

第16章

固定相場制度の場合

1 貨幣市場の均衡条件と不胎化政策

　オープン・マクロ・モデルにおいては，貨幣市場の均衡条件式については，対外バランスによって生ずる外貨の流出・流入が国内の貨幣流通量に影響を与える場合を考慮しなければならない。

　外貨流入が国内の貨幣流通量に影響を与えないように，通貨当局が取り組む政策として「不胎化政策」がある。この「不胎化政策」が有効である場合と有効ではない場合について区別して考察しなければならない。

　「不胎化政策」とは，通貨当局が国際収支の変動から生ずる外貨の流入や流出によって生ずる国内の貨幣流通量（供給量）への影響を相殺するための政策であり，「管理為替相場制度」や「固定相場制度」の場合にのみ議論する必要がある。「変動相場制度の場合」には「金融の隔離効果」が働くと期待されているので，この「不胎化政策」は不必要であると考えられているからである。

　一般に「不胎化政策」が有効である場合には，国内の貨幣供給量Hは対外バランスとは独立に国内の信用創造との関係から政策的に管理され国内の経済政策との関連で一定の水準に維持されるために，クローズド・モデルと同様に次の(16.1)式のように表される。これは一般的なIS・LM図表と同様に右上がりのLM曲線として描かれる。ただし，「ケインズ・トラップ」の状態では水平な直線として描かれる。

$$H = L(Y, \ r), \ L_Y > 0, \ L_r < 0 \ (\text{or}; L_r \to \infty) \tag{16.1}$$

　「不胎化政策」が実施されない場合（あるいは有効ではない場合）には，国際収支の黒字（赤字）を反映して国内の貨幣供給量が増加（減少）するために，

貨幣市場の均衡条件式は，次の(16.2)式のように表される。

$$H + \delta B = L(Y, r), \quad L_Y > 0, \quad L_r < 0, \quad 0 < \delta < 1 \tag{16.2}$$

ここで，B は国際収支の大きさを，δ は不胎化政策の程度を表すパラメーターである。実際の経済においては不胎化政策の政策パラメーター δ は 0 と 1 の間であると想定することが妥当であると考えられる。すなわち，$\delta = 0$ のときは不胎化政策が完全に有効に機能している状態であり，$\delta = 1$ の場合は不胎化政策が有効ではない場合の状態である。

2 固定相場制度の場合

為替相場は $e = e_0$ の値で政策的に固定されているという意味で「固定相場制度」の場合の国内のマクロ経済均衡と対外収支バランスとの関係については，次の3本の連立方程式体系によって表される。ここで，経済的に意味のある均衡解の存在については前章までの議論と同様に各変数の性質から説明される。

$$Y = C(Y) + I(r) + G + X(e_0) - e_0 M(Y, e_0) \tag{16.3-1}$$

$$H + \delta B = L(Y, r) \tag{16.3-2}$$

$$B = X(e_0) - e_0 M(Y, e_0) + K(Y, r - r^*) \tag{16.3-3}$$

この3本の連立方程式を全微分して整理すると，次の(16.4)式のように表される。

$$dY = C_Y dY + M_Y dY + I_r dr + dG + X\xi de \tag{16.4-1}$$

$$dH + \delta dB = L_Y dY + L_r dr \tag{16.4-2}$$

$$dB = -M_Y dY + K_Y dY + K_r dr + M\xi de - K_r dr \tag{16.4-3}$$

ここで，C_Y は限界消費性向，M_Y は限界輸入性向であり，為替相場は当初 1 であるとする（$e_0 = 1$）。δ は不胎化政策の政策パラメーター，$\xi > 0$ は「マーシャル=ラーナー条件」である。

図16.1は，ケインジアンのケースとマネタリストのケースを同時に描いたものである。本来，IS曲線とLM曲線の傾きについて両者は別の立場をとるものであるが，簡単化のためにIS曲線と国際収支曲線BP＝0線は，同一の形状として描かれている。LM曲線はケインジアンのマネタリストのケースよりも緩

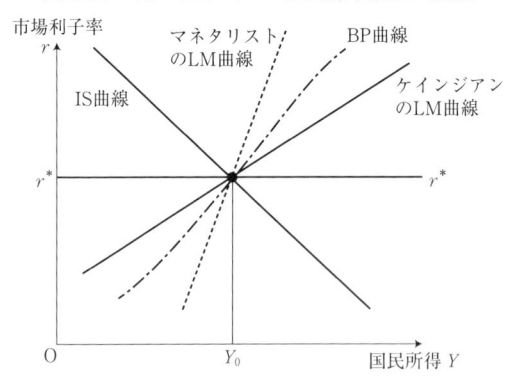

図16.1　IS・LMモデルと国際収支BP曲線

やかに描かれている。

いま，(16.4)の各式を整理すると，次の(16.5)の各式のように求めることができる。

$$(1 - C_Y - M_Y)dY - I_r dr = dG + X\xi de \tag{16.5-1}$$

$$L_Y dY + L_r dr - \delta dB = dH \tag{16.5-2}$$

$$(M_Y - K_Y)dY - K_r dr + dB = M\xi de - K_r dr^* \tag{16.5-3}$$

ここでモデルの諸性質，$s>0$，$1>m>0$，$I_r<0$，$L_Y>0$，$0<\delta<1$，$K_r>0$，$K_Y>0$，$\xi>0$より，$1 - C_Y - M_Y = s + m$ となる。(16.5)の各式を整理すると，次の(16.6)式が成立する。

$$\begin{bmatrix} dY \\ dr \\ dB \end{bmatrix} = \begin{bmatrix} s+m & -I_r & 0 \\ L_Y & L_r & -\delta \\ m-K_Y & -K_r & 1 \end{bmatrix} \begin{bmatrix} dG + X\xi de \\ dH \\ M\xi de - K_r dr^* \end{bmatrix} \tag{16.6}$$

この(16.6)式を解くと，次の(16.7)式が導出される。

$$\begin{bmatrix} dY \\ dr \\ dB \end{bmatrix} = \frac{1}{A} \begin{bmatrix} L_r - \delta K_r & I_r & \delta I_r \\ -L_Y - \delta(m - K_Y) & s+m & \delta(s+m) \\ -L_Y K_r - L_r(m - K_Y) & (s+m)K_r - I_r(m-K_Y) & (s+m)L_r + I_r L_Y \end{bmatrix}$$

$$\times \begin{bmatrix} dG + X\xi de \\ dH \\ M\xi de - K_r dr^* \end{bmatrix} \tag{16.7}$$

ここで，$A = L_r(s+m) + \delta I_r(M_Y - K_Y)L_Y - \delta K_r(s+m) - I_r L_Y]$

$\quad = L_r(s+m) - I_r L_Y + \delta[I_r(M_Y - K_Y)L_Y - K_r(s+m)] < 0$ (16.8)

《安定条件》

このマクロ・モデルにおいて経済的に意味がある均衡解が存在することを前提として，この体系の安定条件について考える。いま，(16.5-1)式と(16.5-2)式，(16.5-3)式で表されるこの経済モデルの体系を，所得水準 Y と利子率 r との調整モデルとして，次の(16.9)の各式のような微分方程式体系で表されると考える。ここで，各市場の調整速度は1であると仮定する。

$\dot{Y} = [C(Y) + I(r) + G + X(e_0) - e_0 M(Y, e_0) - Y]$ (16.9-1)

$\dot{r} = [L(Y, r) - H - \delta \{X(e_0) - e_0 M(Y, e_0) + K(Y, r - r^*)\}]$ (16.9-2)

この微分方程式体系を均衡近傍において線形化することによって，次のような線形の微分方程式体系として表される。

$\dot{Y} = -(s+m)(Y - Y_E) + I_r(r - r_E)$ (16.10-1)

$\dot{r} = [L_Y + \delta(m - K_Y)](Y - Y_E) + (L_r - \delta K_r)(r - r_E)$ (16.10-2)

この微分方程式の特性方程式は，次のように求められることから，均衡解が安定条件を満たすためには λ の係数と行列式が正であれば保証される。

$\begin{vmatrix} -(s+m) - \lambda & I_r \\ L_Y + \delta(m - K_Y) & L_r - \delta K_r - \lambda \end{vmatrix} = 0$ (16.11)

$\lambda^2 + [(s+m) - (L_r - \delta K_r)]\lambda$

$\quad - (s+m)(L_r - \delta K_r) - I_r\{L_Y + \delta(m - K_Y)\} = 0$

すなわち，限界貯蓄性向 s と限界輸入性向 m，流動性選好 (L_r, L_Y)，投資の利子弾力性 I_r，資本移動 (K_r, K_Y) についてのこれまでの仮定から，この体系から導出される均衡解は安定条件を満たすことが証明される。

$\lambda_1 + \lambda_2 = -(s+m) + (L_r - \delta K_r) < 0$ (16.12-1)

$\lambda_1 \lambda_2 = -(s+m)(L_r - \delta K_r) - I_r\{L_Y + \delta(m - K_Y)\} > 0$ (16.12-2)

以上の結論から，開放体系下のマクロ・モデルの均衡解 (Y_E, r_E) は均衡近傍において「第一種安定条件」を満たすことが証明されるのである。

マクロ経済の解の存在条件と，安定条件が満たされることから，固定相場制度における各マクロ経済政策の効果について分析を行うことができる。

2.1 財政政策の効果

財政政策の効果は，財政支出 G に関する国民所得 Y，利子率 r，国際収支 B への影響として，(16.10)式を変形すると，次の(16.13)式が得られる。

$$\begin{bmatrix} \dfrac{dY}{dG} \\ \dfrac{dr}{dG} \\ \dfrac{dB}{dG} \end{bmatrix} = \dfrac{1}{A} \begin{bmatrix} L_r - \delta K_r \\ -L_Y + \delta(m - K_Y) \\ -L_Y K_r - L_r(m - K_Y) \end{bmatrix} \tag{16.13}$$

ここで，$A = L_r(s+m) - I_r L_Y + \delta[I_r(M_Y - K_Y)L_Y - K_r(s+m)] < 0$ である。

この関係は，次の(16.14-1)式，(16.14-2)式，(16.14-3)式のように具体的に表すことができる。

$$\dfrac{dY}{dG} = \dfrac{L_r - \delta K_r}{A} > 0 \tag{16.14-1}$$

$$\dfrac{dr}{dG} = \dfrac{-L_Y + \delta(m - K_Y)}{A} > 0 \tag{16.14-2}$$

$$\dfrac{dB}{dG} = \dfrac{-L_Y K_r - L_r(m - K_Y)}{A} < 0 \quad \text{as} \quad -\dfrac{L_Y}{L_r} > \dfrac{m - K_Y}{K_r} \tag{16.14-3}$$

ここで，$L_r < 0$，$L_Y > 0$，$K_r > 0$，$m - K_Y > 0$，$L_r > K_r$，$A < 0$ である。

一般的に赤字財政政策によって所得水準は上昇し，市場利子率は上昇することが知られている。しかし，国際収支への影響については，ケインズ経済学的なマクロ・モデルを前提にする場合とマネタリスト的なマクロ・モデルを前提とする場合では，その効果が異なると考えられているのである。それは，ケインズ経済学的なマクロ・モデルを前提にする場合には，国内の貨幣市場を均衡させるための利子率の変化の大きさは，国際収支を均衡させるために資本収支が調整されるために必要な利子率の変化よりも，少ない幅の変化であることが想定されるからである。

これに対して，マネタリスト的なマクロ・モデルにおいては，ケインズ的な想定とは逆の想定がなされるのである。すなわち，利子率格差によって生ずる国際間の資本移動は，国内の貨幣市場に均衡条件をもたらす利子率の変化より

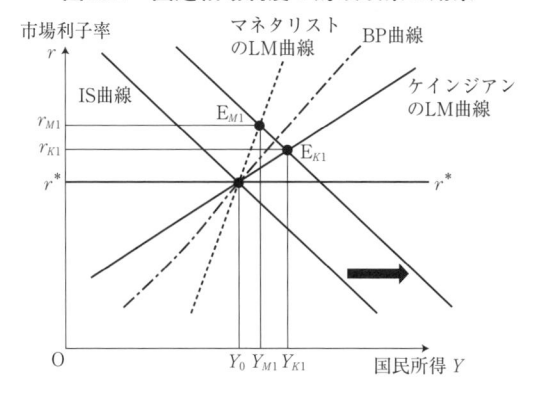

図16.2　固定相場制度；財政政策の効果

も少ない変動幅ですみやかに調整されると想定されるのである。

図16.2は固定相場制度のもとでの財政政策の効果について描いたものである。

ケインズ経済学的な分析を前提とした場合には，LM曲線の傾きは，BP＝0線の傾きよりも緩やかに描かれる。赤字財政政策によってIS曲線は右上にシフトする。このとき国内の均衡所得水準はY_0からY_{K1}へ上昇し，市場利子率はr_0からr_{K1}へと上昇する。マクロ経済の新しい均衡点E_{K1}は，BP＝0線よりも下の領域にあるため国際収支は赤字の状態になることが説明されるのである。

マネタリスト的な分析を前提にした場合には，LM曲線の傾きはBP＝0線傾きよりも緩やかに描かれている。赤字財政政策によってIS曲線が右上にシフトするとき，国内の均衡所得水準はY_0からY_{M1}へ上昇し，市場利子率はr_0からr_{M1}へと上昇する。国民所得水準の上昇の程度はケインジアンの方が大きく，マネタリストの方が小さく説明される。また，利子率への影響はケインジアンの方が小さく，マネタリストの方が大きいと説明される。新しいマクロ均衡点E_{M1}は，BP＝0線よりも上の領域に位置することになるため国際収支は黒字の状態になることが説明される。

このように2つの異なったマクロ経済分析によって，財政政策の効果の説明に差異が生ずる原因としては，経済政策の波及過程における「タイムスパン」（時間の長さ）のとり方の相違によって生ずる差異であると考えられる。すなわち，ケインズ経済学的な立場での議論はマクロ経済への短期的な影響を分析するの

に対して，マネタリスト的な立場での議論は，経済変動のような長期的な期間を前提に議論を進めていることにあると考えられるのである。

2.2 金融政策の効果

固定相場制度においては，金融政策の効果は，貨幣供給量Hの変化に関する国民所得Y，利子率r，国際収支Bへの影響として，次の(16.15)式が得られる。

$$\begin{bmatrix} \dfrac{dY}{dH} \\ \dfrac{dr}{dH} \\ \dfrac{dB}{dH} \end{bmatrix} = \dfrac{1}{A} \begin{bmatrix} I_r \\ s+m \\ (s+m)K_r - I_r(m-K_Y) \end{bmatrix} \tag{16.15}$$

ここで，$A = L_r(s+m) - I_r L_Y + \delta [I_r(M_Y - K_Y)L_Y - K_r(s+m)] < 0$である。

この(16.15)式は，次の(16.15-1)式，(16.15-2)式，(16.15-3)式のように具体的な関係式として表される。

$$\dfrac{dY}{dH} = \dfrac{I_r}{A} > 0 \tag{16.15-1}$$

$$\dfrac{dr}{dH} = \dfrac{s+m}{A} < 0 \tag{16.15-2}$$

$$\dfrac{dB}{dH} = \dfrac{K_r(s+m) - I_r(m-K_Y)}{A} < 0 \tag{16.15-3}$$

図16.3は，金融政策の効果をみたものである。貨幣供給量の増加によって，LM曲線は右にシフトする。このとき国内の均衡所得水準はY_0からY_{3K}へ上昇し，市場利子率はr_0からr_{3K}へと下落する。

ケインズ的な分析の場合は，投資国際収支が均衡していたのであるが，金融政策によって，利子率が低下し，投資が増大して，所得が増大して，輸入が増加したことを反映して，国際収支は赤字となっているのである。このことは新しいマクロ均衡点が国際収支の均衡条件を表す，BP＝0線よりも下の位置にあることから説明される。国際収支は赤字の状態になることが説明されるのである。

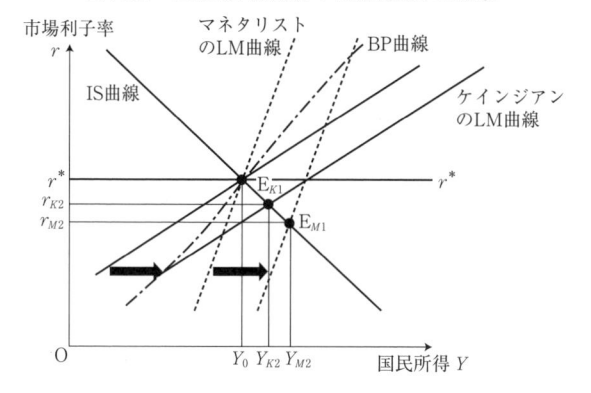

図16.3　固定相場制度；金融政策の効果

マネタリスト的な分析の場合は，金融政策の効果は国民所得水準Y_{3M}でも利子率r_{3M}においてもケインジアンの効果よりも大きくなることがわかる。新しいマクロ均衡点EはBP＝0線よりもはるかに下の方に位置している。

2.3 為替相場の切り下げ効果

　固定相場制度においては，為替相場の切り下げは一国の都合だけでは実施することは不可能である。いま，この経済がかなりの期間にわたって国際収支の赤字問題に直面しており，IMFの指導のもとで一定の国内の経済政策を実施しながら，為替相場の切り下げが許された場合を想定する。

　為替相場の切り下げの効果は，(16.15)式を為替相場eの変更に関する国民所得Y，利子率r，国際収支Bへの影響として，次の(16.16)式が得られる。

$$\begin{bmatrix} \dfrac{dY}{de} \\ \dfrac{dr}{de} \\ \dfrac{dB}{de} \end{bmatrix} = \dfrac{M\xi}{A} \begin{bmatrix} L_r + \delta(I_r - K_r) \\ -L_Y - \delta(m - K_Y) + \delta(s + m) \\ L_Y K_r - L_r(m - K_Y) + (s + m)L_r + I_r L_Y \end{bmatrix} \quad (16.16)$$

ここで，$A = L_r(s + m) - I_r L_Y + \delta[I_r(M_Y - K_Y)L_Y - K_r(s + m)] < 0$である。この(16.16)式の関係は，次の(16.16-1)式や(16.16-2)式，(16.16-3)式のよう

に具体的な関係式として表される。

$$\frac{dY}{de} = M\xi \frac{L_r + \delta(I_r - K_r)}{A} > 0 \tag{16.16-1}$$

$$\frac{dr}{de} = M\xi \frac{-L_Y + \delta(K_Y + s)}{A} > 0 \tag{16.16-2}$$

$$\frac{dB}{de} = M\xi \frac{L_Y(I_r + K_r) + L_r(K_Y + s)}{A} > 0 \tag{16.16-3}$$

為替相場の切り下げの効果については，図16.4で説明することができる。為替相場の切り下げが実施されるための条件は，この経済がかなりの期間において国際収支の赤字に直面していることであるから，マクロ経済の当初の均衡点 Y_0 は BP＝0 線よりも下の領域にある。

ケインズ経済学的な分析を前提にすると，為替相場の切り下げの効果によって IS 曲線は右上にシフトし，BP＝0 線は右下にシフトする。このとき BP＝0 線は新しい均衡点を通過するように調整されると想定すると，国内の均衡所得水準は Y_0 から Y_{K3} へ上昇し，市場利子率は r_0 から r_{K3} へと上昇する。ここで，国際収支の均衡条件を表す，BP＝0 線は新しい均衡点は E_{K3} 上にあるため国際収支の均衡が達成されていることになるのである。

マネタリスト的な分析を前提にすると，LM 曲線の傾きは急に描かれるため，金融政策の国民所得に対する効果 Y_{M3} はケインジアンよりも小さく，利子率に

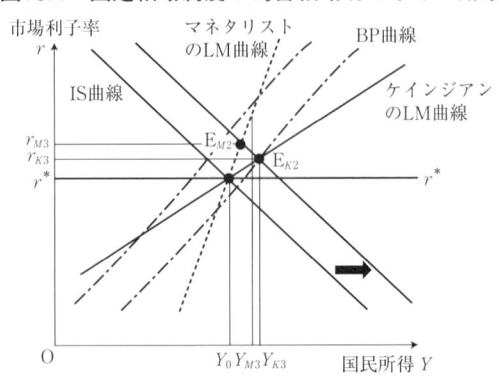

図16.4　固定相場制度；為替相場切り下げの効果

対する効果r_{M3}はケインジアンよりも大きいことが説明される。このことから，国際収支の均衡を導くためにはかなり大きな為替相場切り下げが必要となると考えられるのである。

2.4 海外の金利上昇の影響

海外の金利上昇の影響は，(16.5)式の海外金利r^*に関する国民所得Y，利子率r，国際収支Bへの影響として，次の(16.17)式のように表される。

$$\begin{bmatrix} \dfrac{dY}{dr^*} \\ \dfrac{dr}{dr^*} \\ \dfrac{dB}{dr^*} \end{bmatrix} = -\dfrac{K_r}{A} \begin{bmatrix} \delta I_r \\ \delta(s+m) \\ (s+m)L_r + I_r L_Y \end{bmatrix} \begin{bmatrix} 0 \\ 0 \\ 1 \end{bmatrix} \tag{16.17}$$

ここで，$A = L_r(s+m) - I_r L_Y + \delta[I_r(M_Y - K_Y)L_Y - K_r(s+m)] < 0$である。この(16.17)式は，次の(16.17-1)式，(16.17-2)式，(16.17-3)式のように具体的な関係式として表される。

$$\dfrac{dY}{dr^*} = -K_r \delta \dfrac{I_r}{A} \leq 0 \tag{16.17-1}$$

$$\dfrac{dr}{dr^*} = -K_r \delta \dfrac{s+m}{A} \geq 0 \tag{16.17-2}$$

$$\dfrac{dB}{dr^*} = -K_r \dfrac{L_r(s+m) + I_r L_Y}{A} < 0 \tag{16.17-3}$$

図16.5は海外の金利が上昇した場合の図である。海外の金利上昇の影響で国内の資本が海外に流出する場合，国内の通貨当局は逆の意味での「不胎化政策」によって国内の通貨供給量が減少しないように努力することが必要となる。「不胎化政策」が成功する場合（$\delta = 0$）については，国民所得と国内の市場利子率への影響は皆無であり，国際収支は資本の流失分だけの悪化が生ずることになる。

しかし，海外の金利上昇が持続的であるならば，最終的には「不胎化政策」が失敗すると考えられる。この場合，国内の貨幣需要の増加と貨幣供給量の減

216　第Ⅲ部　現代マクロ経済学の発展

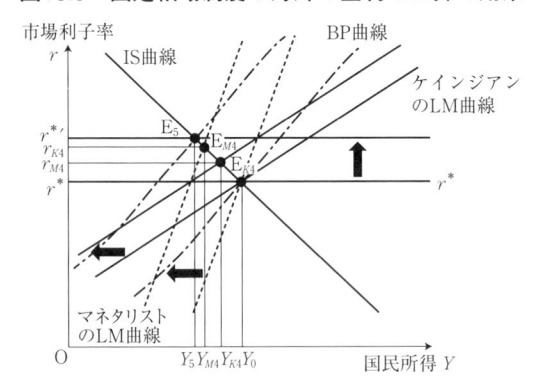

図16.5　固定相場制度；海外の金利の上昇の効果

少を反映してLM曲線は左にシフトし，国内の市場利子率は上昇する。市場利子率の上昇の影響が投資に反映して，国内の有効需要は減少することになるのである。

このときケインズ経済学的な分析を前提にした場合，国内の均衡所得はY_0からY_{4K}へ減少し，市場利子率はr_0からr_{4K}へと上昇する。ここで，国際収支の均衡条件を表す，B＝0線は海外の利子率の上昇を反映して右上にシフトするため，新しいマクロ経済の均衡点はE_{4K}となり，B＝0線よりも下の領域にあるため国際収支は赤字の状態にあることが説明されるのである。このような利子率格差による資本流出の状況は，長くは続かないためにマクロ経済の均衡点はやがて点E_5まで移動すると考えられる。

マネタリスト的なモデルを前提にして図を描く場合は，B＝0線とLM曲線の傾きの大小関係については前節同様に区別しなければならないが，均衡点の変化の方向とその性質については同様であり，国民所得水準Y_{4M}は低下し，利子率r_{4M}は上昇する。ケインジアンのケースと同様に，利子率格差によるこのような資本流出の状況は，長くは続かないためにマクロ経済の均衡点はやがて点E_5まで減少すると考えられる。

第17章
変動相場制度の場合

1 為替相場の変動

　1973年2〜3月に日本等の先進各国は，相次いで変動相場制度に移行した。変動相場制度は1976年1月にジャマイカのキングストンで開催されたIMF暫定委員会において承認された。これをキングストン体制という。

　図17.1は，変動相場制度移行後の1980年から2012年までの円の対ドル為替相場を描いたものである。1980年の1ドルが237.73円であった時代から2012年12月の1ドル83.6円まで，1984年から変動を繰り返しながらも，次第に円高になってきた。

図17.1　ST'FXERM07 東京市場 ドル・円 スポット 17時時点/月中平均

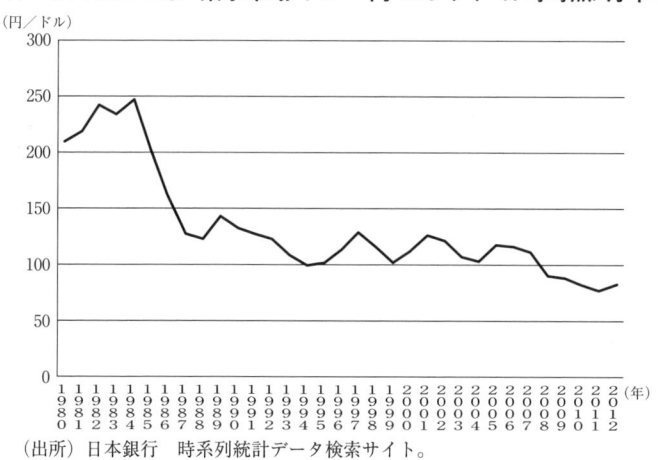

(出所)　日本銀行　時系列統計データ検索サイト。

本章では，変動相場制度のもとで，この為替相場の変化がマクロ経済の均衡にどのような影響を与えるのかを考える。

2 変動相場制度下のマクロ経済モデル

純粋な変動相場制度においては国際収支の均衡（B＝0）が常に実現するように為替相場は調整されると想定される。それ故に海外との貿易取引や資本取引による対外決済の変化によって国内の信用創出が大きく影響を受けることはないと考えられるために，固定相場制度の場合のような「不胎化政策」についての議論は不必要である。

「変動相場制度」の場合の国内のマクロ経済の均衡と対外バランスとの関係は，次の3本の連立方程式体系によって表される。

$$Y = C(Y) + I(r) + G + X(e) - eM(Y, e) \tag{17.1-1}$$

$$H = L(Y, r) \tag{17.1-2}$$

$$0 = X(e) - eM(Y, e) + K(Y, r - r^*) \tag{17.1-3}$$

この3本の連立方程式を全微分して整理すると，次の式のように表される。

$$(1 - C_Y + M_Y)dY - I_r dr - (X_e - eM_e - M)de = dG$$

$$L_Y dY + L_r dr = dH$$

$$(eM_Y - K_Y)dY - K_r dr - (X_e - eM_e - M)de = -K_r dr^*$$

ここで，「マーシャル＝ラーナー条件」より，$X_e - eM_e - M = X\eta_X/e + M\eta_M - M = M(\eta_X + \eta_M - 1) = M\xi$ より，上の連立方程式体系は，次の式のように表される。

$$\begin{bmatrix} s+m & -L_r & -\xi M \\ L_Y & L_r & 0 \\ m-K_Y & -K_r & -\xi M \end{bmatrix} \begin{bmatrix} dY \\ dr \\ de \end{bmatrix} = \begin{bmatrix} dG \\ dH \\ -K_r dr^* \end{bmatrix} \tag{17.2}$$

$$\begin{bmatrix} dY \\ dr \\ de \end{bmatrix} = \frac{1}{\xi MZ} \begin{bmatrix} -L_r \xi M & (K_r - I_r)\xi M & \xi M L_r \\ L_Y \xi M & -(s+K_Y)\xi M & -\xi M L_Y \\ -L_Y K_r - L_r(m - K_Y) & (s+m)K_r - I_r(m - K_Y) & (s+m)L_r + I_r L_Y \end{bmatrix}$$

$$\times \begin{bmatrix} dG \\ dH \\ -K_r dr^* \end{bmatrix} \tag{17.3}$$

ここで，モデルの諸性質は，$1 > s > 0$，$m > 0$，$I_r < 0$，$\xi > 1$，$L_Y > 0$，$L_r < 0$，$K_Y > 0$，$K_r > 0$であるから，次の式が成立する。

$$\begin{aligned} Z &= L_Y K_r + L_r(m - K_Y) - (s+m)L_r - I_r L_Y \\ &= L_Y K_r - L_r K_Y - s L_r - I_r L_Y \\ &= L_Y(K_r - I_r) - L_r(K_Y + s) > 0 \end{aligned} \tag{17.4}$$

《安定条件》

このマクロ・モデルにおいて経済的に意味がある均衡解が存在することを前提として安定条件について考える。いま，(17.1-1)式と(17.1-2)式，(17.1-3)式から，この経済体系を，所得水準Yと為替相場eとの調整モデルとして，次のような微分方程式体系として考える。ここで，各市場の調整速度は1であると仮定し，貨幣市場は常に均衡していると仮定する。

$$\dot{Y} = [C(Y) + I(r) + G + X(e) - eM(Y, e) - Y] \tag{17.5-1}$$
$$H = L(Y, r) \tag{17.5-2}$$
$$\dot{r} = -[X(e) - eM(Y, e) + K(Y, r - r^*)] \tag{17.5-3}$$

貨幣市場の均衡条件より，一定の貨幣実質残高のもとで，次の関係が成立する。

$$L_Y dY + L_r dr = 0, \quad dr = -|L_Y/L_r| dY$$

この貨幣市場の均衡条件を考慮して，この微分方程式体系を均衡近傍において線形化することによって，次のような線形の微分方程式体系として表すことができる。ここで，為替相場は当初1である（$e_0 = 1$）と仮定する。

$$\dot{Y} = \left[-(s+m) - \frac{I_r}{L_r} L_Y \right](Y - Y_E) + \xi M(e - e_E) \tag{17.6-1}$$

$$\dot{e} = \left[-(m - K_Y) + \frac{K_r}{L_r} L_Y \right] (Y - Y_E) - \xi M(e - e_E) \tag{17.6-2}$$

この特性方程式は，次のように求められることから，均衡解が安定条件を満たすためにはλの係数と行列式が正であれば保証される。

$$\begin{bmatrix} -(s+m) - \frac{I_r}{L_r} L_Y - \lambda & \xi M \\ -(m - K_Y) + \frac{K_r}{L_r} L_Y & -\xi M - \lambda \end{bmatrix} = 0 \tag{17.7}$$

$$\lambda^2 + \left[(s+m) + \frac{K_r}{L_r} L_Y + \xi M \right] \lambda$$

$$+ \left[(s+m) + \frac{I_r}{L_r} L_Y + (m - K_Y) - \frac{K_r}{L_r} L_Y \right] \xi M = 0$$

すなわち，限界貯蓄性向sと限界輸入性向m，流動性選好（L_Y, L_r），資本移動について（K_Y, K_r）のこれまでの諸仮定から，この体系から導出される均衡解は，次の条件が満たされる場合は安定条件を満たすことが証明される。

$$(s+m) + \frac{I_r}{L_r} L_Y + \xi M > 0 \tag{17.8-1}$$

$$(s+m) + (m - K_Y) + \frac{I_Y}{L_r} (I_r - K_r) > 0 \tag{17.8-2}$$

以上のような計算結果と安定条件から，次のように各々の政策の効果について分析を行うことができる。

2.1 財政政策の効果

財政政策の効果は，(17.1)式を財政支出Gに関する国民所得Y，利子率r，国際収支Bへの影響として，次の(17.9-1)式，(17.9-2)式，(17.9-3)式のように得られる。

$$\begin{bmatrix} \dfrac{dY}{dG} \\ \dfrac{dr}{dG} \\ \dfrac{de}{dG} \end{bmatrix} = \dfrac{1}{\xi MZ} \begin{bmatrix} -L_r \xi M \\ L_Y \xi M \\ -L_Y K_r - L_r(m-K_Y) \end{bmatrix}$$

$$\dfrac{dY}{dG} = -\dfrac{L_r}{Z} > 0 \tag{17.9-1}$$

$$\dfrac{dr}{dG} = \dfrac{L_Y}{Z} > 0 \tag{17.9-2}$$

$$\dfrac{de}{dG} = -\dfrac{L_Y K_r + L_r(m-K_Y)}{\xi MZ} > 0 \quad \text{as} \quad -\dfrac{L_Y}{L_r} < \dfrac{(m-K_Y)}{K_r} \tag{17.9-3}$$

ここで,「マーシャル＝ラーナー条件」が満たされている場合（$\xi > 0$）についてのみ考察を行う。図17.2はケインジアンのケースとマネタリストのケースを同時に描いたものである。本来，IS曲線とLM曲線の傾きについて両者は別の立場をとるものであるが，簡単化のためにIS曲線とBP曲線は同一の形状として描かれ，LM曲線についてのみ，その傾きが異なるとして議論を進める。すなわち，ケインジアンの場合はマネタリストの場合よりも傾きが緩やかであると想定して議論を行う。

　図17.2のBP＝0線は，国際収支の均衡条件を表している。ケインジアンのケースでは，LM線の傾きはBP＝0線の傾きはよりも緩やかに描かれる。国内の景気刺激政策のための財政政策によって，IS曲線は右上にシフトするために，国民所得は増加し，利子率は上昇する。この景気拡大による輸入増加は為替相場の減価要因であるが，海外からの資本流入は為替相場の増価要因である。ケインジアンの場合はBP＝0線の傾きはLM曲線の傾きよりも急であるために貿易収支の悪化要因の方が資本収支の改善要因を上回り，為替相場は減価する。為替相場の減価は輸出を増大させ，輸入を減少させるためIS曲線はさらに右上にシフトし国民所得水準はY_{1K}まで上昇する。また，利子率は世界利子率と同様の水準にまで戻ることになるのである。

　この為替相場の減価によってBP＝0線はさらに右下のBP′＝0線までシフトし，国際収支が均衡するように為替相場が決定される。均衡国民所得はY_0からY_{1K}

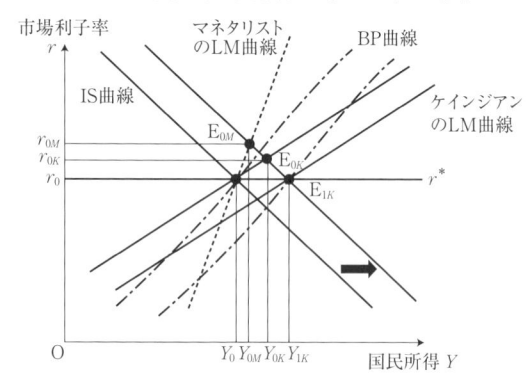

図17.2 変動相場制度；財政政策の効果

へと増大し，利子率はr_0の水準に戻るのである。

マネタリストの場合のLM曲線の傾きは，ケインジアンの場合よりも傾きが急であるために貿易収支の悪化要因よりも資本収支の改善の要因の方が為替相場は大きくなり，為替相場は増価することになる。国内の景気刺激政策のための財政政策によってIS曲線を右にシフトさせて利子率はr_0からr_{0M}へ上昇し，均衡国民所得はY_0からY_{0M}へと一時的には増大する。為替相場の増加は輸出を減少させ，輸入を増加させるために有効需要は減少する。国民所得への影響はケインジアンよりも小さく，利子率への影響は大きい。しかし，この為替相場の増価によって輸出は減少し，輸入は増加するためにIS曲線は反転して左下側にシフトすることになり，一度増大した国民所得はY_0に戻り，利子率はr_0へと財政政策が行われる以前の所得水準と利子率に戻るということを表している。

このことから変動相場制度のもとで金融政策はケインジアンの場合は，有効であるが，マネタリストの場合は無効であることが説明される。

2.2 金融政策の効果

金融政策の効果は，(17.1)式の財政支出Xに関する国民所得Y，利子率r，国際収支Bへの影響として，次の(17.10-1)式，(17.10-2)式，(17.10-3)式のように得られる。

$$\begin{bmatrix} \dfrac{dY}{dH} \\ \dfrac{dr}{dH} \\ \dfrac{de}{dH} \end{bmatrix} = \dfrac{1}{\xi MZ} \begin{bmatrix} (K_r - I_r)\xi M \\ -(s + K_Y)\xi M \\ (s+m)K_r - I_r(m - K_Y) \end{bmatrix}$$

$$\dfrac{dY}{dH} = \dfrac{K_r - I_r}{Z} > 0 \tag{17.10-1}$$

$$\dfrac{dr}{dH} = -\dfrac{s + K_r}{Z} < 0 \tag{17.10-2}$$

$$\dfrac{de}{dH} = \dfrac{(s+m)K_r - I_r(m - K_Y)}{\xi Z} > 0 \tag{17.10-3}$$

図17.3は，金融政策による経済政策効果を描いたものである。

金融政策による国内の景気刺激政策によってLM曲線は右にシフトし，国民所得は増大し市場利子率は低下する。この景気拡大による輸入の増加は為替相場の減価要因であり，市場利子率の低下による海外への資本流出も為替相場の減価要因である。為替相場の減価は輸出を増加させ，輸入を減少させるため，IS曲線は右上にシフトし，市場利子率は次第にもとの水準に上昇するが，国民所得はさらに増加する。やがてBP曲線が左側にのシフトすることによってマクロ均衡点は点E_2に到達する。

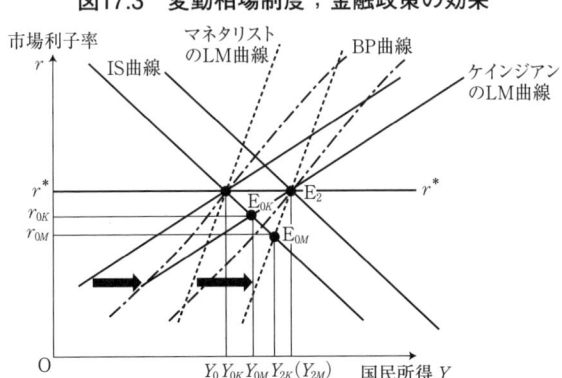

図17.3　変動相場制度；金融政策の効果

マネタリストの場合には，国内の利子率の低下によって発生する海外への資本流出の規模が大きいために，為替相場はケインジアンが想定する場合よりは大きく減価することになる。利子率の低下については，ケインジアンの場合の方が資本の国際的移動への影響が少ないため，マネタリストの場合よりも大きく低下することになる。

為替相場の減価による輸出の増加と輸入の減少によってIS曲線が右上方向にシフトするために，均衡国民所得が増加し，市場利子率は元の水準に戻ることになる。

以上の分析から，変動相場制度のもとで金融政策は有効であることが説明される。

2.3 海外の金利上昇の効果

海外の金利上昇の効果は，(17.1)式の財政支出Xに関する国民所得Y，利子率r，国際収支Bへの影響として，次の(17.11-1)式，(17.11-2)式，(17.11-3)式のように得られる。

$$\begin{bmatrix} \dfrac{dY}{dr^*} \\ \dfrac{dr}{dr^*} \\ \dfrac{de}{dr^*} \end{bmatrix} = \dfrac{-K_r}{\xi MZ} \begin{bmatrix} \xi ML_r \\ -\xi ML_Y \\ (s+m)L_r + I_r L_Y \end{bmatrix}$$

$$\dfrac{dY}{dr^*} = -\dfrac{L_r K_r}{Z} > 0 \tag{17.11-1}$$

$$\dfrac{dr}{dr^*} = -\dfrac{K_r L_Y}{Z} > 0 \tag{17.11-2}$$

$$\dfrac{de}{dr^*} = -\dfrac{(s+m)L_r + I_r L_Y}{\xi MZ} > 0 \tag{17.11-3}$$

海外の金利上昇（$\varDelta r^* > 0$）の効果は，図17.4において，国際収支線，BP＝0線，を$K=0$線上を左上（$\varDelta Y < 0$）に押し上げる。これは国際収支の均衡条件式(17.1-3)式の性質から，次のような関係から説明することができる。

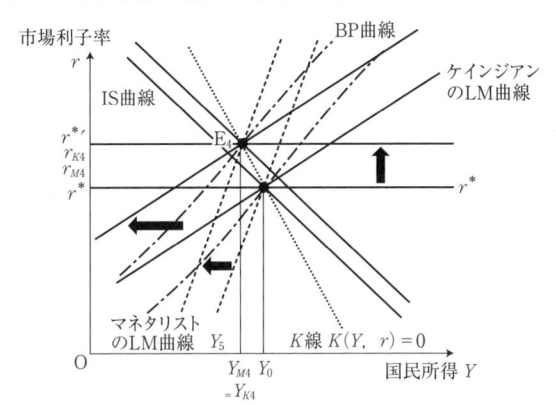

図17.4 変動相場制度；海外の金利の上昇の効果

$$\frac{dY}{dr^*}\bigg|_{BP=0} = -\frac{K_r}{eM_Y - K_Y} < 0 \tag{17.12}$$

為替相場の減価は，輸出を増加させ輸入を減少させるためにIS曲線は右上にシフトする。また，海外と比較して相対的に低くなった利子率を嫌って資本の一部が海外に流出するために為替相場はさらに減価することになる。この為替相場の減価を反映してIS曲線はさらに右側へシフトし均衡点を右上に移動するために国民所得は増加し，利子率は上昇する。

第18章
マンデル＝フレミング・モデルと財政金融政策の有効性

　これまで説明してきた開放体系下のIS・LMモデルについての極端なケースとして「マンデル＝フレミング・モデル」における固定相場制度と変動相場制度における財政政策・金融政策の有効性について説明する。

　前節までの議論は，国際間の資本移動は内外の景気の変動や利子率格差によって生ずることを前提にしながらも，国際間の金利格差は存続し，通貨当局による金融政策は独立的に主体性をもって行うことができると想定してきた。

　しかし，「マンデル＝フレミング・モデル」においては，国際間の資本移動は国際間の利子率格差（$r-r^*$）に対して「完全に弾力的」に生ずると仮定される。そのため，固定相場制度においても「不胎化政策」は困難であり，外貨準備と国内通貨供給量も内生変数となるのである。それ故に国際収支の均衡条件を表すBP曲線は水平に描かれると想定されるのである。

　ここで，国際間の資本移動は利子率格差に大きく依存するため国内の利子率（r）が世界利子率（r^*）よりも高いとき（$r>r^*$）には，資本は海外から国内に国際間の利子率格差がゼロになるところまで流入すると想定される。また，国内の利子率が世界利子率よりも低いとき（$r<r^*$）には，資本は国内から海外へ国際間の利子率格差がゼロになるところまで流出すると想定されるのである。

1 固定相場制度の場合

1.1 財政政策の有効性

　拡張的な財政政策は，IS曲線をIS_0からIS_1へと右上方にシフトさせるため，

国民所得水準はY_0からY_1へと上昇し，国内の市場利子率はr_0からr_1へ上昇する。国内の市場利子率が海外の市場利子率よりも高くなること（$r_1>r^*$）から，海外から資本が流入し，資本収支は黒字となる。固定相場制度の場合においては，不胎化政策が有効に採用される限り，この資本収支の黒字の状態が続くことになる。

不胎化政策の続行はやがて困難となり，資本収支の黒字を反映して国内の貨幣供給量は増大し，LM曲線は右方にシフトするのである。このような資本収支の黒字とそれを反映した国内貨幣供給量の増加は，国内の市場利子率と国際間の利子率格差がなくなるまで続くために，財政政策によるIS曲線のシフトに対応して，LM曲線も貨幣供給量の増加を反映してLM_0からLM_1へと右にシフトすることになるのである。その結果，国民所得水準はY_1からY_2へとさらに上昇し，市場利子率は海外の利子率と等しい水準となる。

すなわち，「固定相場制度において，財政政策は有効である」という結論を得るのである。

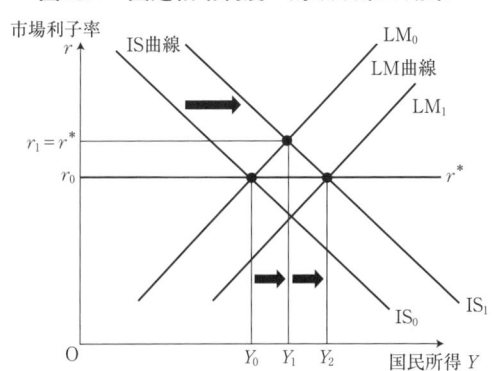

図18.1　固定相場制度：財政政策の効果

1.2 金融政策は無効

金融緩和政策の場合には，国内貨幣供給量が増加する結果，LM曲線をLM_0からLM_2へと右方にシフトさせる。このために国内市場利子率はr_0からr_3へと

下落し，海外の利子率よりも低くなること（$r_3 < r^*$）から，海外に資本が流出する結果，資本収支は赤字となる。国民所得水準はY_0からY_3へと上昇する。

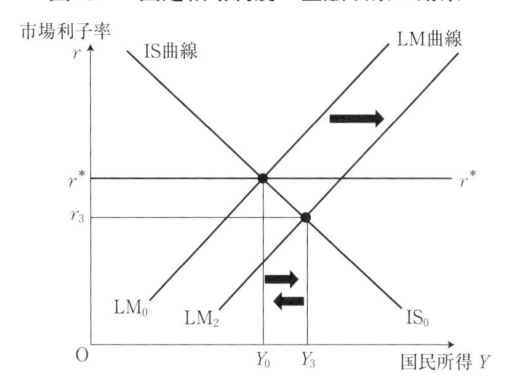

図18.2　固定相場制度：金融政策の効果

資本収支の赤字を反映して国内の貨幣供給量は，やがて減少し，LM曲線は貨幣供給量を増加させる政策とは逆に，左方に戻るようにLM_2からLM_0へとシフトすることになるのである。このような貨幣供給量の減少と資本収支の赤字は，国際間の利子率格差がなくなるまで続くのである。

以上のようなLM両曲線のシフトの結果として，「固定相場制度においては，金融政策は無効」であるという結論が得られるのである。

2 変動相場制度

2.1 財政政策は無効

拡張的な財政政策はIS曲線をIS_0からIS_1へと右上方にシフトさせる。このため，国内の市場利子率はr_0からr_4へ上昇し，海外の市場利子率よりも高くなること（$r_4 > r^*$）によって海外からの資本流入が生じて資本収支は黒字となる。国民所得水準はY_0からY_4へと上昇する。

変動相場制度の場合においては，資本収支の黒字を反映して為替相場は上昇するために，輸入が増大し，輸出が減少することによって貿易収支は赤字となる。貿易収支の赤字額と資本収支の黒字額とが同じ大きさになるまで，為替相場は上昇することになるのである。

このような貿易収支の赤字化を反映して，IS曲線は拡張的な財政政策にもかかわらず左下方にIS_1からIS_0へとシフトし，やがてもとの位置に戻ることになるのである。このようなIS曲線のシフトは利子率格差がなくなるまで続き，変動相場制度においては「財政政策は無効である」という結論を得るのである。

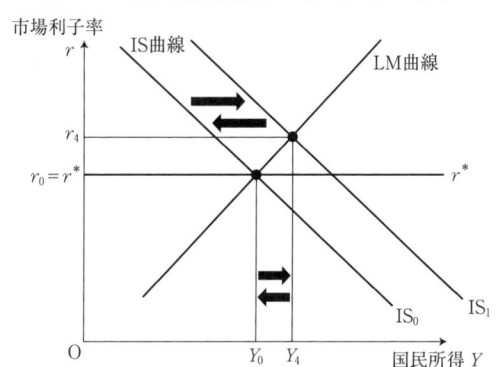

図18.3　変動相場制度：財政政策の効果

2.2 金融政策の有効性

金融緩和政策の場合においては，国内貨幣供給量が増大し，LM曲線は右方にLM_0からLM_1へとシフトする。国内市場利子率はr_0からr_5へ下落し，資本収支は赤字となる。国民所得水準はY_0からY_5へと上昇する。このため為替相場は下落し，輸出は増加し，輸入は減少するために，貿易収支は黒字となる。貿易収支の黒字額は資本収支の赤字額と同じ大きさになるまで為替相場は下落する。

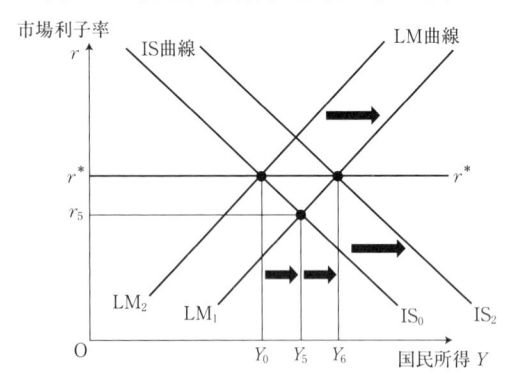

図18.4 変動相場制度：金融政策の効果

このような貿易収支の黒字化によって，IS曲線は右上方にIS$_0$からIS$_2$へとシフトし，国民所得水準はさらに上昇する。このような両曲線のシフトは利子率格差がなくなるまで続き，国民所得水準はY_5からY_6へとさらに上昇するのである。以上の説明から，変動相場制度において「金融政策は有効である」という結論を得るのである。

《マンデル＝フレミング・モデルの要約》
　以上の説明から，マンデル＝フレミング・モデルによる財政金融政策の効果は次の表のようにまとめることができる。

《財政金融政策の有効性》

	財政政策	金融政策
固定相場制度	有効	無効
変動相場制度	無効	有効

エピローグ

《天才少年の想い出》

　私が小学校の5年生の頃，テレビに韓国人の天才少年が出てきて微分や積分の問題を解いて大人たちを驚かせていた。小学5年生の自分よりも2歳年下の大学生である。テレビを見ていた私は微分・積分の意味が分からないまま，年下の大学生の存在に驚きながらテレビを見ていた。番組の最後にアナウンサーが少し意地悪な質問をした。「世の中を良くするためには，どうしたら良いと思いますか？」。彼は即答した。「世の中の人たちを微分して，その後，積分すれば良いのです」と。

　小学生の自分には意味がわからなかった。人間を微分するということはどういう意味であろうかと悩んだ。しかもその後に積分するとはどういう意味であろうかと考えて，やはりわからなかった。

　まさか微分とは人を殺すことではあるまいし，積分とは子どもたちが生まれてくることでもあるまい。そんな恐ろしいことを天才少年がテレビで言うはずがないと考えた。

　そこで微分とは人を教育することという意味として理解した。人々を教育して感化し，切磋琢磨させて，その後，良い人の生き方を社会に広げるのである。教育が微分であるのに対して社会への広がり・貢献が積分であると考えたのである。

　しかし，いま考えてみてもあのときの天才少年の答えはやはりよくわからないのである。

《50年前の解答》

　そこで現在の自分が当時の問題を考えることにする。

　最初の問題は何について微分するのかということである。社会の中で一番良い人からだんだん悪い人を並べる。ここで良い人とは分析者にとって良い人ではなく社会にとって良い人と定義するべきだろう。

　これを微分するという意味は，より良い社会は皆良い人であるから高い水準

から出発して傾きは緩やかな右下がりである。より望ましくない社会では良い人の水準が低く推移して傾きが大きく負になるように低下するだろう。本当に悪い人ばかりの社会では，低い水準の値から始まって緩やかな傾きで次第に低下するであろう。

このような人たちの評価を表した関数を積分すれば，定数項の値さえ間違わなければ元の並び方での面積がわかるのである。すなわち，社会全体の良さの大きさがわかるのである。微分によって傾斜がわかり，積分によって元の大きさがわかるのである。

しかし，このように微分や積分によって社会を分析することでは，社会は何も変化しないのである。実は当然のことである。研究者の研究・分析によって社会は何も変化してはいけないし，変化するはずもないのである。それが，研究者と経済の実践家の相違である。研究者は社会を理論的に分析し，政治家や企業者等の実践家は，社会変革を経済的にあるいは政治的に実践するのである。ここで分析する道具と実践する手段の多くは異なるのである。

《デフレ脱却政策・アベノミクス》

2012年末の衆議院選挙以来，日本経済の長期的なデフレ脱却のための政策についての議論が進んでいる。デフレ経済を脱却するための政策は，金融緩和政策と巨大な公共事業の実施であるというのが今日の日本政府の政策の趣旨である。その考え方は「アベノミクス」とよばれている。

「貨幣ベール観」を批判したJ.M.ケインズは，成熟した資本主義経済においては資本の限界効率は低い状態にあるために投資水準が低くなり有効需要が不足する傾向があることを説明した。このような状態においては景気が停滞し失業が増加するために，企業の投資に代わって政府が公共事業などの支出政策によって有効需要を拡大するべきことを提案した。有効需要の拡大政策としては，補助的に金融緩和政策によって利子率が下落するならば，資本の限界効率と利子率が等しいところまで民間企業の投資が増大すると説明したのである。

しかし，国内所得の2倍近くの巨大な累積債務に困っている政府は，財政の硬直化対策のために，長年ゼロ金利政策によって国債費を抑えてきたのである。このような政府にとっては，財政支出を増加させれば累積債務が増加し，ゼロ

金利政策のもとで金融緩和政策がもし有効であったとしても，国内投資は増大しないためにケインズ的なマクロ経済政策は不適応なのである．

　ところが，ケインズ以後のアメリカの経済学者たちはマネタリストの経済学の影響を受けて，中央銀行である日本銀行が金融緩和政策を行えば，市場に流通する貨幣量が増加することからインフレ期待が上昇し，民間の消費が増大し，企業の投資が増大し，有効需要が増大することからデフレ経済が克服されるというバラ色の未来を説明するのである．

　しかし，BIS規制を真面目に守っている日本の銀行が金融緩和政策によって企業の投資への貸し出し額を増やすことはないであろう．しかも，今日の日本経済においては若者の就業率が低く，非正規社員としての低所得の雇用状態に甘んじている若年労働者が多いのが現状である．このような経済においてインフレ期待がもし発生するとしたならば，消費を増大させるよりは将来への生活不安を煽るだけであり，消費の増大には繋がらないであろう．どちらにしても，有効需要の増大は期待できないため，デフレ脱却という景気回復の可能性は「アベノミクス」によっては困難であると考えるのが経済学的常識である．

《アベノミクスの実際》

　2012年末から実施されてきた金融緩和政策は，日本銀行の市中銀行に対する国債買いオペ政策であり，その結果，国内金融機関の海外金融資産への需要が増大し，海外への資金移動の結果，円安・ドル高が招来したのである．この円安・ドル高は海外の投資家（外国人株）にとっては割安感が生じた東京株を買うことによって東京市場の株価は上昇したのである．これがあたかも「アベノミクス」が成功して，円安と株高が同時に生じたように見えた一瞬なのである．

　やがて外国人投資家による東京株の見切り売りが始まると，株価は下落するであろう．しかし，遅れて株式市場に参入する国内の投資家にとっては日本経済が株高傾向になったと勘違いして東京株を買い支え，外国人株の売りと円売り・ドル買いによって，円安・ドル高が暫く進むことになるのである．外国人株は直物で株式を買うときには先物で売るのが常であるために，間違いなく東京株は，春に買われて上がるならば，初夏には売られて下がるのである．国内の投資家による株価の買い支えの状態のままで，国内資金流出に伴う円安・ド

ル高が進み，円安と株価の小幅な変動を見ながら「アベノミクスはまだ影響が残っている。輸出企業は潤っているはずだ」という誤解のもとで経済評論家たちに評価されるのである。

やがて，日本経済の長期的趨勢のままに円高・ドル安傾向が復活し，東京株の下落とともに「アベノミクス」が崩壊するのである。1ドル100円程度で海外に投資した国内の機関投資家たちは，1ドル80円程度の海外資産の評価損を受け，外国人株が引いた東京株式価格の低迷によって，円高・ドル安は日本経済に悪いという誤解が再び日本経済に蔓延するのである。経済の因果関係を理解できない，外国人株に翻弄される日本経済の1シーンが例年のように繰り返されているのである。日本銀行の金融緩和政策のために，2013年はこの年中行事の期間が，少し長いだけなのである。

《物流新幹線構想》

経済は微分しても積分しても何も変わらないのである。微分や積分はその経済の性質を知るための分析でしかないのである。

人は，微分も積分もされることはなく，「自分が聞きたいことしか聞こえない」ものである。

日本経済において，今日最も必要な政策は金融政策でもなく，デフレ対策のためのインフレ政策でもないのである。実物経済の構造改革が必要なのである。「アベノミクス批判」が民衆の中に登場することを防ぐためには，日本経済の物流コストを下げ，若年層の雇用と地域の雇用を増やすための政策が必要なのである。

著者は長年「物流新幹線構想」を提案してきた。「青函トンネル」を物流新幹線として，北海道・東北と関東を結ぶことによって，農業の生産額と所得を増加させ，東京の生鮮食料品やその他の農産物価格を安定させることが可能となるのである。あるいは，「長崎新幹線と九州新幹線を物流新幹線」とすることによって九州経済と近畿・関東の経済圏が結ばれることによって，これからの日本経済の産業空洞化を食い止めることができることが可能となるのである。そして，TPP問題に対応して日本の農業と地域の雇用を守るためにも，日本国内の物流費用を低下させ，地域開発を推し進めることが可能となるのである。

事項索引

ア 行

IS・LMモデル ……………… 8, 120
IS曲線 ……………………………… 104
IMF ………………………………… 18
IBARD ……………………………… 18
アジャスタブル・ペッグ制 ……… 205
アニマルスピリッツ ……………… 107
アベノミクス ………… i, 3, 232, 234
誤った公共事業 …………………… 191
暗黒の木曜日 ……………………… 10
安定条件 …………………………… 128

異時点間の消費者均衡点 ………… 153
一般的受容性 ……………………… 39
意図した投資 (Intended Investment) … 78
意図せざる投資 (Unintended Investment)
 ……………………………………… 78
インドの通貨と金融 ……………… 15
インフレ・ギャップ ………… 84, 138
インフレーション ……… 166, 167, 171
インフレ期待 ……………………… i, 182
インフレ供給曲線 ………………… 170
インフレ需要曲線 ………………… 168
インフレ率 ………………………… 170

ヴェルサイユ会議 ………………… 16
売りオペレーション ……………… 116

$x\%$ルール ………………………… 167
LM曲線 …………………………… 125

オークン法則 (Okun's law) …… 169
オープン・マクロ・モデル ……… 196
遅れ (lag) ………………………… 133

カ 行

買いオペレーション ……………… 116

外部金融 …………………………… 43
外部不経済効果 …………………… 191
貸し渋り …………………………… 53
貸し剥がし ………………………… 53
可処分所得 ………………………… 85
価値尺度機能 ……………………… 41
価値貯蔵手段 ……………………… 41
貨幣 ………………………………… 36
貨幣改革論 ………………………… 8, 17
貨幣価値の持続的下落 …………… 166
貨幣賃金の下方硬直性 …………… 2
貨幣の中立性 ……………………… 161
貨幣ベール観 ……………………… 232
貨幣論Ⅰ・Ⅱ ……………………… 8
カルタゴの平和 …………………… 16
完全雇用 …………………………… 2
管理為替相場制度 ………………… 206

機能財政 …………………………… 193
ギャロッピング・インフレーション … 171
金・銀本位制 ……………………… 38
キングス・カレッジ ……………… 18
キングストン体制 ………………… 217
均衡予算乗数 ……………………… 92
金本位制 …………………………… 38
金融恐慌 …………………………… 10
金融市場 …………………………… 43
金融の隔離効果 …………………… 206

クラウディング・アウト効果 …… 129
クリーピング・インフレーション … 171
Gross (粗概念) ………………… 58

景気刺激 …………………………… 106
ケインジアン ………… 201, 216, 221
ケインジアン・クロス …………… 77
ケインズ・サーカス ……………… 19
ケインズ・トラップ (流動性の罠)

　　　　　　　　　　　129, 132, 206
ケインズ革命 ……………………… i, 1, 6
ケインズ経済学 ……………………… 1, 6
ケインズ的均衡 ………………………… 82
ケインズ的失業 ………………………… 82
ケインズの貿易乗数 …………………… 97
ケインズ経済学 …………………………… 6
決済機能 ………………………………… 41
決済手段 ………………………………… 36
限界消費性向 ……………………… 73, 85
限界税率（marginal tax rate）…… 193
限界貯蓄性向 …………………………… 74
限界輸入性向 …………………………… 94
現金通貨 ………………………………… 42
減税政策 ………………………………… 91
ケンブリッジ現金残高方程式 ……… 161

硬貨（補助貨幣）……………………… 38
公開市場操作 ………………………… 115
効果ラグ ……………………………… 134
交換手段機能 …………………………… 41
交換方程式 …………………………… 162
公共事業 ………………………………… 87
恒常所得仮説 ………………………… 157
公定歩合操作 …………………… 115, 116
小切手 …………………………………… 40
国際決済銀行（BIS）………………… 52
国内総生産 ……………………………… 56
国民所得 ………………………………… 56
国民総生産 ……………………………… 56
コスト・プッシュ・インフレーション
　　　　　　　　　　　　　　　　174
固定相場制度 …………………… 96, 206
古典派経済学 …………………… 1, 6, 161
古典派の第1公準 ……………… 21, 23, 31
古典派の第2公準 ………………… 24, 31
古典派の二分法 ……………………… 161
雇用・利子および貨幣の一般理論
　　　　　　　　　　 6, 17, 21, 32, 100
雇用量 ………………………………… 143

　　　　　　　サ　行

在庫調整 ………………………………… 79

財政支出 ……………………………… 106
財政乗数 …………………………… 86, 92
財政状態は赤字 ……………………… 138
財政状態は黒字 ……………………… 138
財政政策の効果 ……………………… 131
サミュエルソンの45度線の理論 … 77, 81
産業連関表 ……………………………… 60
残存価値（Scrapt Value）………… 99
三面等価 ………………………………… 58

GDP …………………………………… 58
時間選好率 …………………………… 153
自己資本比率 …………………………… 52
自己資本比率規制（BIS規制）……… 52
市場の安定条件 ………………………… 80
市場の失敗 ……………………………… ii
自然失業 ………………………………… 2
自然失業率 …………………………… 169
自然失業率仮説 ……………………… 183
実質 ……………………………………… 64
実施ラグ ……………………………… 133
自動安定化装置（built in stabilizer）… 195
自発的失業 ………………………… 25, 32
CIF価格 ……………………………… 197
資本設備の需要価格 …………………… 99
資本の限界効率 ……………… 12, 100, 101
資本の収益性 …………………………… 13
社会的心理法則 ………………………… 29
社会派型インフレーション ………… 175
自由放任経済 …………………………… 7
需要構造変化型インフレーション … 176
純概念ネット（Net；純）…………… 58
消費関数論争 …………………… 147, 148
消費性向 ………………………………… 29
消費の資産効果 ………………………… 12
商品貨幣 ………………………………… 39
新古典派総合 …………………………… 8
真正インフレーション ……………… 171
新大陸の発見 …………………………… 3

スカンジナビアン型インフレーション
　　　　　　　　　　　　　　　　176
スタグフレーション（stagflation）

事項索引　237

　　　　　　　　　　　……………… 177, 181, 186
ストローキング・インフレーション…… 171
青函トンネル……………………………… 234
正の外部経済効果………………………… 192
政府貯蓄…………………………………… 106
政府の均衡予算…………………………… 135
政府余剰…………………………………… 106
絶対所得仮説……………………………… 148
総供給関数（総供給曲線）………… 26, 28
総需要関数…………………………… 26, 28
相対所得仮説……………………………… 149
粗概念（Gross；粗）…………………… 58
租税乗数……………………………… 91, 92
存在条件…………………………………… 128

タ　行

大恐慌期……………………………………… 9
短期フィリップス・カーブ……………… 183

小さな政府…………………………………… 1
中央銀行（日本銀行）…………………… 38
長期フィリップス・カーブ……………… 184
直接金融…………………………………… 44
貯蓄性向…………………………………… 74
賃金財……………………………………… 143

ディマンド・プル・インフレーション
　　……………………………………… 173
デフレ・ギャップ……… 84, 137, 138, 170
デモンストレーション効果……………… 151

投機的動機に基づく貨幣需要…………… 108
投資関数……………………………… 98, 103
投資の限界効率…………………………… 102
投資の限界効率表………………………… 102
特性方程式………………………………… 127
トランスファー問題……………………… 16
トリクルダウン理論………………………… 2
取引の動機仮説…………………………… 111
取引の動機に基づく貨幣需要…………… 108
トレード・オフ関係……………………… 181

ナ　行

内部金融…………………………………… 43
逃げ水……………………………………… 139
日本銀行兌換券…………………………… 38
認知ラグ…………………………………… 133

Net（純純概念ネット）…………………… 58

ハ　行

パーシェ価格指数………………………… 66
パーシェ指数………………………… 64, 65
パーシェ数量指数………………………… 66
バーゼルⅡ………………………………… 54
派生的預金………………………………… 47
歯止め効果（ratchet effect）…………… 151
反ケインズ革命……………………………… i
バンコール………………………………… 18
比較静学分析……………………………… 126
非自発的失業……… 7, 31-33, 82, 186
美人投票…………………………………… 18
BIS（国際決済銀行）…………………… 52
BIS規制（自己資本比率規制）…… 52, 233
ピラミッドの建設…………………………… 7
フィッシャー型の交換方程式…………… 161
フィリップス・カーブ……………… 177, 179
フィリップス曲線………………………… 180
FOB価格………………………………… 197
不換紙幣…………………………………… 38
不胎化政策…………………………… 206, 215
物流新幹線構想…………………………… 234
不美人投票………………………………… 18
富本銭……………………………………… 37
部門間生産性格差インフレーション…… 176
ブリスクリーウォーキーィ・インフレー
　ション………………………………… 171

平均消費性向……………………………… 73
平均貯蓄性向……………………………… 74
平和の経済的帰結………………………… 15

変動相場制度……………………206, 218

貿易乗数………………………………95
法貨……………………………………39
豊穣の中の貧困…………………………8
豊穣裏の貧困……………………………1
本源的証券……………………………44

マ 行

マーシャルのk……………………163
マーシャル＝ラーナー条件………201, 218
摩擦的失業…………………32, 34, 169
マネタリスト………………181, 185, 221
マンデル＝フレミング・モデル…226, 230

無駄な公共事業………………………192
無文銀銭………………………………37

名目……………………………………64

ヤ 行

夜警国家観………………………………1

有効需要………………………………31
有効需要拡大政策……………………138
有効需要の原理………11, 29, 31, 33, 72, 142
有効需要の不足…………………ii, 2, 19

輸入インフレーション………………175
要求払い預金…………………………40
預金準備率操作………………115, 117
欲望の二重の偶然の一致………………41
予備的動機に基づく貨幣需要………108

ラ 行

ライフ・サイクル仮説………………155
ラスパイレス価格指数…………………66
ラスパイレス指数…………………64, 65
ラスパイレス数量指数…………………66

流動資産仮説…………………………151
流動性選好の理論……………………108
流動性の罠（ケインズ・トラップ）
　………………………………129, 132

レッセフェール・レッセパッセ（laissez-faire, laissez-passer）………………3

労働生産性曲線………………………27
労働の限界不効用………………………33

ワ 行

和同開珎………………………………37
ワルラス的均衡………………………82
ワルラス法則………………119, 120

人名索引

ア 行
アンドォ（Ando, A.）……………155
ヴェブレン（Veblen, T.）……………8

カ 行
カーン（Kahn, R.F.）………………19
カルドア（Kaldor, N.）………………19
カレツキ（Kalecki, M.）……………19
クラウアー（Clower, R.W.）…………2
クズネッツ（Kuznets, S.）…………145
ケインズ（Keynes, J.M.）……… 1, 72, 232

サ 行
サミュエルソン（Samuelson, P.A.）……72
シュムペーター（Schumpeter, J.A.）……8
ストーン（Stone, J.R.N.）……………19
スラッファ（Sraffa, P.）………………19

ハ 行
ハロッド（Harrod, R.F.）………………19
ピグー（Pigou, A.C.）…………………14
ヒックス（Hicks, J.R.）……………2, 19, 72
フィッシャー（Fisher, I.）……………8, 152

フィリップス（Phillips, A.W.）……177
フェルプス（Phelps, E.S.）……………181
フリードマン（Friedman, M.）…2, 157, 181
ベルムベルグ（Brumberg, R.）………155
ホワイト（White, H.D.）………………18

マ 行
マーシャル（Marshall, A.）………13, 163
マンデル（Mundell, R.A.）……………199
ミード（Meade, J.E.）…………………19
モディリアーニ（Modigliani, F.）……155
森嶋通夫……………………………………2

ラ 行
ラーナー（Lerner, A.P.）………………19
リブシィー（Livesey, R.G.）…………178
ルーズベルト大統領（Roosevelt, F.）
　…………………………………… 10, 11
レイヨンフーヴッド（Leijonhufvud, A.S.B.）……………………………………2
ロビンソン（Robinson, A.）…………19
ロビンソン（Robinson, J.V.）………19
ロポコワ（Lopokova, L.V.）…………17

〈著者紹介〉

大矢野　栄次（おおやの　えいじ）

1950年　愛媛県生まれ
1974年　中央大学経済学部卒業
1977年　中央大学大学院経済学研究科修士課程修了
1982年　東京大学大学院経済学研究科博士課程修了
1982年　佐賀大学経済学部講師
1983年　佐賀大学経済学部助教授
1994年　久留米大学経済学部教授

〈著　書〉

『安売り卵の経済学』（同文舘出版，1986年）
『現代経済学入門』（同文舘出版，1989年）
『寓話の中の経済学』（同文舘出版，1990年）
『国際経済の考え方』（中央経済社，1996年）
『日本経済と国際経済の考え方』（中央経済社，1998年）
『オープン・マクロ経済学』（同文舘出版，1998年）共著
『経済理論と経済政策』（同文舘出版，2000年）
『貿易資本と自由貿易』（同文舘出版，2008年）
『消費税10％上げてはいけない！』（創成社，2011年）
『新訂版　国際貿易の理論』（同文舘出版，2011年）
『東日本大震災からの復興戦略－復興に増税はいらない！』（創成社，2012年）
『日本経済再生のための戦略－安倍政権の経済政策を考える』（創成社，2013年）
ほか

《検印省略》

平成25年5月20日　初版発行　　略称―ケインズマクロ

ケインズとマクロ経済学

著　者　　大矢野　栄　次
発行者　　中　島　治　久

発行所　**同文舘出版株式会社**
東京都千代田区神田神保町1-41　〒101-0051
電話 営業 03(3294)1801　編集 03(3294)1803
振替 00100-8-42935
http://www.dobunkan.co.jp

©E. OHYANO　　　　　　　　　製版：一企画
Printed in Japan 2013　　　印刷・製本：萩原印刷

ISBN978-4-495-44121-0